EL MANUAL DE SERVICIO DE A.A.

Y

DOCE CONCEPTOS PARA EL SERVICIO MUNDIAL

por Bill W.

ALCOHÓLICOS ANÓNIMOS ® *es una comunidad de hombres y mujeres que comparten su mutua experiencia, fortaleza y esperanza para resolver su problema común y ayudar a otros a recuperarse del alcoholismo.*

• *El único requisito para ser miembro de A.A. es el deseo de dejar la bebida. Para ser miembro de A.A. no se pagan honorarios ni cuotas, nos mantenemos con nuestras propias contribuciones.*

• *A.A. no está afiliada a ninguna secta, religión, partido político, organización o institución alguna; no desea intervenir en controversias; no respalda ni se opone a ninguna causa.*

• *Nuestro objetivo primordial es mantenernos sobrios y ayudar a otros alcohólicos a alcanzar el estado de sobriedad.*

Copyright © por AA Grapevine, Inc.; reimpreso con permiso.

Declaración de la Unidad
Debemos hacer esto para el futuro de A.A.: Colocar en primer lugar nuestro bienestar común; para mantener nuestra Comunidad unida. Porque de la unidad de A.A. dependen nuestras vidas, y las vidas de todos los que vendrán.

Yo Soy Responsable…
Cuando cualquiera, dondequiera extienda su mano pidiendo ayuda, yo quiero que la mano de A.A. esté siempre allí. Y por esto: Yo soy responsable.

Copyright © 2018
Primera impresión de la versión revisada, 2000

Alcoholics Anonymous World Services, Inc.

Todos los derechos reservados.

Translated from English. Copyright in the English language version of this work is also owned by A.A.W.S., Inc., New York, N.Y. All rights reserved. No part of this translation may be duplicated in any form without the written permission of A.A.W.S.

Traducido del inglés. El original en inglés de esta obra también es propiedad literaria ©, de A.A.W.S., New York, N.Y. Prohibida la reproducción parcial o total de esta traducción sin permiso escrito de A.A.W.S.

Dirección Postal:
Box 459
Grand Central Station
New York, N.Y. 10183

www.aa.org

ISBN 978-1-893007-67-3

A.A. y Alcoholics Anonymous son marcas registradas ® de Alcoholics Anonymous World Services, Inc.

EL
MANUAL DE SERVICIO DE A.A.

Contenido

Las líneas verticales que aparecen en los márgenes exteriores (como la que hay a la izquierda) sirven para indicar los cambios que se han hecho en la edición 2018-2020.

El Legado de Servicio de A.A. *(Prólogo e introducción histórica por el cofundador Bill W.)* S1
Las Doce Tradiciones *(forma larga)* S14

Capítulo Primero: Introducción al Servicio General

    La estructura de la Conferencia — un resumen S16
        Una organización al revés S16
        Estructura de la Conferencia Estados Unidos y Canadá S17
    Comunicación por toda la estructura S17
    (grupo-distrito-área-Conferencia-custodios)
        (organigrama de la Conferencia de Servicios Generales) S18
    La Carta Constitutiva de la Conferencia (ver Apéndices A, C).. S19
    Glosario de términos de servicios generales S19
    ¿Por qué necesitamos una Conferencia? *Por Bernard M. Smith*.. S21
    El Procedimiento del Tercer Legado S22
    Ilustración del Procedimiento del Tercer Legado S23
    Cómo estimular interés en los servicios generales S24
    El principio de la rotación S25
    Instrumentos disponibles en la O.S.G. S25

Capítulo Segundo: El Grupo y su R.S.G

    La importancia del grupo base. S26
    El representante de servicios generales (R.S.G.) S26
        (requisitos, responsabilidades, apoyo económico, período de servicio) S27
    Términos y métodos de elección S28
    Representante de servicios generales inactivo S29
    Información de grupo S29
    Formulario de nuevo grupo. S30
    Formulario de cambio de información S31

Capítulo Tercero: El Distrito y el M.C.D.

    El distrito S32
    El miembro del comité de distrito. S32
        (requisitos, responsabilidades, apoyo económico, período de servicio,
        cómo se elige) S32
    Términos, elegibilidad y procedimiento de elección S33
    Miembro de comité de distrito inactivo S34
    El M.C.D. suplente. S34
    Formación de nuevos distritos. S35
    Información de distrito S35
    Formulario de cambio de información de distrito S36

Capítulo Cuarto: La Asamblea y Actividades del Área

Descripción de un área S37
La asamblea de área................................. S37
Composición...................................... S38
Derecho a voto *(procedimientos del área)* S38
Trabajadores de servicio no activos S38
Fecha y lugar de las asambleas......................... S38
Una típica asamblea electoral S39
Una típica asamblea no electoral S40
Actividades de área S41
    Ayuda para preparar el programa de la Conferencia anual . S41
    Sesiones de compartimiento......................... S41
    Archivos históricos de área.......................... S42
    Boletines y otras publicaciones de área................ S42
    Sitios web de área................................. S43
    Cooperación con intergrupos y oficinas centrales locales . . S43
    Convenciones de área, estado, provinciales y regionales . . . S44
    Formación de una nueva área de delegado............. S44
    Para solicitar un cambio de región S45
    Directrices para cambiar los límites de una región S45

Capítulo Quinto: El Comité de Área

Composición....................................... S46
Coordinador *(responsabilidades, requisitos)*................ S46
    (Sugerencias para coordinar las reuniones de asamblea) S47
Secretario *(responsabilidades, requisitos)* S47
Registrador *(responsabilidades, requisitos)* S48
Tesorero *(responsabilidades, requisitos)* S48
Otros Oficiales S48
Oficiales de comité suplentes.......................... S49
Antiguos delegados S49
Apoyo económico................................... S49
Información de área S50

Capítulo Sexto: El Delegado

Responsabilidades................................... S51
Término de servicio.................................. S52
Gastos S52
Requisitos S53
Rotación geográfica dentro del área..................... S53
El suplente S53
Experiencia personal *(preparación para la Conferencia e informes sobre la misma)* S54
"El liderazgo en A.A.: siempre una necesidad vital" (extractos), *por Bill W.* S55

Capítulo Séptimo: La Reunión Anual de la Conferencia

Las Garantías Generales de la Conferencia S57
Lo que sucede en la Conferencia S57
¿De dónde provienen los asuntos del orden del día? S58
Miembros participantes en la Conferencia S59
Los procedimientos de votación S59
¿Puede la Conferencia actuar por A.A. en su totalidad?,
   por Bill W. S60
Acciones recomendables de la Conferencia S60
Informar a los miembros S61

Capítulo Octavo: Los Comités de la Conferencia

Las reuniones de los comités S62
Selección de los miembros de los comités S62
Los comités de la Conferencia *(nombre y ámbito general)* S63
Comités secundarios S65

Capítulo Noveno: La Junta de Servicios Generales

La relación de los custodios con la estructura de la Conferencia   S66
Declaración de misión-visión-acción S66
Composición S67
Elección de custodios y oficiales S68
Requisitos para ser un custodio eficiente S68
Deberes del presidente de la Junta de Servicios Generales S69
Custodios no alcohólicos (Clase A) *(papel, requisitos, cómo se escogen)* . S69
Custodios regionales *(papel, requisitos, cómo se escogen)* S70
Mapa regional (los EE.UU. y Canadá) S71
Calendario de elecciones regionales S71
Custodios generales *(papel, requisitos, cómo se escogen)* S72
Custodios de servicios generales *(papel, requisitos, cómo se escogen)* .. S73
Custodios eméritos S73
Comités de la Junta de Servicios Generales *(nombres y funciones)*. S74
Miembros de comité nombrados *(papel, requisitos, cómo se escogen)* S75
Foros Regionales S76
Foros Locales S76
La Reunión de Servicio Mundial S76
Reunión de las Américas S77

Capítulo Décimo: Las Corporaciones Operativas de la Junta

Relación de la Junta de Servicios Generales con sus entidades
   operativas S78
El Fondo de Reserva de la Junta de Servicios Generales S78
A.A. World Services, Inc. *(junta corporativa, comités de la junta,
   apoyo económico)* S79
AA Grapevine, Inc. *(junta corporativa, comités de la
   junta, apoyo económico)* S81

Selección de directores no custodios para A.A. World Services
y AA Grapevine.................................... S81
Marcas y logotipos registrados y copyrights............... S82

Capítulo Onceavo: La Oficina de Servicios Generales

Descripción general................................. S83
Estructura... S83
Servicios *(descripción general)*.......................... S83
Archivos Históricos................................. S86
Publicaciones...................................... S86
Finanzas.. S87
Literatura publicada por A.A. World Services, Inc. en español ... S88

Capítulo Doceavo: Grapevine

La naturaleza de la revista............................ S92
Estructura y sostenimiento S92
(Organigrama de la estructura de Grapevine).............. S92
(Junta Asesora Editorial)............................ S93
Lo que se hace en Grapevine.......................... S93
La Viña... S94
Materiales de Grapevine y La Viña S94
Sitios web de Grapevine y La Viña S95
El Archivo de Historias Digital de Grapevine.............. S95
¿Qué hace un representante de Grapevine/La Viña? S95
Materiales producidos por Grapevine (en español) S96
Lineamientos generales para reimprimir ilustraciones
y artículos de Grapevine y La Viña S97
Logotipo y artes gráficas S97

Mapa de las áreas de Estados Unidos y Canadá S98
Mapa S99

Apéndice A	Carta Constitutiva, Texto Original, 1955................	S100
Apéndice B	Resolución, 1955...................................	S105
Apéndice C	Carta Constitutiva, Versión actual.....................	S107
Apéndice D	Paneles de la Conferencia	S113
Apéndice E	Estatutos de la Junta de Servicios Generales de Alcohólicos Anónimos, Inc.........................	S116
Apéndice F	Estatutos de Alcoholics Anonymous World Services, Inc......	S128
Apéndice G	Estatutos de AA Grapevine, Inc........................	S137

Índice... S147
Cambios a esta edición.. S150

Este es el manual de servicio de A.A. que se deriva del "Manual del Tercer Legado", texto que sirvió muy bien al Movimiento desde que Bill W. hizo la primera redacción del mismo en 1951. Todos los principios y procedimientos de servicio básicos resumidos en aquel documento aún se conservan en esta edición. Para mayor conveniencia y consistencia, se han vuelto a redactar y organizar los materiales. Una revisión general fue aprobada por la Conferencia de Servicios Generales de 1999.

El Comité de Informes y Carta Constitutiva está encargado de comprobar y aprobar la actualización y revisión anual de *El Manual de Servicio de A.A./Doce Conceptos para el Servicio Mundial*.

El Legado de Servicio de A.A.
por Bill W.[1]

Nuestro Duodécimo Paso —llevar el mensaje— es el servicio básico que presta la Comunidad de A.A.; es nuestro principal objetivo y la razón primordial de nuestra existencia. Por lo tanto, A.A. es algo más que un conjunto de principios; es una sociedad de alcohólicos en acción. Debemos llevar el mensaje, pues, de no hacerlo, nosotros mismos podemos marchitarnos y aquellos a quienes no se les ha comunicado la verdad, pueden perecer.

De aquí que un servicio de A.A. es todo aquello que nos ayuda a alcanzar al alcohólico que todavía sufre, abarcando desde el Paso Doce en sí, una llamada telefónica y una taza de café, hasta la Oficina de Servicios Generales de A.A. para las actividades nacionales e internacionales. La suma total de estos servicios es nuestro Tercer Legado de Servicio.

Los servicios incluyen lugares de reunión, cooperación con hospitales y oficinas intergrupales; suponen el empleo de folletos, libros, y buena publicidad de casi toda clase. Requieren comités, delegados, custodios y conferencias. Y no debemos olvidar que estos servicios necesitan contribuciones voluntarias de dinero provenientes de los miembros de la Comunidad.

Vital para el desarrollo de A.A.

Estos servicios, ya sean facilitados por miembros individuales, grupos, áreas, o A.A. en su totalidad, son sumamente vitales para nuestra existencia y nuestro desarrollo. No podemos simplificar A.A. aboliendo tales servicios. Sólo estaríamos buscando complicaciones y confusión.

Por lo tanto, al considerar cualquier servicio determinado, nos hacemos una sola pregunta: "¿Es este servicio realmente necesario?" Si lo es, tenemos que mantenerlo o fracasaremos en nuestra misión de ayudar a quienes nos busquen y nos necesiten.

---

[1] Bill escribió estas palabras en 1951, por lo tanto, estas palabras reflejan esa época en sus detalles.

El conjunto de servicios más vitales y, no obstante, menos comprendidos, que A.A. ofrece son aquellos que nos hacen posible funcionar como una unidad integrada, o sea: la Oficina de Servicios Generales, A.A. World Services, Inc., el AA Grapevine, Inc. y nuestra junta de custodios, conocida legalmente como la Junta de Servicios Generales de Alcohólicos Anónimos. Nuestra unidad a escala mundial y gran parte de nuestro desarrollo desde los primeros días se derivan directamente de este grupo de actividades vivificadoras.

Hasta 1950, estos servicios generales eran función exclusiva de pocos pioneros de A.A., varios amigos no alcohólicos, el Dr. Bob y yo. Durante todos los años de la infancia de A.A., nosotros los veteranos habíamos sido los custodios autonombrados de Alcohólicos Anónimos.

La Comunidad lista para asumir la responsabilidad

Nos dimos cuenta en ese momento de que A.A. había crecido, de que nuestra Comunidad estaba lista y dispuesta para hacerse cargo de estas responsabilidades. Había también otro motivo urgente para cambiar. Ya que los veteranos no íbamos a vivir eternamente, nuestros nuevos custodios serían prácticamente desconocidos a los grupos de A.A. que ya en aquel entonces se encontraban esparcidos por todas partes del mundo. Sin una vinculación directa con A.A., los futuros custodios no podrían funcionar solos.

Esto significaba que teníamos que establecer una conferencia representativa de nuestra Comunidad que se podría reunir anualmente con nuestra junta de custodios en Nueva York, y así asumir la responsabilidad directa de la custodia de la Tradición de A.A. y de la dirección de nuestros principales asuntos de servicio. De no ser así, una junta compuesta de custodios virtualmente desconocidos y las muy poco comprendidas operaciones de servicio de nuestra sede estarían destinadas a un inevitable colapso.

Supongamos que los futuros custodios, actuando por su propia cuenta, cometieran un error garrafal. Supongamos que, sin tener vinculación con A.A., intentaran actuar en nombre nuestro en una época de graves conflictos o crisis. Sin la orientación directa de A.A. en su totalidad, ¿cómo podrían hacerlo? Sería imposible evitar el derrumbamiento de nuestros servicios más importantes. Y si, en tales circunstancias, se vinieran abajo nuestros servicios mundiales, ¿cómo podríamos volver a construirlos?

Estas fueron, en pocas palabras, las conclusiones que condujeron a la formación de la Conferencia de Servicios Generales de Alcohólicos Anónimos. Más tarde, expondré con más detalle los eventos que ahora se han convertido en la historia de A.A.

El organismo deliberativo conocido como la Conferencia se compone de delegados elegidos por las diversas áreas de los EE.UU. y Canadá —ahora hay unas 93— junto con los custodios, los directores de A.A.W.S., Inc. y de The AA Grapevine, Inc., y los miembros del personal de la O.S.G. y de Grapevine, aproximadamente unas 40 personas más. La Conferencia celebró su primera reunión anual en 1951. Desde entonces, se ha reunido anualmente en Nueva York en el mes de abril o mayo[2]. Ha tenido un éxito inmenso — las acciones recomendables propuestas y aprobadas por la Conferencia desde su primera reunión han contribuido grandemente al crecimiento y desarrollo de la Comunidad.

---

[2] Excepto la Conferencia de 1955 que se realizó en St. Louis, Missouri.

Puntos sobresalientes de la historia del servicio de A.A.

Para resumirlo desde sus comienzos: un día de 1937, en la casa del Dr. Bob en Akron, él y yo nos pusimos a totalizar las cifras de los pasados dos años. Por primera vez, nos dimos cuenta de que era posible la recuperación masiva de alcohólicos. Contábamos con un par de grupos pequeños pero muy sólidos en Akron y en Nueva York, más algunos miembros individuales salpicados por otras regiones. ¿Cómo iban a comunicar las buenas nuevas estos pocos borrachos recuperados a los millones de alcohólicos del mundo? Esa era la pregunta.

En seguida, el Dr. Bob y yo nos reunimos con 18 miembros del grupo de Akron en la casa de T. Henry Williams, un fiel amigo no alcohólico. Algunos miembros del grupo de Akron seguían opinando que debíamos quedarnos con el sistema de comunicación verbal; pero la mayoría creía que ya teníamos necesidad de nuestros propios hospitales con trabajadores asalariados y, sobre todo, un libro dirigido a otros alcohólicos que les pudiera exponer nuestros métodos y nuestros resultados. Todo esto supondría una cantidad sustancial de dinero—tal vez millones de dólares. (No nos dimos cuenta de que los millones nos hubieran arruinado más que el no tener dinero en absoluto.) Así que los miembros de Akron me comisionaron para viajar a Nueva York y recaudar fondos. Al volver allí, me encontré con que el Grupo de Nueva York estaba completamente de acuerdo con esta idea. Algunos de nosotros nos pusimos a trabajar inmediatamente.

Los problemas económicos de A.A. al comienzo

Por medio de mi cuñado, el Dr. L.V. Strong, el único amigo que me quedaba y mi confidente durante la peor época de mi carrera de bebedor, nos pusimos en contacto con Willard S. Richardson, un amigo y asociado desde hacía tiempo de la familia Rockefeller. En seguida, el Sr. Richardson se entusiasmó por nuestro programa y logró interesar a un grupo de sus propios amigos. En el invierno de 1937, se celebró una reunión en la oficina de John D. Rockefeller, Jr. Allí nos encontrábamos el Dr. Bob y yo, con el Sr. Richardson y su grupo, el Dr. William Silkworth y varios alcohólicos de Akron y Nueva York. Tras una larga conversación, logramos convencer a nuestros nuevos amigos de la urgente necesidad que teníamos de dinero—de grandes cantidades de dinero.

Poco tiempo después, a comienzos de 1938, uno de estos amigos, Frank Amos, viajó a Akron para investigar el grupo de allí. Regresó a Nueva York con un informe muy optimista, que el Sr. Richardson pronto presentó al Sr. Rockefeller. Aunque se quedó muy impresionado, el Sr. Rockefeller no quiso contribuir con ninguna cantidad sustancial de dinero por temor a profesionalizar a A.A. No obstante, nos hizo un donativo de $5,000, que sirvió para mantenernos a flote al Dr. Bob y a mí, durante 1938. Todavía estábamos muy lejos de tener los hospitales, los misioneros, los libros y grandes sumas de dinero. Esta situación nos parecía entonces sumamente difícil, pero probablemente fue el mejor golpe de suerte que jamás haya tenido A.A.

A pesar del parecer del Sr. Rockefeller, renovamos nuestros esfuerzos para convencer a sus amigos de nuestra apremiante necesidad de dinero. A fin de cuentas, llegaron a compartir nuestra opinión de que necesitábamos más dinero, por lo menos el suficiente para preparar un libro de texto para exponer nuestros métodos y nuestra experiencia.

A fines de la primavera de 1938, tenía ya redactados lo que ahora son los dos primeros

S3

capítulos del libro "Alcohólicos Anónimos". Utilizamos copias mimeografiadas de estos dos capítulos como parte del prospecto para nuestro fútil campaña de recaudar fondos. En las reuniones de la junta, que en ese entonces se celebraban casi todos los meses, nuestros amigos no alcohólicos se compadecieron de nosotros por nuestro poco éxito. Casi la mitad de los $5,000 donados por el Sr. Rockefeller se había utilizado para pagar la hipoteca de la casa del Dr. Bob. El resto, repartido entre nosotros, naturalmente se acabaría muy pronto. La perspectiva era sombría.

A.A. se constituye en su propio editor

Entonces, Frank Amos se acordó de su viejo amigo Eugene Exman, redactor encargado de temas religiosos de la editorial de libros Harper. Me recomendó que fuera a Harper y yo le enseñé al Sr. Exman dos capítulos de nuestro propuesto libro. Para mi gran alegría, el Sr. Exman se quedó impresionado. Sugirió que Harper podría darme un adelanto de $1,500 en concepto de regalías para terminar la obra. Puesto que estábamos en quiebra, esos $1,500 nos parecieron un montón de dinero.

No obstante, nuestro entusiasmo por esta propuesta se desvaneció rápidamente. Cuando termináramos el libro, tendríamos con Harper una deuda de $1,500 dólares. Y si, tal como esperábamos, A.A. consiguiera entonces mucha publicidad, ¿cómo íbamos a contratar a gente para contestar el torrente de solicitudes de información, tal vez miles, que nos inundarían?

Había además otro problema, un problema muy grave. Si nuestro libro de A.A. llegara a ser el texto básico de Alcohólicos Anónimos, sería propiedad de otras personas. Era obvio que nuestra Sociedad debía ser la propietaria y editora de su propia literatura. Ninguna casa editora, por buena que fuera, debía poseer nuestro más preciado patrimonio.

Así que dos de nosotros fuimos a comprar un talonario en blanco de certificados de acciones y en ellos escribimos "Works Publishing, valor nominal $25". Mi amigo Hank y yo ofrecimos entonces acciones de la nueva editorial a los alcohólicos de Nueva York y sus amigos. Ellos simplemente se rieron de nosotros. ¿Quién, nos preguntaron, iba a comprar acciones de un libro todavía por redactar?

De alguna manera tuvimos que convencer a esos tímidos compradores y, por lo tanto, fuimos a la oficina del *Reader's Digest* y contamos al editor gerente la historia de nuestra Sociedad en ciernes y de su propuesto libro. Le gustó mucho la idea y nos prometió que, en la primavera de 1939, cuando esperábamos tener el libro listo, el *Reader's Digest* publicaría un artículo sobre A.A., en el que, por supuesto, se haría mención del nuevo libro.

Ese fue el argumento que necesitábamos para aumentar las ventas. Con ese tipo de promoción el libro propuesto se vendería a carretadas. ¿Cómo podríamos fracasar? Los alcohólicos neoyorquinos y sus amigos pronto cambiaron de idea respecto a Works Publishing. Empezaron a comprar acciones, la mayoría a plazos.

Ruth Hock, nuestra secretaria no alcohólica, pasó el texto a máquina mientras yo le dictaba los capítulos lentamente. Durante meses y meses, una de las actividades principales de las reuniones de los grupos de Akron y Nueva York, era celebrar acaloradas discusiones acerca de estas propuestas redacciones y del contenido apropiado del libro. Me convertí en árbitro más que en autor. Mientras tanto, los alcohólicos de Akron y de Nueva York y unos cuantos de Cleveland se pusieron a redactar sus historias, un total de 28.

Según el proyecto del libro se acercaba a su terminación, hicimos una visita al editor gerente del *Reader's Digest* y le pedimos que publicara el artículo prometido. Nos miró aparentemente sin comprender; apenas se podía acordar de quiénes éramos. Luego nos dio el golpe de gracia. Nos dijo que, hacía algunos meses, él había presentado nuestra propuesta ante su junta editorial y la habían rechazado categóricamente. Se deshizo en disculpas y admitió que se había olvidado completamente de comunicarnos las noticias. Esto fue aplastante.

Mientras tanto, con gran optimismo habíamos pedido 5,000 ejemplares del nuevo libro, casi sin ningún capital. El impresor, también, había contado con el *Reader's Digest*. Muy pronto tendría 5,000 libros en su almacén, sin nadie que los fuera a comprar.

El libro apareció finalmente en abril de 1939. Conseguimos que el *New York Times* hiciera una crítica y el Dr. Harry Emerson Fosdick nos hizo otra muy buena, pero no pasó nada. Simplemente el libro no se vendió. Estábamos endeudados hasta más no poder. El sheriff se había presentado en la oficina de Newark donde estábamos trabajando y el dueño había vendido la casa donde vivíamos Lois y yo en Brooklyn. Nos echaron a la calle para vivir de la caridad de los amigos de A.A.

Nunca podré explicarme cómo nos las arreglábamos para pasar el verano de 1939. Hank P. tuvo que encontrar otro trabajo. La fiel Ruth aceptó acciones de la difunta editorial en concepto de pago. Un amigo de A.A. nos dejó instalarnos en su casa de verano; otro nos prestó su automóvil.

A.A. se convierte en noticia

Tuvimos nuestro primer golpe de suerte en septiembre de 1939. La revista Liberty, en ese entonces encabezada por nuestro futuro amigo Fulton Oursler, publicó un artículo, "Los Alcohólicos y Dios," escrito por Morris Markey. Suscitó una reacción inmediata. Nos llegaron unas 800 cartas de alcohólicos y familiares. Ruth contestó a cada una de ellas, adjuntando un anuncio del nuevo libro "Alcohólicos Anónimos." Poco a poco, se empezó a vender el libro. Luego el *Cleveland Plain Dealer* publicó una serie de artículos sobre Alcohólicos Anónimos. En seguida, los grupos de Cleveland empezaron a multiplicarse, de una veintena hasta varios centenares de miembros. Se vendieron aún más libros. Y así salimos adelante con grandes aprietos aquel peligroso año.

No habíamos tenido noticias del Sr. Rockefeller desde principios de 1938. Pero en 1940 hizo una reaparición dramática. Su amigo el Sr. Richardson asistió a una reunión de los custodios con una amplia sonrisa. El Sr. Rockefeller, dijo, quería celebrar una cena en honor de Alcohólicos Anónimos. En la lista de invitados había una colección impresionante de personas importantes. Calculamos que su capital colectivo era de mil millones de dólares.

La cena se realizó a comienzos de febrero en el Union League Club de Nueva York. El Dr. Harry Emerson Fosdick habló haciendo grandes elogios nuestros y lo mismo hizo el Dr. Foster Kennedy, eminente neurólogo. Luego, el Dr. Bob y yo dimos a nuestros oyentes un breve informe sobre A.A. Algunos alcohólicos de Nueva York y Akron que se encontraban entre los invitados respondieron a preguntas. Entre los allí reunidos se sentía cada vez más simpatía e interés. Creímos que por fin lo habíamos logrado. Ya teníamos solucionados nuestros problemas económicos.

Nelson Rockefeller se puso de pie para hablar en nombre de su padre, que estaba enfermo. Dijo que su padre se alegraba de que los invitados a la cena pudieran haber visto el comienzo muy prometedor de la nueva Sociedad de Alcohólicos Anónimos. Nelson siguió diciendo que su padre rara vez había mostrado tanto interés por una cosa. Sin embargo, dado que A.A. era una obra a base de pura buena voluntad, por la que un hombre llevaba la buenas nuevas a otro, iba a necesitar muy poco o ningún dinero. Ante esta salida, se derrumbaron nuestros ánimos. Al terminar la charla del Sr. Rockefeller, los capitalistas con su acumulado billón de dólares se marcharon del salón, sin dejar ni un solo centavo.

Al día siguiente, John D. Rockefeller dirigió una carta a todos los que habían asistido a la cena e incluso a los invitados que no asistieron. Volvió a reiterar su plena confianza y gran interés en nosotros. Y luego casi al terminar la carta, mencionó de paso que iba a donar $1,000 a Alcohólicos Anónimos.

Tardamos bastante tiempo en darnos cuenta de lo que el Sr. Rockefeller había hecho por nosotros. A pesar del posible peligro de hacer el ridículo, él había recomendado a todo el mundo nuestra pequeña y recién nacida sociedad de alcohólicos. Estuvo dispuesto a exponerse a grandes riesgos por estas personas que le eran completamente desconocidas. Sabia y prudentemente, contribuyó con muy poco dinero, pero había dado muy liberalmente de sí mismo. En ese mismo momento, John D. Rockefeller nos salvó de los peligros del profesionalismo y de la administración de grandes propiedades. No podría haber hecho más.

A.A. llega a tener dos mil miembros

Como consecuencia de esos acontecimientos, el número de miembros de A.A. creció bruscamente para llegar a los 2,000 a fines del año de 1940. El Dr. Bob y yo empezamos a recibir 30 dólares a la semana, provenientes de las contribuciones de la cena, lo cual fue un gran alivio para nosotros. Lois y yo nos instalamos en una pequeña habitación en el local del primer club de A.A., en la calle 24 Oeste de Manhattan.

Aún mejor, el aumento de las ventas del libro nos hizo posible establecer una sede nacional. Nos trasladamos de Newark, N.J., donde se había redactado el libro de A.A., a la calle Vesey, justo al norte de la Bolsa de Nueva York. Alquilamos un modesto despacho con dos oficinas, enfrente de la oficina de correos de la calle Church. Allí el famoso apartado postal número 685 estaba listo para recibir las miles de desesperadas solicitudes de información que pronto iban a llegar. En esa coyuntura, Ruth (aunque no era alcohólica) se convirtió en la primera secretaria nacional de A.A., y yo me convertí en una especie de hacelotodo de la sede central.

Durante todo el año de 1940, dependíamos únicamente de las ventas del libro para mantener la oficina. Cada centavo de esos ingresos se dedicó a pagar los gastos del trabajo de A.A. que se hacía allí. Todas las solicitudes de ayuda tenían como respuesta una carta cariñosa y personal. Seguíamos intercambiando cartas con los alcohólicos y familiares que continuaban mostrando interés. Con la ayuda de este tipo de correspondencia y del libro "Alcohólicos Anónimos", empezaron a tomar forma nuevos grupos de A.A.

El comienzo de los servicios de grupo

Y ahora, aun más importante, teníamos listas de posibles candidatos en muchas ciudades y pueblos de los Estados Unidos y Canadá. Entregamos estas listas a miembros de grupos de A.A. ya establecidos que, por razones de negocios, tenían que ir de viaje a estos lugares. Mantuvimos correspondencia de manera constante con estos mensajeros, y ellos establecieron aún más grupos. Y para conveniencia de estos viajeros, publicamos un directorio de grupos.

Luego se inició una actividad imprevista. Debido a que los grupos recién nacidos tenían poco contacto con sus padrinos viajeros, empezaron a recurrir a la oficina de Nueva York para pedir ayuda con sus innumerables problemas. Les transmitimos por correo la experiencia de centros que llevaban más tiempo de existencia. Pasado muy poco tiempo, como veremos, este intercambio llegó a ser un servicio básico de importancia primordial.

Mientras tanto, algunos de los accionistas de la editorial, Works Publishing, empezaron a ponerse inquietos. Se quejaron de que todas las ganancias producidas por la venta del libro se utilizaban para sufragar los trabajos de la oficina. ¿Cuándo iban a recuperar sus inversiones? Además, ahora nos dimos cuenta de que el libro "Alcohólicos Anónimos" debía convertirse en propiedad de A.A. en su totalidad. En esa fecha, un tercio era propiedad de los 49 accionistas, otro tercio era propiedad de mi amigo Hank P., y la parte restante era propiedad mía.

Para empezar, tomamos disposiciones para revisar las cuentas de la editorial, Works Publishing, y constituirla en sociedad. Hank P. y yo donamos nuestras acciones a la Fundación Alcohólica (como se conocía nuestra junta en aquella época). Estas eran las acciones que él y yo habíamos tomado en concepto de reembolso por servicios prestados; pero los demás accionistas habían hecho sus inversiones con dinero contante y sonante. Tendríamos que pagarles en efectivo. ¿Dónde íbamos a conseguirlo?

La ayuda que necesitábamos se presentó en la figura de A. LeRoy Chipman. El también era amigo y asociado de John D. Rockefeller y recientemente se había integrado como custodio de la Fundación. Logró convencer al Sr. Rockefeller, a dos de sus hijos, y a algunos de los invitados a la cena, para que hicieran un préstamo de $8,000 a la Fundación. Este dinero lo utilizamos prontamente para saldar una deuda de $2,500 con Charles B. Towns[3], y otras diversas deudas, y la cantidad restante nos hizo posible readquirir las demás acciones. Pasados dos años, gracias a las buenas ventas del libro "Alcohólicos Anónimos", nos vimos en la posibilidad de liquidar en su totalidad el préstamo de Rockefeller.

Jack Alexander se interesa en Alcohólicos Anónimos

La primavera de 1941 nos trajo un éxito especial e imprevisto. La redacción del *Saturday Evening Post* decidió publicar un artículo sobre Alcohólicos Anónimos y encargó el trabajo a Jack Alexander, uno de sus reporteros más destacados. Jack, que acababa de hacer un reportaje acerca del crimen organizado en Nueva Jersey, se mostró un poco cínico al acercarse a nosotros. Pero pronto llegó a ser un 'converso' de A.A., a pesar de no ser alcohólico. Jack pasó un mes entero con nosotros, trabajando de la mañana a la noche. El Dr. Bob y yo y varios veteranos de los grupos pioneros de Akron, New York, Cleveland, Philadelphia y Chicago pasamos incontables horas con él. Cuando ya podía sentir A.A. en su propia médula, Jack se puso a escribir la crónica que causaría un impacto enorme en los borrachos

---

[3] Propietario del Hospital Towns de Nueva York; su préstamo contribuyó a hacer posible el proyecto del Libro Grande.

y sus familiares por todas partes del país. Apareció como tema de portada de la edición del 1 de marzo de 1941 del *Saturday Evening Post.*

Luego vino el diluvio. En la oficina de Nueva York nos vimos inundados de desesperadas súplicas de ayuda, seis mil de ellas, enviadas por alcohólicos y miembros de sus familias. Al comienzo, no pudimos más que barajar el montón de correspondencia escogiendo cartas al azar, alternando las risas y las lágrimas. ¿Cómo íbamos a poder contestar a estas cartas desgarradoras? Era evidente que Ruth y yo no podríamos hacerlo solos. No sería suficiente enviarles a todos una carta circular. Tendríamos que contestar a cada carta personal y comprensivamente. Tal vez los grupos de A.A. nos podrían ayudar. Aunque nunca les habíamos pedido nada en el pasado, esto era, sin lugar a dudas, un asunto suyo. Teníamos un colosal trabajo de Paso Doce que hacer y tendríamos que hacerlo sin demora.

Así que les informamos a los grupos sobre las circunstancias, y tuvimos una respuesta tremenda. En aquel entonces la sugerida contribución voluntaria se fijó en $1.00 por miembro por año. Los custodios de la Fundación acordaron administrar este dinero y lo ingresaron en una cuenta bancaria especial, asignándolo exclusivamente para sufragar los trabajos de A.A. de la oficina.

A principios del año 1941, teníamos dos mil miembros y terminamos el año con ocho mil. Tal fue el tremendo impacto del artículo del *Saturday Evening Post.* No obstante, éstas no eran sino las primeras súplicas de ayuda de las incontables que han seguido llegando a la Oficina de Servicios Generales hasta el día de hoy, enviadas por individuos y grupos de todas partes del mundo.

Esta expansión fenomenal nos presentó otro problema, un problema de gran envergadura. Al encontrarnos ahora en primera plana de actualidad, tuvimos que empezar a tratar con el público en general a gran escala. La mala voluntad del público podría atrofiar nuestro crecimiento e incluso estancarlo. Pero la confianza entusiástica del público podría servir para estimular nuestro desarrollo hasta un grado que antes solo pudiéramos habernos imaginado, según nos había demostrado la crónica publicada en el *Post.*

Ha sido largo y arduo el proceso de hallar todas las respuestas apropiadas a todos nuestros dilemas de relaciones públicas. Tras innumerables pruebas y tanteos, a veces interrumpidos por dolorosos errores, descubrimos las actitudes y costumbres que nos resultarían más convenientes y eficaces. Las de más importancia se ven ahora reflejadas en nuestras Doce Tradiciones. Cien por cien de anonimato ante el público, ningún uso del nombre de A.A. en beneficio de otras causas, por muy nobles que sean, no afiliarnos con entidades ajenas ni respaldarlas, tener para Alcohólicos Anónimos un solo objetivo primordial, no profesionalismo, relaciones públicas basadas en la atracción y no en la promoción; estos son algunos frutos de nuestro aprendizaje por la dura experiencia.

Servicios para la totalidad de A.A.

Hasta este punto en la historia de nuestra Sociedad, hemos visto el establecimiento de la Fundación, la redacción y aparición del libro de A.A., la publicación de literatura en folletos, la contestación masiva de las súplicas de ayuda, la satisfacción de la necesidad de asesoramiento de los grupos con respecto a sus problemas, el comienzo de nuestras maravillosas relaciones con el público en general, y hemos visto todo esto llegar a formar parte del servicio cada vez más amplio prestado a la Comunidad de A.A. en su totalidad.

Por fin nuestra Sociedad ha comenzado a funcionar de forma verdaderamente integrada.

El período 1941-1945 nos trajo otros acontecimientos de gran significación. Nos mudamos de la calle Vesey a una oficina en el Avenida Lexington de Nueva York, justo enfrente de la Estación Grand Central. En cuanto nos instalamos allí, nos encontramos asediados por visitantes que, por primera vez, empezaron a considerar a Alcohólicos Anónimos como una esperanza para toda la Tierra.

Puesto que A.A. estaba creciendo a un paso tan acelerado, la O.S.G. también se veía obligada a crecer. Contratamos a más alcohólicos para ocupar los puestos del personal. Según se iban repartiendo los trabajos, empezaron a formarse los diversos despachos. Hoy día en la oficina hay bastantes despachos: servicios de grupo, relaciones públicas e internacionales, Conferencia de A.A., gerencia de la oficina, expedición y envíos, contabilidad, estenografía, y servicios especiales para solitarios, prisiones y hospitales.[4]

Las ideas fundamentales de nuestras Tradiciones se derivan principalmente de nuestra correspondencia y de nuestras cada vez más amplias actividades de relaciones públicas. A finales de 1945, un buen amigo de A.A. sugirió que se podría codificar esa masa de experiencia acumulada para formar un conjunto de principios generales, principios enunciados de forma sencilla que pudieran ofrecer soluciones ya probadas para todos los problemas de A.A. relacionados con vivir y trabajar juntos y relacionar nuestra Sociedad con el mundo externo.

Si ya habíamos llegado a estar lo suficientemente seguros de nuestra postura referente a tales cuestiones como quién era miembro, la autonomía de los grupos, la unicidad de nuestro propósito, el no respaldar a otras empresas, el profesionalismo, la controversia pública y el anonimato en sus diversos aspectos, sería posible entonces redactar tal código de principios. Por supuesto que un código tradicional de esta índole nunca podría convertirse en un reglamento o una ley. Pero podría servir como guía segura para nuestros custodios, los trabajadores de la sede y, más importante, para los grupos de A.A. que estaban sufriendo graves dolores de crecimiento.

Nosotros los que trabajábamos en la sede, ya que nos encontrábamos justo en medio de los acontecimientos, íbamos a tener que realizar el trabajo. Con la ayuda de mis compañeros, me puse a trabajar. Las Tradiciones de Alcohólicos Anónimos, que son el fruto de esta labor, aparecieron publicadas por primera vez en su llamada forma larga en Grapevine de mayo de 1946.[5] Luego escribí otros ensayos para explicar las Tradiciones en detalle. Estos artículos se publicaron en números posteriores de Grapevine.

Las Tradiciones no se aceptaron sin persuasión

La primera reacción suscitada por las Tradiciones era interesante y animada: la respuesta fue muy variada por no decir más. Solamente los grupos que se encontraban con graves problemas las tomaban en serio. En algunos sectores, la reacción era violenta, especialmente entre los grupos que tenían largas listas de reglas y reglamentos "protectores." Hubo mucha indiferencia. Algunos de nuestros miembros "intelectuales" dijeron a gritos que las Tradiciones no eran sino un reflejo de mis propios temores y esperanzas respecto a Alcohólicos Anónimos.

Por lo tanto, empecé a viajar y hablar mucho acerca de las Tradiciones. Al principio,

---

[4] Desde 1955 se han incorporado otros servicios.
[5] De hecho, aparecieron en el número de abril de 1946 de Grapevine.

los miembros me escuchaban cortés y atentamente, aunque tengo que confesar que algunos se durmieron profundamente durante mis primeras arengas. No obstante, pasado un tiempo, me llegaron cartas en las que se expresaban sentimientos tales como el siguiente: "Bill, estaríamos encantados si tuvieras la amabilidad de visitarnos y hablar. Cuéntanos dónde solías esconder tus botellas y todo aquello de esa tremenda y explosiva experiencia espiritual que tuviste. Pero por amor de Dios no nos hables más de esas malditas Tradiciones."

Con el tiempo todo esto cambió. Cinco años más tarde, varios miles de miembros de A.A., congregados en Cleveland para la Convención de 1950, se unieron para declarar que las Doce Tradiciones de A.A. constituían la base sobre la cual nuestra Comunidad podría funcionar con mayor eficacia y mantenerse en unidad para siempre.

La medicina se interesa en A.A.

Para ese entonces, A.A. tenía una aceptación aún más amplia por parte de la medicina. Dos de las más importantes asociaciones médicas de Norteamérica hicieron algo sin precedente. En el año 1944, la Sociedad Médica del Estado de Nueva York me invitó a presentar una ponencia en su reunión anual. Después de la ponencia, tres de los muchos médicos allí presentes se pusieron de pie para manifestar su más decidido respaldo para con A.A. Estos tres médicos eran el Dr. Harry Tiebout, primer amigo de A.A. del campo de la psiquiatría, el Dr. Kirby Collier, también siquiatra, amigo y defensor de A.A., y el Dr. Foster Kennedy, neurólogo de renombre mundial. La Sociedad Médica en sí fue aun más lejos. Nos dio permiso para publicar mi ponencia junto con las recomendaciones de estos tres médicos en forma de un folleto. En 1949, la Asociación Siquiátrica de Norteamérica hizo precisamente lo mismo. Presenté una ponencia ante su reunión anual en Montreal. La ponencia fue publicada en la *Revista de Psiquiatría Norteamericana*, y nos concedieron permiso para volver a imprimirla.[6]

Durante la década de los cuarenta, dos hospitales se esforzaron por satisfacer todas estas necesidades urgentes e ilustraron a la perfección cómo A.A. y la medicina podían cooperar. En el Hospital Santo Tomás de Akron, el Dr. Bob, la maravillosa Hna. Ignacia, y el cuerpo médico se encargaban de un pabellón alcohólico en el que, antes de morir el Dr. Bob en 1950, ya se había atendido a unos cinco mil alcohólicos. En Nueva York, en el Hospital Knickerbocker había un pabellón administrado por nuestro primer amigo de la medicina, el Dr. William Silkworth, que contaba con la ayuda de una enfermera pelirroja conocida por el nombre de Teddy. En estos dos hospitales y por medio de estos pioneros se formularon las técnicas más eficaces de combinar la medicina con A.A.

Ya que la hospitalización apropiada era, y sigue siendo, uno de los asuntos más problemáticos para A.A., la Oficina de Servicios Generales ha compartido esta experiencia de los primeros tiempos, junto con otros muchos avances y ramificaciones, con los grupos de todo el mundo, lo cual constituye otro servicio vital.

Una oleada de rupturas de anonimato

En esa época se nos presentó otro grave peligro para nuestro bienestar a largo plazo. Varios

---

[6] El folleto "Tres charlas a sociedades médicas por Bill W." ya no está disponible; pero hay un ejemplar archivado en los Archivos Históricos de la OSG.

miembros, la mayoría bien intencionados, empezaron a romper su anonimato por todas partes. Algunos querían valerse del nombre de A.A. para hacer promoción para otras causas y así ayudarlas. Otros simplemente deseaban que sus caras y sus nombres aparecieran publicados en la prensa. Creían que ser fotografiados con el gobernador sería una gran ayuda para A.A. (Anteriormente yo había sido culpable de hacer lo mismo.) Pero por fin nos dimos cuenta del enorme riesgo que supondría para A.A. si todos los ambiciosos de poder anduvieran sueltos al nivel público. Ya había veintenas de ellos que lo estaban haciendo.

Por lo tanto nuestra Oficina de Servicios Generales se puso a trabajar. Les dirigimos reconvenciones, bastante amables, naturalmente, a cada uno de los ofensores. Incluso enviamos cartas a casi todas las agencias de prensa y emisoras de radio, para explicarles por qué los A.A. no deben romper su anonimato ante el público. Ni tampoco, agregamos, A.A. solicita dinero; pagamos nuestras propias cuentas.

Pasados unos pocos años, habíamos reducido a un puñado el número de miembros que rompían su anonimato, y así otro valioso servicio de la O.S.G. había entrado en acción.

Los servicios de la O.S.G. van ampliándose

Para poder mantener estas cada vez más largas cuerdas de salvamento, la oficina tenía que seguir ampliándose. La O.S.G. se trasladó a la calle 44.[7]

Puede que a algunos la variedad de servicios que ofrecemos hoy día les parezca ser asunto de una gran compañía. Pero si tenemos en cuenta el actual tamaño y alcance de A.A., esto no es cierto en absoluto. Por ejemplo, en 1945, contábamos con un trabajador asalariado por cada 98 grupos; en 1955, un trabajador asalariado por cada 230 grupos[8]. Por lo tanto, parece que podemos sentirnos seguros de no vernos nunca cargados de una burocracia de servicio muy costosa.

No se podría considerar completa ninguna descripción de nuestros servicios mundiales, sin reconocimiento de todo lo aportado por nuestros custodios no alcohólicos. A lo largo de los años han contribuido con una cantidad increíble de tiempo y energía; la suya ha sido verdaderamente una obra hecha por amor. Algunos de ellos, como Jack Alexander, Fulton Oursler, Leonard Harrison, y Bernard Smith, han aportado mucho a sus respectivos campos de literatura, asistencia social, finanzas y jurisprudencia. Los custodios no alcohólicos de tiempos más recientes han seguido su ejemplo.

Como mencioné anteriormente, durante los años cuarenta, el futuro de nuestra sede se veía constantemente amenazado: el Dr. Bob y yo y nuestra junta de custodios teníamos la responsabilidad total de la dirección de los servicios de A.A.

En los años anteriores a 1950 y 1951, empezamos a debatir acerca de la conveniencia de tener algún tipo de junta asesora compuesta de miembros de A.A. O tal vez necesitábamos una conferencia compuesta de aún más miembros elegidos por sus compañeros de A.A., gente que inspeccionaría la sede anualmente; un organismo ante el cual los custodios serían responsables, una conciencia orientadora para todo nuestro trabajo mundial.

---

[7] Más tarde, las instalaciones se mudaron al número 305 de la calle 50 Este, luego, al 468 Avenida Park Sur, y, en 1992, al 475 Riverside Drive.
[8] En 2018, con los servicios ampliados aún más, un trabajador de la O.S.G. sirve a 800 grupos aproximadamente en los EE.UU. y Canadá.

Pero las objeciones que se ponían a esta propuesta eran persistentes y durante varios años no se hizo nada. Tal empresa, se decía, sería muy cara. Aun peor, A.A. podría verse precipitada en actividades políticas perturbadoras a la hora de elegir a los delegados de la conferencia. Entonces el Dr. Bob cayó enfermo, enfermo de muerte. Finalmente, en 1950, espoleados por la despiadada lógica de la situación, los custodios nos autorizaron al Dr. Bob y a mí para formular el plan del que este libro se trata. Era un plan para formar la Conferencia de Servicios Generales de A.A., un plan por medio del cual nuestra Sociedad asumiría la responsabilidad total y permanente de dirigir sus asuntos más vitales.

Nace la Conferencia

Una cosa era decir que debemos tener una Conferencia y otra muy distinta era formular un plan que la convirtiera en una viable realidad. La cuestión de los gastos fue fácilmente descartada. Pero ¿cómo íbamos a eliminar la política destructiva con sus acostumbradas luchas por el prestigio y la vanagloria? ¿Cuántos delegados se requerirían y de dónde provendrían? Una vez llegados a Nueva York, ¿cuál sería su relación con la junta de custodios? ¿Cuáles serían sus poderes y deberes reales?

Teniendo en mente estas importantes consideraciones y con algunos recelos, me puse a redactar un borrador del plan, con la gran ayuda de Helen B., miembro del personal de A.A.

Aunque más tarde se podría ampliar la Conferencia para incluir al mundo entero, nos parecía apropiado que los primeros delegados provinieran únicamente de los EE.UU. y Canadá. Cada estado y provincia tendría un delegado. Los estados con un gran población de A.A. podrían tener más delegados. Para asegurar la continuidad de la Conferencia, los delegados podrían estar divididos en paneles. Un panel impar (Panel Uno), elegido para servir dos años, entraría en funciones en 1951, el primer año. Un panel par (Panel Dos), también elegido para servir dos años, tomaría posesión de su cargo en 1952. De allí en adelante, se elegiría un panel y se retiraría otro anualmente. Así los delegados de la Conferencia harían la rotación y al mismo tiempo se mantendría cierta continuidad.

Pero ¿cómo podríamos reducir la inevitable presión de las elecciones? Para lograr esto, se dispuso que el delegado debe tener los dos tercios de los votos para ser elegido. Si el delegado obtuviera una mayoría tan grande, nadie podría quejarse mucho. Pero si nadie la obtuviera, si la elección fuera muy reñida, ¿qué podríamos hacer entonces? Pues, tal vez, podríamos poner en el sombrero los nombres de los dos candidatos con más votos, o de los tres oficiales del comité, o incluso de todo el comité. Se sacaría un nombre. El ganador de esta sencilla lotería se convertiría en el delegado.

Pero cuando estos delegados se reunieran en la Conferencia, ¿qué harían? Nos parecía que querrían tener autoridad real. Por lo tanto, en la carta constitutiva de la misma Conferencia, se dispuso que los delegados, con una mayoría de los dos tercios, podrían dar directivas categóricas a la junta. E incluso una simple votación mayoritaria constituiría una enérgica sugerencia.

Se anima a los delegados a hacer preguntas

La primera Conferencia fue programada para abril de 1951. Llegaron los delegados. Inspeccionaron las instalaciones, desde el sótano hasta el ático, conocieron a todos lo miembros del personal, dieron un apretón de manos a cada custodio. Esa tarde efectuamos una sesión de orientación, titulada "¿qué quieres saber?" Contestamos a veintenas de preguntas de todo tipo. Los delegados empezaban a sentirse cómodos y tranquilos. Inspeccionaron los libros de cuentas con microscopio. Después de escuchar los informes de la junta de custodios y de todos los servicios, hubo un acalorado y cordial debate sobre diversas cuestiones de política. Los custodios sometieron algunos de sus propios problemas graves a la consideración de la Conferencia.

Así pasó una sesión tras otra, mañana, tarde y noche. Los delegados se enfrentaron con varios dilemas que nos habían suscitado serias dudas en la O.S.G. dando a veces consejos opuestos a nuestras propias conclusiones. Casi en cada instancia, nos dimos cuentas que ellos llevaban razón. Allí mismo demostraron más claramente que nunca, lo acertada que era la Segunda Tradición. La conciencia de grupo podría actuar sin peligro como la única autoridad y la guía segura de Alcohólicos Anónimos.

Nadie de los allí presentes podrá nunca olvidar la sesión final de la primera Conferencia. Sabíamos que lo imposible había sucedido, que A.A. nunca se rompería por la mitad, que Alcohólicos Anónimos estaba por fin a salvo de cualquier tormenta que nos pudiera llegar en el futuro. Y los delegados, al regresar a sus casas, se llevaron consigo la misma convicción.

Al darse cuenta de nuestra necesidad de tener fondos y un mejor sistema de distribución de literatura, algunos recalcaron demasiado esta necesidad; otros se sentían un poco desanimados porque los A.A. de sus áreas no manifestaban el mismo entusiasmo que ellos tenían. Se olvidaban de que ellos mismos habían sido testigos de la Conferencia y sus hermanos alcohólicos no. Pero, tanto aquí como en sus áreas, los delegados causaron una impresión más grande de la que ellos creían.

En medio de estos emocionantes acontecimientos, la Conferencia acordó cambiar el nombre de la Fundación Alcohólica por el de la Junta de Servicios Generales de Alcohólicos Anónimos, y así se hizo. La palabra "Fundación" representaba las obras benéficas, el paternalismo y tal vez los grandes capitales. A.A. no quería nada de esto; de allí en adelante, podríamos asumir la plena responsabilidad y pagar nuestras propias cuentas.

Según veía desarrollarse todo esto, llegué a estar totalmente seguro de que Alcohólicos Anónimos estaba por fin a salvo, incluso de mí mismo.

LAS DOCE TRADICIONES (Forma larga)

Nuestra experiencia en A.A. nos ha enseñado que:

1. Cada miembro de Alcohólicos Anónimos no es sino una pequeña parte de una gran totalidad. Es necesario que A.A. siga viviendo o, de lo contrario, la mayoría de nosotros seguramente morirá. Por eso, nuestro bienestar común tiene prioridad. No obstante, el bienestar individual le sigue muy de cerca.

2. Para el propósito de nuestro grupo, solo existe una autoridad fundamental — un Dios amoroso tal como se exprese en la conciencia de nuestro grupo.

3. Nuestra Comunidad debe incluir a todos los que sufren del alcoholismo. Por eso, no podemos rechazar a nadie que quiera recuperarse. Ni debe el ser miembro de A.A. depender del dinero o de la conformidad. Cuandoquiera que dos o tres alcohólicos se reúnan en interés de la sobriedad, podrán llamarse un grupo de A.A., con tal que, como grupo, no tengan otra afiliación.

4. Con respecto a sus propios asuntos, todo grupo de A.A. debe ser responsable únicamente ante la autoridad de su propia conciencia. Sin embargo, cuando sus planes afecten al bienestar de los grupos vecinos, se debe consultar con los mismos. Ningún grupo, comité regional o individuo debe tomar ninguna acción que pueda afectar de manera significativa a la Comunidad en su totalidad, sin haberlo discutido con los custodios de la Junta de Servicios Generales. En cuanto a estos asuntos, nuestro bienestar común es de máxima importancia.

5. Cada grupo de Alcohólicos Anónimos debe ser una entidad espiritual con *un solo objetivo primordial* — el de llevar el mensaje al alcohólico que aún sufre.

6. Los problemas de dinero, propiedad y autoridad nos pueden fácilmente desviar de nuestro principal objetivo espiritual. Por lo tanto, somos de la opinión de que cualquier propiedad considerable de bienes de uso legítimo para A.A. debe incorporarse y dirigirse por separado, para así diferenciar lo material de lo espiritual. Un grupo de A.A., como tal, nunca debe montar un negocio. Las entidades de ayuda suplementaria, tales como los clubs y hospitales, que suponen mucha propiedad o administración, deben constituirse en sociedad separadamente, de manera que, si es necesario, los grupos las puedan desechar con completa libertad. Por consiguiente, tales instalaciones no deben utilizar el nombre de A.A. La responsabilidad de dirigir estas entidades debe recaer únicamente sobre quienes las sostienen económicamente. En cuanto a los clubs, normalmente se prefieren directores que sean miembros de A.A.. Pero los hospitales, así como los centros de recuperación, deben operar totalmente al margen de A.A. — y bajo supervisión médica. Aunque un grupo de A.A. puede cooperar con cualquiera, tal cooperación nunca debe llegar a convertirse en afiliación o respaldo, ya sea real o implícito. Un grupo de A.A. no puede vincularse con nadie.

7. Los grupos de A.A. deben mantenerse completamente con las contribuciones voluntarias de sus miembros. Nos parece conveniente que cada grupo alcance este ideal lo antes posible; creemos que cualquier solicitud pública de fondos que emplee el nombre de A.A.

es muy peligrosa ya sea hecha por los grupos, los clubs, los hospitales u otras agencias ajenas; que el aceptar grandes donaciones de cualquier fuente, o contribuciones que supongan cualquier obligación, no es prudente. Además, nos causan mucha preocupación aquellas tesorerías de A.A. que siguen acumulando dinero, además de una reserva prudente, sin tener para ello un determinado propósito A.A. A menudo, la experiencia nos ha advertido que nada hay que tenga más poder para destruir nuestra herencia espiritual que las disputas vanas sobre la propiedad, el dinero, y la autoridad.

8. Alcohólicos Anónimos debe siempre mantenerse no profesional. Definimos el profesionalismo como la ocupación de aconsejar a los alcohólicos a cambio de una remuneración económica. No obstante, podemos emplear a los alcohólicos para realizar aquellos trabajos para cuyo desempeño tendríamos, de otra manera, que contratar a gente no alcohólica. Estos servicios especiales pueden ser bien recompensados. Pero nunca se debe pagar por nuestro acostumbrado trabajo de Paso Doce.

9. Cada grupo de A.A. debe tener el mínimo posible de organización. La dirección rotativa es normalmente lo mejor. El grupo pequeño puede elegir a su secretario; el grupo grande, a su comité rotativo; y los grupos de una extensa área metropolitana, a su comité central, que a menudo emplea un secretario asalariado de plena dedicación. Los custodios de la Junta de Servicios Generales constituyen efectivamente nuestro comité de servicios generales. Son los guardianes de nuestra Tradición de A.A. y los depositarios de las contribuciones voluntarias de A.A., por medio de las cuales mantienen nuestra Oficina de Servicios Generales de A.A. en Nueva York. Están autorizados por los grupos a hacerse cargo de nuestras relaciones públicas a nivel global y asegurar la integridad de nuestro principal periódico, el AA Grapevine. Todos estos representantes debe guiarse por el espíritu de servicio, porque los verdaderos líderes en A.A. son solamente los fieles y experimentados servidores de la Comunidad entera. Sus títulos no les confieren ninguna autoridad real. El respeto universal es la clave de su utilidad.

10. Ningún miembro o grupo de A.A. debe nunca, de una manera que pueda comprometer a A.A., manifestar ninguna opinión sobre cuestiones polémicas ajenas—especialmente aquellas que tienen que ver con la política, la reforma alcohólica, o la religión. Los grupos de Alcohólicos Anónimos no se oponen a nadie. Con respecto a estos asuntos, no pueden expresar opinión alguna.

11. Nuestras relaciones con el público en general deben caracterizarse por el anonimato personal. Opinamos que A.A. debe evitar la propaganda sensacionalista. No se deben publicar, firmar o difundir nuestros nombres o fotografías, identificándonos como miembros de A.A. Nuestras relaciones públicas deben guiarse por el principio de atracción y no por la promoción. No tenemos necesidad de alabarnos a nosotros mismos. Nos parece mejor dejar que nuestros amigos nos recomienden.

12. Finalmente, nosotros los Alcohólicos Anónimos creemos que el principio de anonimato tiene una inmensa significación espiritual. Nos recuerda que debemos anteponer los principios a las personalidades; que debemos practicar una auténtica humildad. Todo esto a fin de que las bendiciones que conocemos nunca nos estropeen; que vivamos siempre en contemplación agradecida de El que preside sobre todos nosotros.

❖ Capítulo Primero

Introducción al Servicio General

Las Doce Tradiciones ponen en claro el principio de que A.A., como tal, nunca debe ser organizada, que en A.A. no hay jefes ni gobierno. No obstante, al mismo tiempo, las Tradiciones reconocen la necesidad de tener algún tipo de organización para llevar el mensaje por medios y de maneras que a los grupos locales les resultaría imposible hacerlo—por ejemplo, publicar literatura uniforme, tener recursos de información pública, ayudar a empezar a los nuevos grupos, editar una revista internacional y llevar el mensaje en otros idiomas a otros países.

LA ESTRUCTURA DE LA CONFERENCIA — UN RESUMEN

La estructura de la Conferencia de los EE.UU./Canadá* es la que hace posible llevar a cabo los "servicios generales." Es un medio por el que la conciencia de grupo colectiva de A.A. puede expresarse contundentemente y llevar a efecto sus deseos en lo concerniente a los servicios de la estructura de la Conferencia. Es la estructura que en A.A. ocupa el lugar de un gobierno, para asegurar que se oiga la voz plena de A.A. y que los servicios deseados sigan funcionando, sean cuales sean las circunstancias.

Al principio de este manual aparece la historia del desarrollo de los servicios generales y de la estructura de la Conferencia. Hoy día, entre los servicios generales figuran actividades de todo tipo dentro de la estructura de la Conferencia, efectuadas por los grupos, los distritos, los comités de área, delegados, custodios, la Oficina de Servicios Generales y Grapevine. Normalmente, estos servicios afectan a A.A. en su totalidad.

Una Organización al revés

Se ha llamado a Alcohólicos Anónimos una organización al revés porque, según se ve en el organigrama, los grupos aparecen arriba y los custodios abajo. Bill W. escribió en el Concepto I: "Hoy día los grupos de A.A. tienen la responsabilidad final y la autoridad fundamental de nuestros servicios mundiales…" Y en el Concepto II, Bill pone en claro que los grupos "delegaron a la Conferencia la plena autoridad para el mantenimiento activo de nuestros servicios mundiales, y por este medio, convirtieron a la Conferencia en la voz activa y conciencia efectiva de toda nuestra Comunidad."

---

* En el comienzo, Bill tuvo la visión de una estructura mundial. Pero las estructuras de las Conferencias de otros países evolucionaron como entidades autónomas.

ESTRUCTURA DE LA CONFERENCIA
EE.UU. y Canadá

Comunicación por toda la estructura

Para mantener equilibradas la autoridad y responsabilidad fundamentales por un lado y las operaciones diarias de los servicios mundiales por el otro, es necesario mantener una comunicación constante entre todos los elementos de la estructura.

EL GRUPO: El proceso de comunicación empieza con el grupo, el cual hace saber a su representante de servicios generales elegido (R.S.G.) la conciencia del grupo — en pro o en contra de un determinado cambio, aprobación o desaprobación de una acción propuesta. El R.S.G. (ver Capítulo II) procura que se presenten y se consideren detalladamente al nivel de distrito y de área los deseos del grupo y que el delegado los tenga en mente cuando asiste a la Conferencia. Después de cada Conferencia, le incumbe al R.S.G. procurar que se informe a los miembros de su grupo sobre lo acontecido en la Conferencia y que dichos miembros tengan un amplio conocimiento de todas las Acciones Recomendables (ver Capítulo VII).

EL DISTRITO: Los grupos se organizan en distritos, o sea los distritos se componen de un número de grupos vecinos. Los R.S.G. de estos grupos seleccionan a los miembros del comité de distrito (M.C.D.) quienes forman parte del comité de área (ver Capítulo III para más información sobre el distrito).

EL ÁREA: La Conferencia de los EE.UU. y Canadá se divide en 93 áreas, compuestas en algunos casos por un estado o provincia, o parte de un estado o provincia, o, en otros casos, por diversas partes de más de un estado o provincia. En la asamblea de área, se elige

Estructura de la Conferencia de Servicios Generales (EE.UU y Canadá)

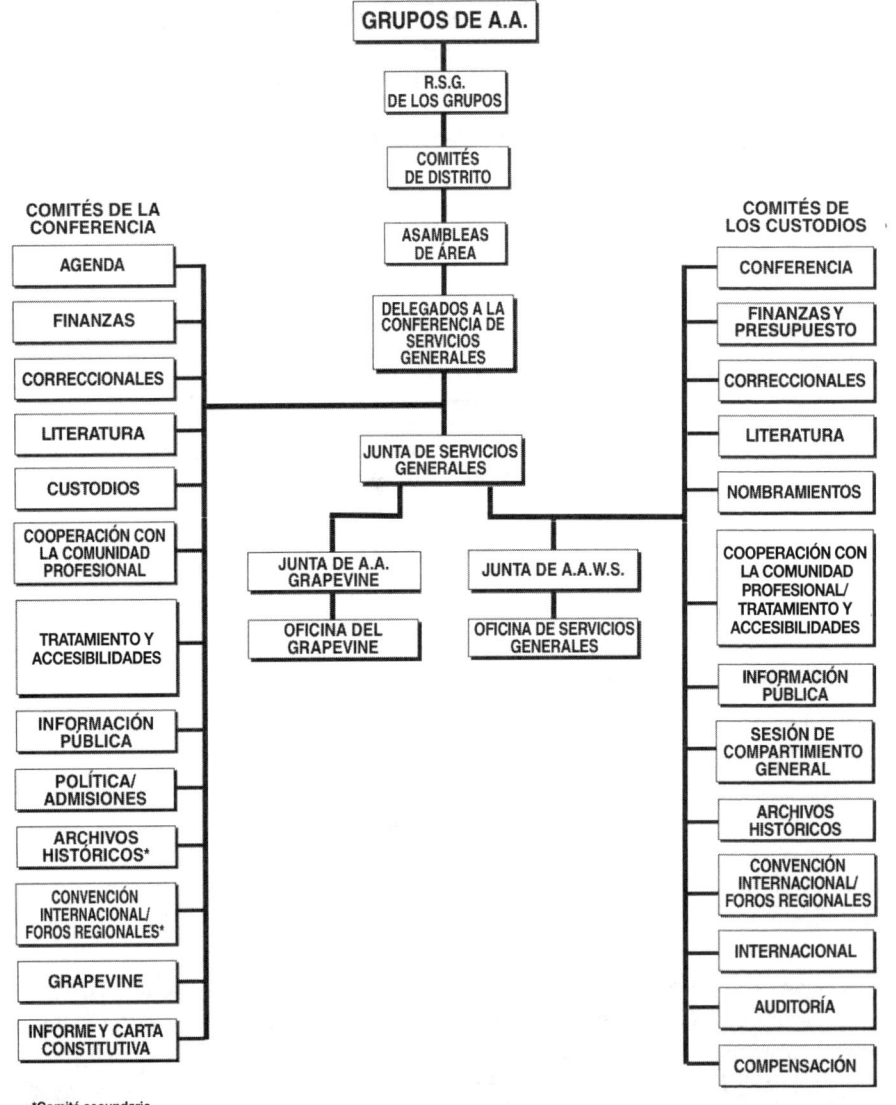

*Comité secundario

S18

al delegado para representar al área en la reunión anual de la Conferencia (ver Capítulos V y VI para más información sobre el área y sus actividades).

LA CONFERENCIA Y EL DELEGADO: En la reunión anual de la Conferencia, varios asuntos de importancia para la Comunidad son considerados primero por uno de los comités permanentes de la Conferencia y luego presentados, en forma de recomendaciones de los comités, ante el pleno de la Conferencia. En esa coyuntura, todos los miembros de la Conferencia tienen la oportunidad de discutir sobre las recomendaciones y hacer preguntas al respecto antes de someterlas a votación. Las recomendaciones que se aprueban por voto se convierten en las Acciones Recomendables de la Conferencia (ver Capítulos VII y VIII para más información sobre la Conferencia).

Después de la Conferencia, el delegado vuelve a su área y allí, por conducto de los M.C.D. y los R.S.G. de los grupos, informa sobre lo acontecido en la Conferencia. Al mismo tiempo, las Acciones Recomendables que se hayan remitido a la atención de los custodios, son enviadas a los apropiados comités de custodios, a la O.S.G. o al Grapevine para su implementación.

La Conferencia está compuesta de los delegados de área, los custodios, los directores de A.A. World Services y de Grapevine y los miembros del personal de la Oficina de Servicios Generales y de Grapevine. Tradicionalmente, los delegados de área constituyen los dos tercios del pleno de la Conferencia.

LOS CUSTODIOS: La Junta de Servicios Generales (ver Capítulo IX) está compuesta por 21 custodios. Se reúne cada tres meses, y se informa a la Comunidad sobre sus acciones por medio de los informes trimestrales y por el *Informe Final de la Conferencia*. Las dos corporaciones operantes de la junta, A.A.W.S., Inc., y el AA Grapevine, Inc., hacen sus informes de la misma manera (ver Capítulo X). A.A.W.S. es la entidad corporativa que emplea al personal de la O.S.G., dirige los servicios de la O.S.G. y está encargada de publicar los libros y folletos. La junta corporativa de Grapevine emplea al personal de la redacción y de negocios y publica la revista mensual de A.A. y materiales relacionados.

La Carta Constitutiva de la Conferencia

En los Apéndices A y C aparecen los textos íntegros de la Carta Constitutiva original de la Conferencia y de la versión actual. La Carta, adoptada en 1955, describe con todo detalle el conjunto de principios y relaciones por medio de los cuales funcionan los servicios de A.A. La Conferencia en sí misma no está constituida en sociedad, y su carta no es documento legal — es un acuerdo no oficial entre la Comunidad en su totalidad y los custodios, que sirve para establecer los medios que le hacen posible a A.A. facilitar sus servicios mundiales.

GLOSARIO DE TÉRMINOS DE SERVICIOS GENERALES

Glosario de términos que se suelen emplear en las actividades de servicios generales

A.A.W.S. — Alcoholics Anonymous World Services, Inc., una de las dos corporaciones operantes de la Junta de Servicios Generales; supervisa las operaciones de la Oficina de Servicios Generales y sirve como editorial de la literatura aprobada por la Conferencia y la literatura de servicio.

Acción recomendable — Representa la conciencia de grupo informada de la Comunidad, como consecuencia de una recomendación hecha por un comité de la Conferencia o por una Acción Plenaria, que ha sido aprobada por la Conferencia en pleno.

Área — Una división geográfica de un estado o provincia. El delegado de la Conferencia es representante de un área. En general, hay una sola área por estado o provincia, excepto en los lugares densamente poblados de A.A., en cuyo caso puede haber dos, tres o más áreas por estado. Algunas áreas están compuestas de partes de más de un estado o provincia.

Asamblea de área — Una reunión de los R.S.G y miembros del comité de distrito para hablar sobre los asuntos del área y, cada dos años, para elegir al delegado y a los oficiales del área.

Comité de área — Un comité compuesto por los miembros del comité de distrito (elegidos por los R.S.G. de cada distrito) y los oficiales del comité de área.

Conferencia — Con la frase Conferencia de Servicios Generales se puede significar la estructura de la misma en la que se integran los miembros de los comités, los R.S.G. y los delegados del área o la reunión anual de la Conferencia que tiene lugar en Nueva York cada año en el mes de abril.

Consideración adicional de comité — Una cuestión considerada por un comité de la Conferencia, referente a la cual la Conferencia en pleno no ha ejecutado ninguna acción.

C.C.P. — Cooperación con la comunidad profesional. Los comités de C.C.P. de la Conferencia, de los custodios, de distrito y de área contribuyen a llevar el mensaje a los profesionales que trabajan con los alcohólicos.

Custodio — Un miembro de la Junta de Servicios Generales. Catorce custodios son miembros de A.A.; siete no son alcohólicos.

Delegado — El miembro de A.A. elegido cada dos años para representar al área en la Conferencia de Servicios Generales anual realizada en Nueva York y, después de esta reunión, informar al área sobre todo lo acontecido.

Director (custodio) — Un miembro de A.A. que sirve en la junta corporativa de A.A.W.S. o de Grapevine; los directores no custodios se seleccionan en base de su experiencia profesional o de negocios relacionada con las actividades de la corporación. Entre los miembros de la dirección de ambas juntas figuran también varios custodios y miembros del personal de A.A.

Distrito — Una división dentro de una área, representada por un miembro, o unos miembros, de comité.

Grapevine — La revista mensual internacional (en inglés) de Alcohólicos Anónimos disponible en línea o impresa. AA Grapevine, Inc. es una de las dos corporaciones operantes de la Junta de Servicios Generales y es responsable de las operaciones y finanzas de Grapevine.

I.P. — Información Pública. Los comités de I.P. de distrito, de área, de los custodios y de la Conferencia se esfuerzan por llevar el mensaje cooperando con los medios de comunicación.

La Viña — Revista bimensual en español, publicada por el AA Grapevine.

Literatura, videos y películas aprobados por la Conferencia — Folletos, libros, videos y películas, producidos bajo los auspicios de los diversos comité de la Conferencia, revisados y recomendados por los apropiados comités de la Conferencia y sometidos a la Conferencia para su aprobación y, finalmente, aprobados por la Conferencia.

El Manual de Servicio de A.A/Doce Conceptos para el servicio mundial — Ambos títulos en un solo volumen. El manual empieza con una historia de los servicios de A.A., y luego explica la estructura de la Conferencia y su importancia durante todo el año; incluidos están la Carta Constitutiva de la Conferencia y los Estatutos de la Junta de Servicios Generales. Los Conceptos — principios de servicio que han surgido de los logros y los errores del servicio de A.A. desde sus comienzos — expuestos por Bill W.

M.C.D. — Miembro del comité de distrito. Un R.S.G. experimentado, elegido por otros

R.S.G. para representar a los grupos del distrito en las reuniones del comité de área y para coordinar las actividades de servicio del distrito.

Miembro de comité nombrado — Un miembro de A.A. que sirve como miembro de un determinado comité de servicios de custodios (por ejemplo, información pública o instituciones de tratamiento) debido a su experiencia y sus conocimientos del campo en cuestión.

O.S.G. — La Oficina de Servicios Generales, la cual suministra servicios a los grupos de los EE.UU. y Canadá y edita la literatura de A.A.

Panel — panel es una designación numérica que se refiere a un grupo de delegados elegidos para servir en la Conferencia de Servicios Generales en un determinado año. Cada panel lleva el número de la Conferencia en que el delegado del Área sirve su primer término. El ciclo de dos años suele aplicarse también a los oficiales de área y los miembros de comité también.

Región — Una agrupación de varias áreas que está representada en la junta de custodies por un custodio regional. Hay seis regiones en los EE.UU. y dos en Canadá.

RGV — Representante de Grapevine; el contacto del grupo o del distrito con la oficina de Grapevine.

RLV — Representante de La Viña; contacto del grupo o del distrito con la oficina de Grapevine.

¿Por qué necesitamos una Conferencia?

En su discurso de apertura en la reunión de 1954, el fallecido Bernard Smith, no alcohólico, presidente en aquel entonces de la junta de custodios, y uno de los arquitectos de la estructura de la Conferencia, dio una atinada y elocuente respuesta a esta pregunta:

"Puede que no necesitemos una Conferencia de Servicios Generales para asegurar nuestra propia recuperación. La necesitamos para asegurar la recuperación del alcohólico que anda todavía tropezando por las tinieblas a unos pasos de este salón. La necesitamos para asegurar la recuperación del niño que nace esta noche destinado al alcoholismo. La necesitamos para poder proporcionar, de acuerdo con nuestro Paso Doce, un refugio permanente para todos los alcohólicos que, en las épocas por venir, puedan encontrar en A.A. ese renacimiento que nos ha dado una nueva vida.

"La necesitamos porque nosotros, más que nadie, somos conscientes del efecto devastador del ansia humana de poder y prestigio, y tenemos que asegurar que este impulso nunca invada A.A. La necesitamos para proteger A.A. contra el gobierno, mientras la defendemos de la anarquía; la necesitamos para proteger A.A. contra la desintegración, mientras evitamos la integración exagerada. La necesitamos para que Alcohólicos Anónimos, y sólo Alcohólicos Anónimos, sea el depositario de sus Doce Pasos, sus Doce Tradiciones y de todos sus servicios.

"La necesitamos para asegurar que dentro de A.A. los cambios se efectúen únicamente para satisfacer las necesidades y deseos de toda la Comunidad de A.A., no sólo de unos pocos miembros. La necesitamos para asegurar que las puertas de las salas de A.A. nunca se cierren con llave, para que en todo momento todos los que tengan un problema alcohólico puedan entrar en estas salas sin que nadie se lo pida y sentirse bienvenidos. La necesitamos para asegurar que Alcohólicos Anónimos nunca le pregunte a nadie que nos necesite de qué raza es, o de qué credo o cuál es su condición social."

R.S.G. — Representante de servicios generales. El contacto del grupo con la Oficina de Servicios Generales; miembro votante de la asamblea de área.

Reuniones de distrito — Reuniones de los M.C.D. y R.S.G. de los grupos del distrito.

Rotación — El principio espiritual de compartir la responsabilidad de A.A. por medio de cambiar periódicamente a las personas encargadas de los diversos puestos de servicio.

Sesión de compartimiento — Una reunión efectuada a nivel de grupo, distrito o área, en la que se invita a todos los participantes a comentar y contribuir con ideas sobre asuntos de interés para A.A. y en la que no se ejercita ninguna acción.

Servicios generales — Los servicios suministrados a nivel global, realizados por cualquier participante en la estructura de servicios generales (R.S.G., M.C.D., delegado, etc.)

Suplente — Un trabajador de servicio que, a nivel de grupo, distrito o área, participa en las actividades de servicio, las apoya y ayuda a llevarlas a cabo, y está listo para sustituir al titular si éste ya no puede seguir en el puesto.

Tercer Legado — El Tercer Legado de A.A. es el Servicio, la suma total de todos los servicios de A.A. que van desde una visita de Paso Doce hasta las actividades de servicio nacionales e internacionales. Los dos primeros Legados son la Recuperación y la Unidad.

EL PROCEDIMIENTO DEL TERCER LEGADO

El procedimiento del Tercer Legado es una especie singular de procedimiento electoral, que se emplea principalmente para elegir a los delegados y a los custodios regionales y generales. Está considerada como una forma de proceder única y propia de A.A. y, a primera vista, parece dejar que el azar figure de manera importante en un asunto que debe depender exclusivamente del criterio de la mayoría. No obstante, en la práctica, ha resultado ser de gran eficacia para eliminar la influencia de facciones o partidos que suelen prosperar en la arena política. Es difícil presionar a los votantes a que acepten un determinado candidato, debido a la amplia variedad de candidatos propuestos entre los cuales pueden elegir. Aún más importante, un candidato bien capacitado para el puesto que no tiene al comienzo un fuerte apoyo popular y que en la primera votación ha quedado en segundo lugar, tiene un fuerte motivo para seguir y no retirarse de la votación.

El procedimiento del Tercer Legado es así:

- Los nombres de todos los candidatos elegibles se apuntan en la pizarra. Todos los miembros votantes (del área o de la Conferencia) echan votos por escrito, un voto por papelito. Los resultados se apuntan en la pizarra.
- El primer candidato en recibir los dos tercios de los votos queda elegido.
- Las eliminatorias empiezan después de la segunda votación. Se elimina automáticamente el nombre de cualquier candidato que tenga menos de la quinta parte del total de los votos, teniendo en cuenta que los dos candidatos que han obtenido el mayor número de votos deben permanecer. (Si hay empate para el segundo lugar, el candidato con el mayor número de votos y todos los que están empatados para el segundo siguen como candidatos.)
- Después de la tercera votación, se eliminan automáticamente los nombres de todos los candidatos que han obtenido menos de la tercera parte del total de los votos, teniendo en cuenta que los dos candidatos que han obtenido el mayor número de votos deben permanecer. (Si hay empate para el segundo lugar, el candidato con el mayor número de votos y todos los que están empatados para el segundo siguen como candidatos.)

- Después de la cuarta votación, si ningún candidato ha obtenido los dos tercios del total de los votos, se elimina automáticamente el nombre del candidato con el menor número de votos, teniendo en cuenta que los dos candidatos que han obtenido el mayor número de votos deben permanecer. Si hay empate para el segundo lugar, el candidato con el mayor número de votos y todos los que están empatados para el segundo siguen como candidatos. En esta coyuntura, el coordinador pide una moción, una aprobación y una confirmación por simple mayoría de manos para que se haga una quinta y última votación. Si no se aprueba la moción, se considerará terminada la votación y la elección se hace inmediatamente por sorteo: se saca el nombre "del sombrero". Si se aprueba la moción, se efectúa una quinta y última votación.
- Si después de la quinta votación, nadie sale elegido, el coordinador anuncia que la elección se hará por sorteo (del sombrero). Llegado a este punto, quedan los dos candidatos con el mayor número de votos. En caso de empate para el primer puesto, se quedan todos los empatados

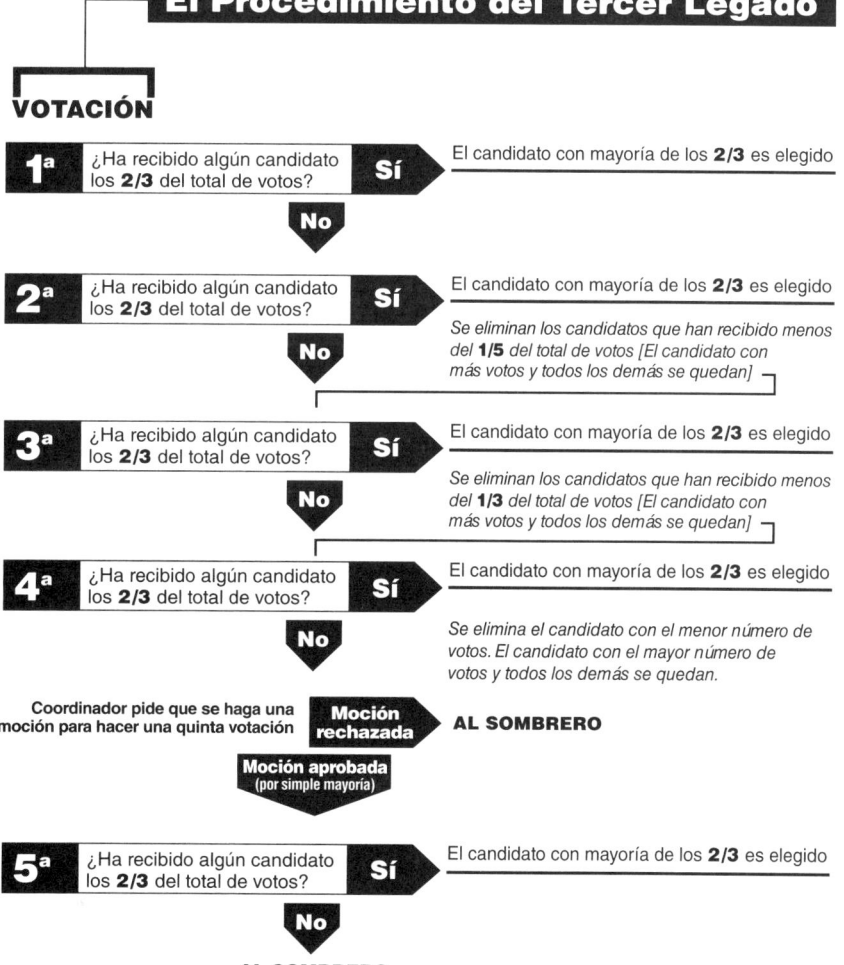

para el primer puesto. En caso de que no haya empate para el primer puesto, se quedan el candidato con el mayor número de votos y los que estén empatados para el segundo puesto.
- El primer nombre que el escrutador saque "del sombrero" queda elegido delegado (o custodio u otro oficial).

CÓMO ESTIMULAR INTERÉS EN LOS SERVICIOS GENERALES

La mayoría de los miembros de A.A. se interesan principalmente en su grupos, en su propia sobriedad, y en ayudar a otros borrachos en plan individual y personal. Y así debe ser. Aunque los trabajos de servicio general tienen exactamente el mismo objetivo, llevar el mensaje al alcohólico que aún sufre, no siempre se ve la relación de manera directa u obvia. Se suelen necesitar algunos estímulos para atraer la atención de los miembros de A.A., para hacerles ver que el servicio puede añadir una rica dimensión a sus vidas sobrias y a su trabajo de Paso Doce, y que su participación es de crucial importancia para el futuro de A.A.

La buena comunicación es de suma importancia. En el trabajo personal de Paso Doce la comunicación no tiene fin. El padrino habla con el borracho; los oradores comparten sus experiencias; nosotros compartimos unos con otros. Pero a la hora de hacer el trabajo de servicio general, suele haber interrupciones en la comunicación. Puede ser difícil captar la atención de los alcohólicos; no obstante, con un enfoque creativo, se les puede animar a tomar un descanso del trabajo cotidiano de la recuperación y pensar en otra fase de sus nuevas vidas. Al estar bien informados sobre el servicio, los miembros de A.A. frecuentemente quieren participar y asumir sus propias responsabilidades de servicio.

En muchas áreas, el delegado y los miembros del comité de área, se ofrecen para visitar a los grupos o a las reuniones de distrito para hablar acerca de los servicios generales. Las mesas de trabajo o talleres enfocados en las Tradiciones, los Conceptos u otros aspectos del servicio a menudo sirven para difundir el mensaje de servicio. En ocasiones, dos distritos o más trabajan conjuntamente para organizar un evento de servicio.

A continuación aparecen expresadas las experiencias de dos áreas: "Dejamos que los miembros de los comités se encarguen de organizar y dirigir las sesiones de compartimiento de sus distritos, y luego de informar sobre lo acontecido en dichas sesiones ante la asamblea mensual. Creamos tantos trabajos como nos fue posible para los R.S.G. y los miembros del comité y fomentamos la asistencia de visitantes a nuestras asambleas, para que todos pudieran ver lo que se estaba haciendo."

Reuniones de vídeo: "En total exhibimos videos informativos y de servicio 239 veces en las reuniones de los grupos. No tenemos registradas las respuestas a los centenares de preguntas sobre los servicios generales que se hicieron en estas sesiones."

Reactivación de distritos: A menudo dentro de un área se presenta la necesidad de tratar de reactivar distritos o grupos que son inactivos o que no tienen representación. Las áreas fomentan la participación en los servicios generales de diversas maneras, especialmente a través del contacto directo con los grupos por medio de los oficiales de distrito/área para facilitar información referente a eventos de servicio y oportunidades de llevar el mensaje más allá del nivel de grupo. A veces hay apadrinamiento de distrito a distrito mediante el cual un distrito activo comparte su experiencia e ideas para estimular la actividad entre los grupos dentro de un distrito vecino inactivo.

EL PRINCIPIO DE LA ROTACIÓN

Tradicionalmente, la rotación asegura que los puestos de servicio, como casi todo lo demás en A.A., se repartan para que todos los puedan compartir. Muchos puestos tienen suplentes que se pueden incorporar al puesto de servicio si se necesita.

Dejar un puesto de A.A. que amamos puede ser difícil. Si hemos estado haciendo un buen trabajo, si sinceramente no vemos a nadie alrededor que esté dispuesto, cualificado o disponga del tiempo necesario para hacerlo, y si nuestros amigos están de acuerdo, es especialmente duro. Pero puede ser un verdadero paso adelante hacia el desarrollo — un paso hacia la humildad que es, para algunas personas, la esencia espiritual del anonimato.

El anonimato en la Comunidad significa, entre otras cosas, que renunciamos al prestigio personal por cualquier trabajo de A.A. que hagamos para ayudar a los alcohólicos. Y, en el espíritu de la Duodécima Tradición, nos recuerda siempre "anteponer los principios a las personalidades".

A muchos miembros que salen de sus puestos les resulta muy gratificante dedicar algún tiempo a compartir su experiencia con la persona que entra al puesto. La rotación ayuda a traernos recompensas espirituales mucho más duraderas que la fama. Al no haber en juego ningún "estatus" de A.A., no necesitamos competir por títulos o alabanzas — tenemos completa libertad para servir según se nos necesite.

Instrumentos disponibles en la O.S.G.

Los siguientes instrumentos de comunicación están disponibles en la Oficina de Servicios Generales (Box 459, Grand Central Station, New York, NY 10163). Todos están destinados a informar a los grupos sobre los diversos tipos de ayuda que la O.S.G. ofrece a los grupos de todas partes, y así conseguir que más miembros se interesen en las actividades de servicio.

El SITIO WEB de A.A. de la O.S.G. (www.aa.org): ofrece acceso inmediato a información acerca de A.A. a cualquier persona que tenga un problema con la bebida; los miembros de A.A. encontrarán allí literatura, material de servicio y otra información de utilidad. (Ver Capítulo Once)

VIDEOCASETES: Entre ellos se incluyen "Su Oficina de Servicios Generales, Grapevine y la Estructura de Servicios Generales" (va acompañado de un artículo de servicio), "Huellas en la Jornada" (compuesto de materiales de los archivos históricos de A.A.; fotos de 45 años de la historia de A.A.) y "Llevando el mensaje detrás de estos muros" (trabajo de instituciones correccionales).

AUDIOCASETES: En estos materiales se incluyen los textos grabados de los libros *Alcohólicos Anónimos* y *Doce Pasos y Doce Tradiciones*.

CD y CD-ROM: Entre ellos *Alcoholics Anonymous* disponible en ambos formatos.

EXPOSICIÓN DE LITERATURA: Formato para montar una exposición de folletos y libros aprobados por la Conferencia. Formulario de pedidos de literatura (con una lista de todos los folletos, libros y videos disponibles.)

EXPOSICIÓN DE GUÍAS: Ejemplares de todas las Guías de Actuación disponibles, que tratan de las diversas áreas de servicio.

SESIONES DE COMPARTIMIENTO: Hay disponible una hoja informativa sobre las sesiones de compartimiento.

❖ Capítulo Segundo

El grupo y su R.S.G.

Para la mayoría de los A.A., tener un grupo base es uno de los factores clave para mantener su sobriedad. En su grupo base, los A.A. asumen las responsabilidades de servicio y aprenden a cultivar amistades. El grupo base ofrece al miembro individual el privilegio de votar sobre asuntos que afectan a la Comunidad en su totalidad; es la base misma de la estructura de servicio. Aunque la mayoría de los miembros suele asistir a las reuniones de otros grupos, participan en las reuniones de negocios de su grupo base y, allí, como parte de la conciencia del grupo de la Comunidad en su totalidad, tienen el derecho de votar. En todo asunto de la conciencia de grupo, cada miembro tiene un voto.

GRUPOS DE A.A.
R.S.G. DE LOS GRUPOS

La forma larga de la Tercera Tradición y una sección de la Sexta Garantía, Concepto 12, acertadamente describen lo que es un grupo de A.A.:

Tercera Tradición: "Nuestra Comunidad debe incluir a todos los que sufren del alcoholismo. Por eso, no podemos rechazar a nadie que quiera recuperarse. Ni debe el ser miembro de A.A. depender del dinero o de la conformidad. Cuando quiera que dos o tres alcohólicos se reúnan en interés de la sobriedad, podrán llamarse un grupo de A.A., con tal de que, como grupo, no tenga otra afiliación."

Sexta Garantía: "se ha prestado especial atención a las extraordinarias libertades otorgadas por nuestras Tradiciones al miembro particular y a su grupo de A.A.: no hay castigos que se impongan por no adecuarnos a los principios de A.A.; no hay cuotas ni honorarios —sólo las contribuciones voluntarias; ningún miembro puede ser expulsado de A.A.— el ser miembro siempre queda al libre albedrío del individuo; cada grupo de A.A. puede llevar sus asuntos internos como desee — sólo debe abstenerse de acciones que puedan perjudicar a A.A. como un todo; y finalmente, cada grupo de alcohólicos que se reúnan en interés de la sobriedad puede considerarse un grupo de A.A. siempre y cuando que, como grupo, no tenga otro objetivo ni otra afiliación."

El servicio de grupo —desde el cafetero hasta el secretario, la tesorera o el coordinador— suele ser el medio por el que los miembros conocen por primera vez la alegría y el progreso que se puede sacar del servicio de A.A. (El folleto "El Grupo de A.A." facilita amplia información sobre la organización del grupo y las oportunidades que allí se ofrecen para hacer el trabajo de servicio).

El representante de servicios generales (R.S.G.)

Al representante de servicios generales le corresponde el trabajo de vincular su grupo con A.A. en su totalidad. El R.S.G. representa la voz de la conciencia del grupo, comunica las ideas y opiniones del grupo a los miembros del comité de distrito y al delegado, quien las comunica a la Conferencia. Esta comunicación es una calle de dos sentidos y el R.S.G. es responsable de informar al grupo sobre las Acciones de la Conferencia que afecten a la unidad, la salud y el desarrollo de A.A. Para que la Conferencia actúe por A.A. en su totalidad, es imprescindible que el R.S.G. mantenga informado al grupo.

APOYO ECONOMICO: La experiencia actual indica que muchos grupos dan apoyo económico a sus representantes de servicios generales para que puedan asistir a funciones de servicio.

Requisitos

- La experiencia indica que los R.S.G. que sirven con mayor eficacia son quienes han participado en los servicios de grupo, de intergrupo u otros servicios, en los que han cultivado un deseo de servir y se han enfrentado a circunstancias en las que para solucionar problemas ha sido necesario recurrir a las Doce Tradiciones.
- Los candidatos a R.S.G. suelen llevar por lo menos dos años de sobriedad ininterrumpida.
- Disponen de suficiente tiempo para asistir a reuniones de distrito y asambleas de área.
- La confianza del grupo ha sido depositada en ellos y tienen la capacidad para considerar todos los diversos puntos de vista.

Responsabilidades

- Los R.S.G. asisten a las reuniones de distrito.
- Asisten también a las asambleas de área.
- Los R.S.G. sirven como contacto para la comunicación por correo que el grupo intercambia con la Oficina de Servicios Generales, y sus nombres aparecen en las listas de los directorios de A.A. como contactos de sus grupos. Reciben el boletín de la O.S.G. *Box 4-5-9* y mantienen a sus grupos informados sobre las actividades de A.A. en todas partes de mundo.
- Sirven como contacto para la comunicación por correo con el miembro del comité de distrito y con el comité de área.
- Los R.S.G. facilitan información actualizada a sus M.C.D, quienes a su vez la envían a la O.S.G. directamente al Departamento de Registros, o por medio de la actualización de la base de datos Felowship New Vision (FNV) efectuada por el registrador del área, para inclusión en los directorios y en los envíos de la O.S.G..
- Están bien informados sobre los materiales disponibles en la O.S.G.: nueva literatura, guías, boletines, videos, cintas, paquetes, etc.; les corresponde comunicar esta información a los grupos.
- Se esfuerzan en lo posible para aumentar sus conocimientos de las Doce Tradiciones y los Doce Conceptos y están bien familiarizados con este manual y con los libros *Doce Pasos y Doce Tradiciones, A.A. Llega a su Mayoría de Edad, Doce Conceptos para el Servicio Mundial* y los folletos, "El Grupo de A.A.", "La Tradición de A.A.—cómo se desarrolló", "Las Doce Tradiciones Ilustradas", y "Los Doce Conceptos Ilustrados".
- Suelen servir como miembros de los comités directivos.
- Trabajan en colaboración con los tesoreros de los grupos para formular planes prac-

ticables para que el grupo contribuya al mantenimiento de la O.S.G., por ejemplo el Plan Regular de Contribuciones y el Plan de Aniversario. Animan al grupo a contribuir al mantenimiento de los comités de distrito y las oficinas centrales e intergrupos locales y están familiarizados con el volante "El Automantenimiento— donde se Mezclan la Espiritualidad y el Dinero".

- Participan en las reuniones de servicio del distrito y del área y a menudo en la planificación de los encuentros y convenciones de área. Después de dichos eventos, dan presentaciones a los grupos para informar sobre lo acontecido a quienes no podían asistir.

Términos y métodos de elección

Los R.S.G. cumplen términos de dos años y sus términos suelen coincidir con los de los miembros del comité y el delegado. Son representantes de sus grupos base y los miembros de su grupo son quienes proponen su candidatura y los eligen.

Algunos grupos eligen a su R.S.G. en una elección especial efectuada con este fin. Para recalcar la necesidad de seleccionar a R.S.G. enérgicos, en estas reuniones se puede facilitar información sobre el papel de los R.S.G. y los trabajos que hacen en el distrito y el área. (Una fuente

Estructura de Servicio Dentro del Grupo de A.A.

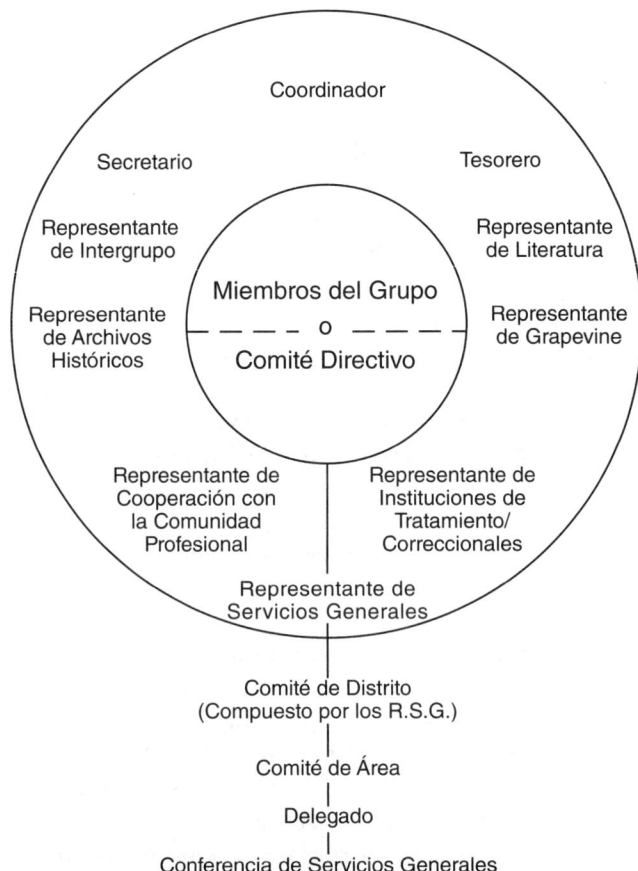

de información básica es el folleto "R.S.G.—el vínculo de su grupo con A.A. en su totalidad"). El comité directivo o los miembros participantes en la reunión de negocios del grupo pueden ser quienes proponen a los candidatos. Una mayoría relativa suele ser suficiente para la elección.

NOTIFICACIÓN: En cuanto se elige al R.S.G., el grupo debe facilitar a los comités de distrito o de área, a la oficina central/intergrupo local y a la O.S.G. los siguientes datos: 1) Nombre y número de servicio del grupo; 2) nombre, dirección y número de teléfono del nuevo R.S.G.; 3) nombre del antiguo R.S.G. (para que se pueda eliminar de la lista de correos).

PAQUETE DE R.S.G.: La O.S.G., al recibir notificación del nuevo R.S.G., le envía un paquete con un memorándum adjunto, y ejemplares de *El Manual de Servicio de A.A./ Doce Conceptos para el Servicio Mundial* y otros folletos y volantes útiles, y un formulario de pedidos de literatura. Todos los paquetes de servicio están disponibles en aa.org.

R.S.G. SUPLENTE: Se debe elegir a un suplente al mismo tiempo, para reemplazar al R.S.G. titular en caso de que se vea imposibilitado de asistir a todas las reuniones de distrito y de área. Se debe animar al suplente a asistir a las reuniones de distrito y de área cuando sea factible y según las necesidades locales, para así compartir y participar en las responsabilidades del R.S.G. y ayudarle a cumplirlas.

Representante de servicios generales inactivo

A.A. cuenta con la autonomía de cada grupo para determinar el plazo de tiempo y falta de participación que constituya inactividad. Si bien el grupo debe establecer sus propias guías o directrices, se suele sugerir que se pida la dimisión de un trabajador de servicio que se vea imposibilitado de cumplir con la responsabilidad del puesto.

Información de grupo

Es importante que el grupo facilite información a las siguientes entidades: a la O.S.G., el distrito, el área, y a la oficina de servicio o intergrupo local; o sea, a ambas entidades. Aunque las oficinas locales, de área y la oficina nacional se comunican con regularidad, tienen fines distintos y diferentes listas de correo.

Se han elaborado dos formularios simplificados (ver las siguientes páginas) para facilitar la transmisión de datos a la O.S.G.: 1) Formulario de Grupo Nuevo de Alcohólicos Anónimos es para utilizar una sola vez, cuando se inicia un nuevo grupo; 2) Formulario de cambio de Información de Grupo para completar cuando el grupo cambia de nombre o el lugar de reunión, cuando elige a un nuevo R.S.G., para notificar de un cambio de dirección o número de teléfono, para informar de que se ha designado a un nuevo segundo contacto, o para notificar de un cambio de dirección o de número de teléfono del segundo contacto. La información de grupo que aparece en estos dos formularios queda archivada en la base de datos de la O.S.G., a la que el registrador de área tiene acceso.

La O.S.G. también utiliza esta base de datos para crear listas de correo para los boletines de A.A. La información de grupo guardada en la base de datos de la O.S.G. puede ser utilizada por las áreas y distritos para varios propósitos: el delegado la puede utilizar para comunicarse con los grupos; algunas áreas la utilizan para crear listas de correo y para sus localizadores de reuniones.

Para asegurar que haya comunicación directa y regular entre la O.S.G. y el grupo, se asigna a cada grupo un número de servicio. Es útil mencionar este número en la correspondencia que se dirige a la O.S.G. y al enviar contribuciones.

Si el grupo desea que su nombre aparezca en el apropiado directorio de A.A., de EE.UU. o Canadá, puede indicarlo al completar el Formulario de Información de un Grupo Nuevo.

FORMULARIO DE INFORMACIÓN DE GRUPO NUEVO DE ALCOHÓLICOS ANÓNIMOS

EE.UU y Canadá

* "Nuestra Comunidad debe incluir a todos los que sufren del alcoholismo. Por eso, no podemos rechazar a nadie que quiera recuperarse. Ni debe el ser miembro de A.A. depender del dinero o de la conformidad. Cuandoquiera que dos o tres alcohólicos se reúnan en interés de la sobriedad, podrán llamarse un grupo de A.A., con tal que, como grupo, no tengan otra afiliación." — Tercera Tradición (Forma Larga)

"Cada grupo de Alcohólicos Anónimos debe ser una entidad espiritual con un solo objetivo primordial—el de llevar el mensaje al alcohólico que aún sufre." — Quinta Tradición (Forma larga)

"A menos que se esfuerce por observar las Doce Tradiciones de A.A., el grupo. . . . puede deteriorarse y morir" — Doce Pasos y Doce Tradiciones, pág. 169

Las Tradiciones de A.A. sugieren que no se ponga al grupo el nombre de una institución o de un miembro (vivo o muerto), y que el nombre del grupo no implique afiliación con ninguna secta, religión, organización o institución.

Nombre del Grupo: _____   **Fecha de establecimiento del Grupo:** _____

Lugar de reunión del Grupo: _____   **Cantidad de Miembros:** _____

Dirección: _____

Pueblo/Ciudad: _____   **Estado/Provincia:** _____   **Código Postal:** _____

Día de reunión	Lunes ☐	Martes ☐	Miércoles ☐	Jueves ☐	Viernes ☐	Sábado ☐	Domingo ☐
Hora de reunión							

Idioma (Indique uno ✓)   INGLÉS ☐   ESPAÑOL ☐   FRANCÉS ☐   OTRO _____ (especifique)

REPRESENTANTE DE SERVICIOS GENERALES

Nombre: _____   **E-Mail:** _____

Dirección: _____   **Ciudad/Pueblo:** _____

Estado/Provincia: _____   **Código Postal:** _____   **Teléfono:** _____

RSG SUPLENTE ☐ o CONTACTO ☐ (Indique uno ✓)

Nombre: _____   **E-Mail:** _____

Dirección: _____   **Ciudad/Pueblo:** _____

Estado/Provincia: _____   **Código Postal:** _____   **Teléfono:** _____

Se reúne su Grupo en un hospital, en un centro de tratamiento o de desintoxicación?   ☐ Sí   ☐ No
Si la respuesta es afirmativa, ¿está abierta para los A.A. de la comunidad local?   ☐ Sí   ☐ No

Si se va a inscribir el grupo en el directorio, favor de facilitar el número de teléfono y la dirección postal del R.S.G., y del suplente o el contacto de grupo. La inclusión en el directorio es solo para referencias de Paso Doce y/o para solicitudes de información sobre el horario y el lugar de las reuniones. Se inscribirá el nombre del R.S.G. (u otro contacto) en el directorio junto con el nombre y número de servicio del grupo.

INSCRIBIR EN EL DIRECTORIO? ☐ Sí ☐ No

FIRMA: _____   **Fecha:** _____

TRES MANERAS DE DEVOLVER ESTE FORMULARIO A LA OSG:

☐ **Correo postal:** A.A. World Services, Inc.
Grand Central Station
P.O. Box 459
New York, NY 10163

☐ **Fax:** 212-870-3003 (Attn: Records)

☐ **Correo electrónico:** records@aa.org

Después de que la OSG o el registrador del Área introduzca la información completa en la base de datos, su grupo estará sujeto a un período de espera de 30 días. Cuando expire este período de espera, se le enviará por correo postal un "Manual de grupo nuevo" que les deberá llegar en un plazo de 7 a 14 días laborables. El contenido del Manual está disponible en la página "Vida de grupo" de www.aa.org

SOLO PARA EL USO DEL DEPARTAMENTO DE REGISTROS DE LA OSG

Número de área de delegado: _____   **Número de distrito:** _____   **Número de servicio de grupo (asignado por la OSG):** _____

SF-30 - *Revisado 8 -16*

EE.UU y Canadá

FORMULARIO DE CAMBIO DE INFORMACIÓN DE GRUPO DE ALCOHÓLICOS ANÓNIMOS

Número de Servicio de Grupo: _____ **Fecha:** _____

No de Area de Delegato: _____ **No. de Distrito:** _____ **Cantidad de Miembros:** _____

INFORMACIÓN ANTIGUA

Nombre del Grupo: _____
Lugar de Reunión del Grupo: _____
Calle: _____
Ciudad/Pueblo: _____
Estado/Provincia: _____
Código Postal: _____ Telephone: _____

DIA DE REUNIÓN
LUN ☐ | MAR ☐ | MIER ☐ | JUE ☐ | VIER ☐ | SAB ☐ | DOM ☐

HORA DE REUNIÓN
____ | ____ | ____ | ____ | ____ | ____

REPRESENTANTE DE SERVICIOS GENERALES
Nombre: _____
Calle: _____
Ciudad/Pueblo: _____
Estado/Provincia: _____
Código Postal: _____ Teléphone: _____
E-mail: _____

RSG SUPLENTE ☐ o CONTACTO ☐ (Indique uno ✓)
Nombre: _____
Calle: _____
Ciudad/Pueblo: _____
Estado/Provincia: _____
Código Postal: _____ Teléphone: _____
E-mail: _____

INFORMACIÓN ACTUAL

Nombre del Grupo: _____
Lugar de Reunión del Grupo: _____
Calle: _____
Ciudad/Pueblo: _____
Estado/Provincia: _____
Código Postal: _____ Telephone: _____

DIA DE REUNIÓN
LUN ☐ | MAR ☐ | MIER ☐ | JUE ☐ | VIER ☐ | SAB ☐ | DOM ☐

HORA DE REUNIÓN
____ | ____ | ____ | ____ | ____ | ____

REPRESENTANTE DE SERVICIOS GENERALES
Nombre: _____
Calle: _____
Ciudad/Pueblo: _____
Estado/Provincia: _____
Código Postal: _____ Teléphone: _____
E-mail: _____

RSG SUPLENTE ☐ o CONTACTO ☐ (Indique uno ✓)
Nombre: _____
Calle: _____
Ciudad/Pueblo: _____
Estado/Provincia: _____
Código Postal: _____ Teléphone: _____
E-mail: _____

Si se va a inscribir el grupo en el directorio, favor de facilitar el número de teléfono y la dirección postal del R.S.G., y del suplente o el contacto de grupo. La inclusión en el directorio es solo para referencias de Paso Doce y/o para solicitudes de información sobre el horario y el lugar de las reuniones. Se inscribirá el nombre del R.S.G. (u otro contacto) en el directorio junto con el nombre y número de servicio del grupo.

INSCRIBIR EN EL DIRECTORIO? ☐ Sí ☐ No

FIRMA: _____ **FECHA:** _____

* "Nuestra Comunidad debe incluir a todos los que sufren del alcoholismo. Por eso, no podemos rechazar a nadie que quiera recuperarse. Ni debe el ser miembro de A.A. depender del dinero o de la conformidad. Cuandoquiera que dos o tres alcohólicos se reúnan en interés de la sobriedad, podrán llamarse un grupo de A.A., con tal que, como grupo, no tengan otra afiliación." — Tercera Tradición (Forma larga)

"Cada grupo de Alcohólicos Anónimos debe ser una entidad espiritual con un solo objetivo primordial—el de llevar el mensaje al alcohólico que aún sufre." — Quinta Tradición (Forma larga)

"A menos que se esfuerce por observar las Doce Tradiciones de A.A., el grupo. . . . puede deteriorarse y morir" — Doce Pasos y Doce Tradiciones, pág. 169

TRES MANERAS DE DEVOLVER ESTE FORMULARIO:

☐ *Correo postal:* **A.A. World Services, Inc.**
Grand Central Station
P.O. Box 459
New York, NY 10163

☐ *Fax:* **212-870-3003 (Attn: Records)**

☐ *Correo electrónico:* **records@aa.org**

SF-28 - Revisado 7-09

❖ Capítulo Tercero

El distrito y el M.C.D.

EL DISTRITO

Un distrito es una entidad geográfica compuesta del número apropiado de grupos — apropiado en términos de la capacidad del miembro del comité de distrito para mantenerse en frecuente contacto con los grupos, enterarse de sus problemas y buscar medios de fomentar su desarrollo y bienestar.

El número de grupos que componen un distrito puede variar grandemente desde cinco en un distrito rural hasta 90 o más en un distrito metropolitano. La densidad de la población y la extensión geográfica del distrito, que pueden influenciar en la capacidad del MCD para comunicarse con los grupos, serían los factores determinantes del número de grupos componentes del distrito.

DISTRITOS LINGÜÍSTICOS: Para fomentar la participación del mayor número de grupos posible, algunas áreas han incorporado en su estructura distritos lingüísticos. Estos distritos se componen de grupos que efectúan reuniones en idiomas diferentes del inglés. Suelen tener un M.C.D. o enlace bilingüe. Puede que se conformen según criterios independientes de los límites geográficos convencionales.

EL MIEMBRO DEL COMITÉ DE DISTRITO

El miembro del comité de distrito (M.C.D.) es un vínculo esencial entre el R.S.G. del grupo y el delegado que representa al área en la Conferencia de Servicios Generales. Como coordinador del comité de distrito, compuesto por todos los R.S.G. del distrito, el M.C.D. tiene amplia oportunidad de conocer la conciencia de grupo del distrito. Como miembro del comité de área, se ve en la posibilidad de comunicar las opiniones e ideas del distrito al delegado y al comité. (El folleto "Su M.C.D.", disponible en la O.S.G., facilita información básica sobre este puesto de servicio.)

APOYO ECONÓMICO: La experiencia actual indica que muchos distritos dan apoyo económico a sus M.C.D. para hacer posible su asistencia a diversas funciones de servicio. Invariablemente, este apoyo tiene su recompensa en un aumento de actividad, interés y participación de los grupos.

Requisitos

- El miembro del comité de distrito, en la mayoría de los casos, ha servido anterior-

mente como R.S.G. y es elegido por otros R.S.G. para asumir la responsabilidad de las actividades del distrito. Si la persona elegida como M.C.D., está sirviendo actualmente como R.S.G. se debe elegir a un nuevo R.S.G. para cubrir la vacante.
- Un M.C.D. debe llevar sobrio un tiempo suficiente (por lo general, cuatro o cinco años) para ser elegible como delegado.
- Además debe poder contar con tiempo y energía suficientes como para servir bien al distrito.

Responsabilidades

El trabajo del M.C.D. es principalmente un trabajo de comunicación de doble dirección. El M.C.D.:

- Asiste regularmente a todas las reuniones del distrito y asambleas del área.
- Recibe los informes de los grupos por medio de los R.S.G. y por sus frecuentes contactos personales con los grupos del distrito.
- Efectúa reuniones regulares con todos los R.S.G. del distrito.
- Ayuda al delegado de la Conferencia a servir y representar al área, lo cual le sería imposible hacerlo por sí solo.
- Ayuda al delegado a recoger la información de grupo a tiempo para que llegue antes de la fecha límite para su inclusión en los directorios de A.A.
- Mantiene a los R.S.G. informados sobre las actividades de la Conferencia; lo cual incluye programar presentaciones del informe del delegado sobre la Conferencia, dar este informe en los casos en que el delegado se ve imposibilitado de hacerlo, e invitar al delegado a asistir a las reuniones regulares del distrito.
- Procura que los R.S.G. estén familiarizados con *El Manual de Servicio de A.A., Doce Conceptos para el Servicio Mundial*, con *Box 4-5-9*, el boletín bimensual de la O.S.G., con los manuales de trabajo, las guías de la O.S.G. y todos los demás materiales de servicio.
- Ayuda al R.S.G. a dar informes interesantes a los grupos y les motiva a llevar a nuevos miembros a las funciones de servicio.
- Mantiene a los grupos informados sobre los libros y folletos aprobados por la Conferencia.
- Organiza mesas de trabajo y talleres o sesiones de compartimiento enfocadas en diversas actividades de servicio.
- Se mantiene en contacto regular con el M.C.D. suplente y el delegado, envía las actas de las reuniones del distrito al delegado y las intercambia con otros distritos.
- Llama la atención de los delegados sobre cualquier problema que se presente relacionado con las Tradiciones.
- Cultiva la costumbre de *hablar con los grupos* (nuevos y viejos) sobre las responsabilidades del trabajo de servicios generales.

Términos, elegibilidad y procedimientos de elección

El M.C.D. cumple un período de servicio de dos años que, en la mayoría de las áreas, coincide con los términos de los delegados, los oficiales de los comités y los R.S.G. En algunas áreas, la mitad de los miembros de los comités cambian cada año en plan rotativo. Por lo general, se elige a los M.C.D. en el otoño. La elección debe realizarse *después* de la elección de los R.S.G y *antes* de la del delegado del área, debido a que se elige al M.C.D. de entre los R.S.G actualmente en funciones o una mezcla de actuales y anteriores R.S.G. En la mayoría de las áreas, sólo se puede proponer como candidato a delegado o a oficial de comité a quienes ya sirven o han servido como miembros del comité. Aunque es cierto que en la mayoría de los distritos las reuniones para elegir a los miembros del comité se efectúan antes de las asambleas de área y separadamente de las mismas, en algunos casos, debido a las largas distancias que hay que viajar, es difícil o poco práctico hacerlo así. (Esto normalmente indica la necesidad de establecer más distritos.) Por lo tanto, si es necesario hacerlo, se pueden efectuar reuniones para elegir a los miembros del comité inmediatamente antes de las asambleas de área en el sitio en que se va a celebrar la asamblea.

El miembro de comité que está a punto de cumplir su término organiza la reunión electoral y, en la mayoría de los distritos, notifica a los R.S.G. recién elegidos y a los que están saliendo de funciones.

La asamblea de área o el comité del distrito debe ser la entidad que escoge el método electoral. A continuación aparecen algunas posibilidades:

- La mayoría de los comités de distrito dan derecho a votar en las elecciones del distrito a todos los miembros votantes del comité de distrito.
- En algunos distritos también se permite votar a los R.S.G. recién elegidos, aunque no entren en funciones hasta después de las elecciones.

Muchos comités de distrito están compuestos no solamente por los M.C.D. y R.S.G. sino también por los M.C.D. suplentes, un secretario o tesorero y otros oficiales o coordinadores de comités de servicio. En algunos casos, estos puestos están ocupados por los R.S.G. que ya son miembros del comité; en otros, es necesario integrar a otros miembros con voto, quienes pueden ser propuestos como candidatos a M.C.D.

Las elecciones se realizan por votación escrita o a mano alzada; una simple mayoría es suficiente para ser elegido. El distrito puede optar por seguir el procedimiento del Tercer Legado (ver página S22), el cual dispone que una mayoría de los dos tercios es necesaria para ser elegido.

Miembro del comité de distrito inactivo

A.A. cuenta con la autonomía de cada grupo para determinar el plazo de tiempo y falta de participación que constituya inactividad. Si bien el distrito debe establecer sus propias guías o directrices, se suele sugerir que se pida la dimisión de un trabajador de servicio que se vea imposibilitado de cumplir con la responsabilidad del puesto.

El M.C.D. suplente

El suplente sirve como substituto del M.C.D. Si el M.C.D. dimite o se ve en la imposibilidad de servir por cualquier razón, el suplente lo reemplaza. En general, se elige al M.C.D. y a su suplente en la misma elección, utilizando los mismos procedimientos. Se debe fomentar la asistencia de los miembros de comité suplentes a las reuniones de distrito y de área, así como su participación en estas funciones.

Formación de nuevos distritos

Si no se añadieran nuevos miembros a los comités para servir a los nuevos grupos a medida que A.A. va creciendo, la Conferencia de Servicios Generales podría llegar a ser muy difícil de manejar. Según va aumentando el número de grupos, le resulta cada vez más difícil al M.C.D. comunicarse con todos. Se pueden tomar varias medidas para remediar esta situación:

- *Nuevos distritos*: Dividir el distrito en dos o más distritos, cada uno con su propio M.C.D.
- *Miembro del comité local* (M.C.L.): Un distrito de gran extensión geográfica puede dividirse en distritos más pequeños (que se suelen conocer como subdistritos o distritos locales); cada una de estas entidades elige un miembro del comité local. Según dicten las costumbres del área, estos M.C.L. pueden ser o no ser miembros votantes del comité de área y pueden celebrar reuniones conjuntas con los R.S.G. a quienes sirven, o no celebrarlas.
- *Coordinador de los miembros del comité de distrito* (C.M.C.D): Un distrito grande situado en una ciudad o condado puede efectuar reuniones regulares dirigidas por un C.M.C.D, que sirve de vínculo entre el distrito y el área. Dentro de este distrito grande, hay tantas subdivisiones de distrito como sean necesarias para servir de manera eficaz a los grupos. Se pueden dar a estas entidades el nombre de subdistritos, distritos locales, o zonas. Cada una de dichas entidades está servida por un C.M.C.D., que puede organizar y efectuar reuniones de los R.S.G. En algunas áreas, estos C.M.C.D. son miembros votantes del comité de área; en otras no lo son.

Al emprender la formación de nuevos distritos u otros cambios de la estructura del distrito, la buena comunicación y cooperación son de alta importancia. Hay multitud de variaciones, pero todas tienen el mismo objetivo: adaptarse eficazmente a la expansión al nivel de distrito. Cuando se eligen miembros adicionales del comité para responder a la expansión, se pueden utilizar como guías los requisitos y procedimientos electorales para los M.C.D.

Información de distrito

Es importante que el distrito envíe información al área, a la O.S.G. y al intergrupo local, si corresponde. Aunque las oficinas locales, de área y nacionales se comunican regularmente, unas con otras, tienen diferentes propósitos y diferentes listas de correo.

A veces hay una persona en el área, suele ser el secretario o el registrador del área, que se encarga de facilitar información a la O.S.G. sobre cambios de contactos de área. Se ha elaborado un formulario sencillo para hacer esto, el Formulario de Cambio de Información de Distrito (SF-43) que aparece en la página siguiente. Se utiliza este formulario cuando el distrito elige a un nuevo M.C.D. o C.M.C.D., o cuando cambian los datos referentes al M.C.D. o C.M.C.D. Al llenar este formulario, es importante incluir los datos viejos y los datos nuevos en las secciones apropiadas y, en la parte superior del formulario, indicar el área y la fecha en que entrará en vigor el cambio. La información que aparece en este formulario queda archivada en la base de datos de la O.S.G., a la que el registrador de área tiene acceso. La base de datos de la O.S.G. también hace posible al registrador de área identificar a los oficiales de distrito y los coordinadores de servicio con información específica o local que se puede utilizar para facilitar la comunicación.

EE.UU. y Canadá Formulario de Cambio de Miembro del Comité de Distrito y Coordinador del Comité de Distrito de A.A.

Area #: _____ Fecha de vigencia: _____

MCD Saliente (Miembro del Comité de Distrito)	**MCD Entrante** (Miembro del Comité de Distrito)
Distrito: _____ (Indicar Número de Distrito)	Distrito: _____ (Indicar Número de Distrito)
Idioma del Distrito: ☐ Inglés ☐ Español ☐ Francés	Idioma del Distrito: ☐ Inglés ☐ Español ☐ Francés
Nombre: _____	Nombre: _____
Dirección: _____	Dirección: _____
Ciudad: _____	Ciudad: _____
Estado/Provincia: _____	Estado/Provincia: _____
Código Postal: _____	Código Postal: _____
E-mail: _____	E-mail: _____
Teléfono: _____	Teléfono: _____
Domicilio ☐ Comercial ☐	Domicilio ☐ Comercial ☐
CCD Saliente (Presidente del Comité de Distrito)	**CCD Entrante** (Presidente del Comité de Distrito)
Distrito: _____ (Indicar Número de Distrito)	Distrito: _____ (Indicar Número de Distrito)
Idioma del Distrito: ☐ Inglés ☐ Español ☐ Francés	Idioma del Distrito: ☐ Inglés ☐ Español ☐ Francés
Nombre: _____	Nombre: _____
Dirección: _____	Dirección: _____
Ciudad: _____	Ciudad: _____
Estado/Provincia: _____	Estado/Provincia: _____
Código Postal: _____	Código Postal: _____
E-mail: _____	E-mail: _____
Teléfono: _____	Teléfono: _____
Domicilio ☐ Comercial ☐	Domicilio ☐ Comercial ☐

TRES MANERAS DE DEVOLVER ESTE FORMULARIO A LA OSG:

Correo Postal: A.A.W.S., Inc. Attn: Records Department

P.O. Box 459, Grand Central Station, New York, NY 10163

Fax: (212) 870-3003

Correo electrónico: records@aa.org

Después de que la OSG o el registrador de área introduzca la información en la base de datos se generará una petición de un kit de MCD el siguiente día laborable. Se puede acceder al contenido del kit seleccionando la pestaña "Información para los miembros de A.A." y después seleccionando "Información para los RSG y MCD" en www.aa.org. El paquete llegará en un plazo de 7-14 días.

SF-43   Rev 4/2017

❖ Capítulo Cuarto

Asamblea y Actividades del Área

Un área puede consistir en un estado o provincia, o parte de un estado o provincia o puede estar constituida por varias partes de más de un estado o provincia, según sea necesario para servir a la población de A.A. y satisfacer sus necesidades. En cualquier caso, el área ocupa un importante lugar central en la estructura de la Conferencia: por medio del delegado elegido, participa en A.A. mundial, y por medio de los M.C.D. y los R.S.G., está en contacto con la comunidad local.

LA ASAMBLEA DE ÁREA

Toda reunión de los R.S.G. de un área y el comité del área (ver Capítulo Quinto) es una asamblea. La asamblea de área sirve como motor central de la estructura de la Conferencia — la expresión de la voz democrática del movimiento. El comité de área es responsable de las asambleas y el coordinador del comité de área está encargado de dirigirlas.

Al comienzo, las asambleas de servicios generales sólo se realizaban con el fin de elegir a los oficiales del comité y al delegado de la Conferencia, y de no haber efectuado tales reuniones, es posible que hoy día no hubiera una estructura de la Conferencia. En la actualidad, se considera una gran variedad de cuestiones en las reuniones de la asamblea, desde temas relacionados con la Conferencia hasta asuntos del área: problemas, soluciones, el estado económico, etc.; y las sesiones de compartimiento, los programas de información pública, los talleres y exposiciones de videos mantienen el vigor de A.A. y fomentan una mayor participación en el servicio.

Se efectúa una asamblea electoral cada dos años, por lo menos, para elegir al delegado y a los oficiales del comité. Se suele programar para el otoño, antes del 1 de noviembre. Por lo general, el delegado recién elegido y los oficiales entran en funciones el 1 de enero.

Se pueden celebrar asambleas o reuniones no electorales con la frecuencia que le convenga al área. En algunas áreas, estas funciones se llaman "talleres" o "mesas de trabajo" o sesiones de compartimiento general. Sin embargo, la mayoría de las áreas las llaman asambleas e incluyen en el programa mesas de trabajo y otras actividades; y la reunión electoral siempre se llama "asamblea".

Composición

Los R.S.G, los miembros del comité de distrito y los oficiales del área son quienes componen la asamblea. Todo miembro de A.A. puede asistir, y en muchas áreas se anima a los miembros a asistir a las asambleas para así fomentar una mayor participación en los servicios generales.

Derecho a voto

Por lo general, todos los miembros y oficiales de los comités de área y todos los R.S.G. tienen voto en la asamblea. La experiencia indica que los miembros y oficiales de los comités, aunque son miembros de grupos del área que tienen representación por medio de sus respectivos R.S.G., deben tener derecho a votar en las asambleas. En general, se permite votar a los suplentes sólo en las ocasiones en que los R.S.G. o M.C.D. titulares no están presentes.

PROCEDIMIENTOS DEL ÁREA: No es obligatorio en absoluto seguir los mismos procedimientos por toda la Comunidad, y en muchos casos es poco práctico. Es importante que el área acuerde seguir una determinada serie de procedimientos, y cada asamblea es la entidad más idónea para decidir quién puede participar en la reunión. En algunas áreas se han elaborado procedimientos para cada aspecto de las operaciones del área y se han puesto por escrito.

Los procedimientos deben permitir que se den respuestas a preguntas tales como las siguientes: ¿Tienen derecho a votar los R.S.G. y M.C.D. entrantes y salientes? ¿Tienen derecho a votar los coordinadores de los comités especiales? ¿Cuánto tiempo debe llevar de existencia un grupo antes de tener derecho a votar? (Si un grupo de A.A. ha sometido el nombre de un R.S.G., éste suele tener derecho a voto.) ¿Puede representar a dos grupos un solo R.S.G.? Si el R.S.G. está imposibilitado de asistir, ¿puede votar por poderes? (En este caso normalmente el suplente vota; en algunas áreas, puede que se vote por poderes, pero no es muy común.)

Además, la asamblea tiene que decidir si los R.S.G. de los grupos de hospitales o prisiones tienen derecho a voto (algunos lo tienen y lo encuentran muy útil).

Trabajadores de servicio no activos

¿Qué hace el área en los casos en que los oficiales o coordinadores de los comités de área no se han presentado en dos asambleas o más? Si bien el distrito debe establecer sus propias guías o directrices, se suele sugerir que se pida la dimisión de un trabajador de servicio que se vea imposibilitado de cumplir con la responsabilidad del puesto.

Fecha y lugar de las asambleas

La mayoría de las áreas efectúan reuniones trimestralmente o cada dos meses — en unas cuantas áreas se reúnen mensualmente. Si hay que viajar largas distancias para asistir a las asambleas, se pueden efectuar cada seis meses o anualmente, y dar más importancia a las reuniones de distrito, que son de más fácil acceso para los R.S.G.

En algunas áreas se efectúan todas las asambleas en un lugar céntrico y convenientemente situado; en otras se cambia el sitio en plan rotativo de un distrito a otro. Las asambleas duran desde medio día hasta un fin de semana.

Una típica asamblea electoral

Las asambleas electorales se efectúan cada dos años, y en ellas se elige al delegado y a otros oficiales de área para cumplir términos de dos años. Por lo general el orden del día sigue un formato parecido al siguiente:

1. El coordinador abre la reunión pidiendo un momento de silencio seguido por la Oración de la Serenidad.
2. El secretario, el tesorero, otros oficiales y los M.C.D. informan sobre las actividades que se han realizado desde la última reunión.
3. El coordinador explica cuáles serán los procedimientos para elegir a los miembros del comité y anuncia la aprobación de los miembros ya elegidos por los R.S.G. de sus respectivos distritos.
4. En los casos en que no se ha elegido a un miembro del comité de distrito antes de la asamblea, los R.S.G. de cada distrito se reúnen en sesión separada para elegirlo. El coordinador anuncia que habrá un intermedio para este propósito, y los R.S.G. se reúnen agrupados por distritos.
5. El coordinador repasa el procedimiento electoral y las directrices del área en lo referente a quién tiene derecho a votar en la asamblea y pide a los asistentes que lo aprueben, así como el orden en que se efectuarán las elecciones — o sea, si se va a elegir al coordinador y demás oficiales antes o después de elegir al delegado. Al inicio del desarrollo de la estructura de la Conferencia, el delegado solía ser el último en ser elegido; en la actualidad, se suele elegir primero al delegado, después al suplente, al coordinador, al secretario, al tesorero, etc.
6. Se suele elegir al delegado por el procedimiento del Tercer Legado (ver página S22).
   - Antes de comenzar la votación, se leen en voz alta ante la asamblea y se escriben en la pizarra los nombres de los miembros del comité elegibles (se sugiere emplear los nombres completos) y sus correspondientes distritos. Los elegibles pueden ser miembros actuales o antiguos del comité. (En algunas áreas, el coordinador pide a los que son elegibles que quienes deseen ser candidatos que lo indiquen; y se apuntan sus nombres en la pizarra.)
   - El coordinador pregunta si hay alguien que se vea imposibilitado de servir y, si es así, se elimina de la lista el nombre de esta persona. En algunas áreas se permite que los asistentes a la asamblea propongan candidatos.
   - Se distribuyen papeletas y lápices para la votación. (En algunas áreas se emplean papeletas codificadas con colores para acelerar el proceso.)
   - El secretario pasa lista a los miembros votantes.
   - Se escogen dos miembros sin voto para servir como escrutadores, otros dos para recoger los votos y otro más para apuntar y tabular los votos.
   - Los miembros emiten sus votos, se recogen, se dan a los escrutadores para que los cuenten y, según se desenvuelve la elección, se escriben los resultados en la pizarra.

7. Luego se elige al delegado suplente, por el mismo procedimiento, seguido de los demás oficiales.
8. El coordinador encarga al secretario que envíe por correo al secretario de la Conferencia de la O.S.G., antes del 1 de diciembre, un informe sobre lo acontecido en la asamblea junto con los nombres y direcciones del delegado, los oficiales, los miembros del comité y todos los R.S.G. asistentes. Los elegidos suelen entrar en funciones el 1 de enero.
9. El coordinador cierra la reunión.

Una típica asamblea no electoral

En las reuniones de asamblea, en los casos en que no se han programado elecciones, se consideran muchos y muy diversos asuntos del área. Para asegurar que los programas sean interesantes y significativos, algunas áreas tienen comités de programación, que suelen estar compuestos por los oficiales y tres, cuatro o más R.S.G. Algunas áreas dedican el mínimo necesario de tiempo a asuntos de negocios y prefieren pasar la mayor parte del tiempo en sesiones de compartimiento o mesas de trabajo. Oradores con amplia experiencia de A.A. a nivel mundial pueden exponer y aclarar los servicios mundiales de A.A.

A continuación aparece un modelo general del orden del día de una asamblea regular:
1. Un momento de silencio seguido por la Oración de la Serenidad.
2. Informe del cooordinador sobre lo acontecido desde la última reunión.
3. Informe del delegado sobre la Conferencia, o comunicación reciente de la O.S.G.
4. Informe del secretario.
5. Informe del tesorero (un momento oportuno para recordarles a todos el folleto "El Automantenimiento — donde se mezclan la espiritualidad y el dinero", una guía útil para ayudar a cada grupo a decidir cómo planear sus contribuciones regulares a los servicios de A.A.)
6. Informes de los coordinadores de los comités especiales — instituciones correccionales, instituciones de tratamiento, información pública, cooperación con la comunidad profesional, Grapevine y La Viña, literatura, convenciones, etc.
7. Informes de distrito por parte de los miembros del comité — sobre las reuniones de distrito, los problemas del distrito, de crecimiento, etc.
8. Tiempo reservado para los R.S.G. — ideas, opiniones y sugerencias de los R.S.G.
9. Sesión de compartimiento.
10. Videos de la O.S.G.
11. Informe del redactor/editor del boletín.
12. Breve "sesión informativa" sobre los servicios de la O.S.G. — dirigida por el delegado.
13. Informes de las oficinas centrales e intergrupos.
14. Problemas, ideas, sugerencias locales.

TRANSMISIÓN DE LAS ACTAS A LA O.S.G.: En la Oficina de Servicios Generales son bien recibidas las copias de las actas, notas referentes a las sesiones de compartimiento y mesas de trabajo, y cartas en que se informa sobre las reuniones. Estos materiales hacen posible a la oficina mantenerse al corriente de lo que está pasando en las áreas, y compartir la experiencia de las áreas que han encontrado soluciones a ciertos problemas con otras áreas que las están buscando.

ACTIVIDADES DE ÁREA

Ayuda para preparar el programa de la Conferencia anual

Cada miembro de A.A. tiene algo que decir en lo referente a la condición actual de la Comunidad y su futuro — y el bienestar de A.A. es un tema de central importancia para el programa de la Conferencia de Servicios Generales. Por lo tanto, uno de los asuntos de mayor importancia para el programa de todas las asambleas de área (o reunión de distrito) es la detenida consideración de lo que pueda ser de ayuda a A.A. en plan general. Aunque a primera vista puede parecer que un determinado problema sea particular o exclusivo de un área, una vez que se haya considerado con suficiente detalle, es sorprendente cuánto se parece a otros que se encuentran en todos los rincones de A.A. Las asambleas y reuniones de distrito deparan oportunidades ideales de enterarse de los problemas y soluciones que los grupos de A.A. de todas partes tienen en común.

La asamblea de área es una parte vital del proceso de comunicación entre el grupo y la Conferencia. Muchos asuntos que se inscriben en el orden del día de la Conferencia empiezan con el grupo de A.A. y pasan por el R.S.G. y por el distrito y el área hasta la Conferencia. Y después de la Conferencia, las asambleas y reuniones de distrito son ocasiones para escuchar informes detallados sobre lo acontecido en la Conferencia, para hacer preguntas al delegado, y para decidir qué asuntos deben someterse a la atención de futuras Conferencias.

Sesiones de compartimiento

En una sesión de compartimiento todos los participantes tienen la oportunidad de valerse de su experiencia, fortaleza y esperanza para aportar ideas y opiniones referentes al bienestar de A.A. Estas sesiones se pueden efectuar en cualquier lugar u ocasión, para cualquier grupo de gente, y son de especial utilidad en las asambleas y reuniones de distrito. En su formato, la sesión está destinada a fomentar el intercambio de opiniones de todos los participantes, incluso de los más tímidos, y a evitar que los más elocuentes dominen la reunión. Cada persona ofrece su opinión sin tener que defenderla nunca. El coordinador o líder, en lugar de participar en la discusión, sirve más bien como un cronometrador. Funciona así:

Supongamos que el tema es "¿cómo podemos conseguir que más miembros de A.A. se interesen en los servicios generales?" El coordinador, armado con un reloj o cronómetro y una campanilla, lee la pregunta en voz alta y expone los procedimientos. Cada participante tiene un tiempo determinado para hablar (normalmente, un minuto y medio o dos minutos, o lo que disponga el grupo). Por lo general, no se permite volver a hablar por segunda vez a nadie hasta que todos los que deseen hablar hayan tenido su primera oportunidad de hacerlo. El coordinador continúa este proceso hasta que se haya explorado el tema con suficiente amplitud.

Un miembro apunta lo esencial de la sesión; las notas servirán como fuente de buenas ideas para uso de los oficiales del comité o los R.S.G.

TEMAS APROPIADOS PARA LAS SESIONES DE COMPARTIMIENTO. Las circunstancias locales actuales serán otra fuente de temas para una sesión fructífera.

- Si cada vez menos gente asiste a las reuniones del grupo ¿qué se puede hacer para fomentar la asistencia? ¿Cómo pueden ayudarnos los otros grupos?
- El apadrinamiento… la mano de A.A.

- La conciencia de grupo… la voz de A.A.
- Los servicios de la O.S.G.: ¿Qué clase de ayuda necesitan y desean los grupos? ¿Qué utilidad tienen el boletín *Box 4-5-9* y los demás servicios? ¿Cómo podemos hacerlos aún más útiles?
- ¿Cómo puede un comité de área trabajar de la forma más productiva con las oficinas centrales/intergrupos del área?
- ¿Qué métodos existen para conseguir que cada grupo contribuya con la parte que le corresponda del presupuesto del área?
- ¿Están contribuyendo los grupos a mantener los servicios locales, del distrito, del área y de la O.S.G.? Si no lo hacen ¿por qué?

Archivos históricos de área

Cada vez más áreas están creando archivos históricos del área para recoger y preservar la historia del área. Los materiales escritos (libros, folletos, boletines, historias escritas), fotografías y audiocasetes constituyen la base de una colección. Se solicitan materiales a los veteranos del área, los antiguos delegados, miembros de comités y otros que tienen experiencia que compartir. Se pueden pedir directrices para los archivos históricos a la O.S.G.

Boletines y otras publicaciones del área

En los boletines y otras hojas informativas editadas por los comités de área o por las oficinas centrales/intergrupos se suelen publicar noticias locales de A.A., información sobre los grupos y los comités, y extractos de la literatura de A.A. Al igual que en las demás actividades de servicio de A.A., la experiencia indica que es prudente encargar a un comité (en vez de a un individuo o un par de personas) de ocuparse del formato, el planeamiento y el contenido.

A continuación aparecen varias ideas sugeridas por la experiencia local con boletines y otras publicaciones de este tipo: programar números temáticos, enfocados en algún aspecto del programa y en los que aparecen extractos de la literatura de A.A. relacionados con el tema; solicitar y publicar cartas de los lectores, miembros de A.A. (con el permiso del escritor y a condición de que se proteja su anonimato); publicar las actas de diversas reuniones de comité; publicar un calendario de eventos; hacer una campaña de subscripciones (tal vez con un anuncio de la misma en las reuniones de los grupos) para así aumentar el número de abonados.

Se permite a las publicaciones locales de A.A. reimprimir los Pasos, Tradiciones y/o Conceptos y citar una frase, oración o párrafo corto sacado de la literatura de A.A., por ejemplo del Libro Grande, *Alcohólicos Anónimos, Doce Pasos y Doce Tradiciones, El Manual de Servicio de A.A.* y folletos aprobados por la Conferencia, sin someter una petición por escrito para hacerlo. Cuando se hace esto, se debe incluir una nota que indica la proveniencia del material para asegurar que los derechos de autor, o sea, los copyrights de A.A., estén protegidos. Después de una citación de un libro o folleto se debe poner: *Reimpreso de (nombre de la publicación, número de la página) con permiso de A.A. World Services, Inc.*

El Preámbulo de A.A. es propiedad literaria de AA Grapevine. Al citarlo o utilizar cualquier artículo reimpreso de Grapevine o La Viña se deben poner las siguientes palabras: *Copyright © (mes, año) AA Grapevine, Inc. Reimpreso con permiso.* Para más información referente a la reimpresión de otros materiales de AA Grapevine, ver Capítulo 12.

Cualquier grupo o distrito de la Comunidad puede utilizar el símbolo del círculo y triángulo en sus boletines, horarios de reunión y otros materiales de A.A.

Sitios web de área

Muchas entidades de A.A. usan ahora los sitios web como un medio para comunicar información sobre las reuniones y el servicio dentro de la Comunidad. Un sitio web de A.A. puede servir como herramienta de información pública para ofrecer también información sobre A.A. al público en general. Al igual que con los boletines, se ha considerado prudente que un comité (en lugar de una o dos personas) sea responsable del formato, la planificación y el contenido del sitio web.

Ya que el anonimato es la "base espiritual de todas nuestras Tradiciones", siempre ponemos en práctica el anonimato en los sitios de A.A. Un sitio web de A.A. es un medio público, que tiene el potencial de llegar a la audiencia más amplia posible y, por lo tanto, requiere las mismas salvaguardas que utilizamos al nivel de la prensa, la radio y las películas.

Algunas áreas han incluido secciones en el sitio web protegidas con contraseña, que pueden limitar el acceso únicamente a los miembros, y en las que se pueden usar nombres completos. No todos los sitios web de A.A. tienen la misma información. Por ejemplo, en sitios en los que hay un intergrupo o una oficina central que son muy activos y proporcionan información sobre las reuniones, puede que los sitios web de servicio general no necesiten duplicar este esfuerzo, y en lugar de eso pueden vincular directamente con ellas.

Los sitios web de A.A. pueden publicar cortos extractos de la literatura de A.A. siguiendo las mismas directrices que se usan en los boletines. Si un sitio desea incluir artículos que están disponibles actualmente en los sitios de la O.S.G. o de Grapevine, pueden vincular con las páginas apropiadas de esos sitios. Los sitios web de área pueden copiar una miniatura de un folleto, libro o video de esos sitios y usarla como vínculo con el material del sitio de la O.S.G. o AA Grapevine. Ya que uno de los objetivos de los anuncios de servicio público es tener una amplia difusión, se pueden publicar directamente en los sitios locales de A.A. Para más información, ver las "Preguntas frecuentes acerca de los sitios web de A.A." y las Guías de A.A. sobre el Internet.

Cooperación con intergrupos y oficinas centrales locales

Tradicionalmente, los comités de servicios generales y las oficinas centrales/intergrupos han desempeñado diferentes funciones. Las oficinas centrales suministran servicios locales; los comités de servicios generales mantienen el vínculo entre los grupos de A.A. y la Junta de Servicios Generales por medio de la Conferencia. Así que estas dos estructuras de servicio separadas y vitales coexisten en muchas áreas en cooperación y armonía.

En la época en que se creó la Conferencia, ya había oficinas centrales bien establecidas en algunas ciudades grandes que suministraban servicios a los grupos y miembros de A.A. locales. Hoy día hay muchas más oficinas centrales por todas partes de los EE.UU. y Canadá, mantenidas por los grupos de A.A. de las comunidades a las que sirven. Cada grupo elige a un representante para asistir a las reuniones de la oficina central.

Estas oficinas suministran servicios tales como:
1. Responder a las llamadas de Paso Doce, hacer arreglos para las visitas de Paso Doce y dar seguimiento a las mismas.

2. Responder a solicitudes de información sobre A.A.
3. Establecer comités locales de información pública.
4. Tener archivada información acerca de hospitales e instituciones de recuperación locales para los alcohólicos.
5. Publicar listas de reuniones de A.A.
6. Editar un boletín.
7. Vender, distribuir y hacer pedidos de la literatura de A.A. aprobada por la Conferencia.

Por otro lado, la estructura de la Conferencia es el medio por el que todos los grupos de A.A. de un área pueden facilitar de la forma más eficaz posible la comunicación dentro del área y entre los grupos y la Junta de Servicios Generales y la O.S.G. sobre asuntos de política que afectan a A.A. en su totalidad; entre ellos se incluyen: literatura aprobada por la Conferencia, información pública de A.A., cooperación de A.A. con la comunidad profesional, actividades de A.A. en las instituciones de tratamiento y correccionales, finanzas de A.A., Grapevine de AA y la elección de custodios para la Junta de Servicios Generales.

A muchas áreas les resulta muy útil tener un enlace entre la oficina central/intergrupo y el comité de área para mantener buenas relaciones y buena comunicación. En algunas áreas el enlace tiene voto en la asamblea; en otras, tiene voz sin voto.

Se puede obtener más información sobre cooperación entre estas dos entidades en la O.S.G. y en los folletos "El Grupo de A.A.", y "El automantenimiento: donde se mezclan la espiritualidad y el dinero", así como en las Guías sobre Intergrupos/Oficinas Centrales.

Convenciones de Área, de Estado, Provinciales y Regionales

Las convenciones son un tipo especial de reunión de A.A., normalmente son eventos de fin de semana pero a veces duran varios días. Los comités de área u otros comités especialmente nombrados por los coordinadores de área suelen ser quienes las planean y dirigen. Por lo general, no se celebran reuniones de asamblea durante las convenciones, pero a veces se pueden efectuar justo antes o después. Hay Guías de A.A. sobre Conferencias y Convenciones disponibles en la Oficina de Servicios Generales.

Formación de una nueva Área de Delegado

Si parece que la población de A.A. ha crecido hasta llegar al punto en que el delegado y demás servidores de confianza actuales ya no pueden suministrar servicios y comunicación adecuados, puede haber interés local en formar una nueva área. En tal caso, el comité de área o los comités en cuestión pueden dirigir una carta a la O.S.G. y pedir un formulario para solicitar la formación de un Área de Delegado Adicional.

En este formulario de cuatro páginas, preparado originalmente en 1967 y revisado en 2002, se pide información detallada sobre la estructura actual del área; por ejemplo: ¿con qué frecuencia se celebran las asambleas?; ¿hay un delegado suplente?; ¿con qué frecuencia se celebran las reuniones de distrito?; ¿cuántos M.C.D. activos hay? ayudan al delegado y al suplente?; ¿cuántos R.S.G. activos hay en el área? También hay que facilitar datos geográficos y de población e información sobre el área y su crecimiento durante los últimos cinco años, con un desglose detallado de las cifras anuales.

Se ha preparado este formulario de solicitud para identificar los problemas geográficos y demográficos que puede haber, y para determinar si la estructura actual de servicio de área está desarrollada adecuadamente para responder a las necesidades del delegado.

Cuando se presentó una solicitud de este tipo en la Conferencia de 1961, un memorándum de Bill W. sirvió para informar sobre la situación. Bill escribió (en parte):

"El Comité de Admisiones de la Conferencia (ahora Política y Admisiones) debe considerar cada nueva solicitud de tener un nuevo delegado por sus propios méritos, teniendo en cuenta los factores básicos de población, geografía, y también gastos. Este proceso de añadir delegados debe ser gradual y estar encaminado a remediar los fallos obvios y pronunciados en las comunicaciones locales. Si el presupuesto lo permite, debemos seguir corrigiendo los fallos obvios en las comunicaciones locales, y eso es todo.

"Debemos volver a recalcar que la Conferencia no es un organismo político que exija una fórmula de representación completamente rígida. Lo que siempre necesitaremos será un número de delegados en la Conferencia suficiente para disponer de una auténtica muestra representativa de A.A., más la cantidad necesaria para asegurar las buenas comunicaciones locales."

Para solicitar un cambio de región

Se puede presentar el caso de un área que desea cambiar de región. Si es así:

1. El comité de área facilitará los datos necesarios —tanto las ventajas como las desventajas— a los R.S.G. del área para que puedan llegar a una decisión bien razonada referente a solicitar un cambio de región. Una simple mayoría (la mitad más uno) de los R.S.G. deben estar presentes (o deben haber respondido a una votación por correo). Antes de que un área solicite un cambio de región, los dos tercios de la mayoría presente o participante deben estar a favor de hacerlo.
2. Al recibir por medio del delegado una notificación del propuesto cambio de región, la Oficina de Servicios Generales facilitará al delegado un formulario para completar, lo cual confirma el cumplimiento de las condiciones indicadas.
3. El delegado del área solicitante, en nombre de la asamblea, dirigirá una carta, a la que se adjunta el formulario completado, al secretario del Comité de Nombramientos de los custodios para solicitar el cambio de región. El delegado enviará copias de la carta y del formulario a los custodios de las dos regiones en cuestión.
4. El delegado pedirá a la O.S.G. que dirija una carta a todos los delegados de las dos regiones en cuestión para pedirles que consulten la conciencia de grupo de sus respectivas áreas en lo referente al cambio de región propuesto, y que indiquen, con la mayor prontitud posible, su aprobación/desaprobación por medio de una tarjeta adjunta para este fin.
5. Antes de presentar la solicitud a la Conferencia de Servicios Generales para su consideración, los dos tercios de los delegados de cada una de las regiones en cuestión tienen que aprobar el cambio.
6. Un cambio de región entrará en vigor al final de la Conferencia en la que fue aprobado.

Directrices para cambiar los límites de una región

La O.S.G. tiene disponible una serie de directrices sugeridas referentes a los procedimientos para cambiar los límites de una región, aprobadas por la Conferencia de Servicios Generales de 1997.

❖ Capítulo Quinto

El Comité de Área

El comité de área, tal vez más que cualquier otro grupo de gente en A.A., es responsable de la salud de la estructura de la Conferencia y así del desarrollo de A.A. y de la armonía dentro de la Comunidad. Si los R.S.G. no hacen lo que les corresponde, si hay falta de armonía, si hay problemas en cuanto a la información pública u otro aspecto del servicio, el miembro del comité lo sabe y puede recurrir al comité para obtener ayuda.

Un comité activo se enfrenta con todo tipo de problemas en el servicio: ¿Comparten los grupos su experiencia? ¿Llega el mensaje de A.A. a los hospitales, las prisiones y cárceles y centros de rehabilitación? ¿Están bien informados sobre A.A los profesionales de la prensa y de otros campos que tratan con los alcohólicos activos? ¿Hay miembros que visitan y ayudan a los nuevos grupos y a los miembros solitarios?

Composición

El comité está compuesto de todos los miembros del comité de distrito, los oficiales del área y los coordinadores de los comités de servicio. Debe haber un número suficiente de distritos y miembros de comité para asegurar buena comunicación entre el comité y los grupos. En ausencia del M.C.D., el suplente es miembro votante.

En algunas áreas, los antiguos delegados sirven como miembros del comité, con voto o sin voto; en otras el delegado saliente es miembro del comité, con o sin voto. Le corresponde a la conciencia de grupo de la asamblea de área determinar la condición de los antiguos delegados.

Coordinador

RESPONSABILIDADES: El coordinador es responsable de procurar que las asambleas de área se desenvuelvan sin tropiezos; consultar con el comité antes de fijar la fecha y hora de la asamblea; asegurar que todos los grupos tengan notificación; consultar con los oficiales y miembros del comité en lo referente al programa; y presidir las reuniones de la asamblea. El coordinador, más que ningún otro oficial, mantiene informado al delegado sobre las actividades y acontecimientos del área y procura que los miembros del comité estén al tanto sobre lo que está pasando en los servicios mundiales.

REQUISITOS: El coordinador debe haber llevado un buen período de sólida sobriedad (un mínimo de tres a cinco años) y tener experiencia en los asuntos de grupo, de la oficina central, de las instituciones y del área. Los coordinadores de área deben tener buenos conocimientos y una buena comprensión de los Pasos, Tradiciones y Conceptos, así como una amplia fuente de experiencias por haber aplicado estos principios orientadores con éxito a los problemas locales. Aptitud para comunicarse y para ser líder y una conciencia aguda de los deseos del área local también son importantes.

SUGERENCIAS PARA COORDINAR LAS REUNIONES DE ASAMBLEA: La capacidad del coordinador para dirigir una reunión que se desenvuelva sin complicaciones es a menudo de una importancia decisiva. Las siguientes sugerencias pueden ser útiles:

- Procuren que los asuntos queden bien claros. Si se presenta una moción, debe ser enunciada con toda posible claridad para que todos sepan cuál es la cuestión sometida a votación.
- Aténganse estrictamente al Procedimiento del Tercer Legado al hacer las elecciones; hagan todo lo posible para evitar que haya desviaciones.
- Al tratar cuestiones sencillas, una simple mayoría es suficiente, y a veces en lugar de hacer una votación, un "consenso de la reunión" sirve para tomar una decisión. En tales casos, el coordinador pregunta a los presentes "¿Es el consenso de la reunión el que…?" Si no hay quien se oponga, es evidente que hay un acuerdo.
- Aunque las reuniones se pueden efectuar sin mucha ceremonia, todos los participantes deben enfocar su atención en un tema a la vez, sin la influencia perjudicial de conversaciones privadas.
- La asamblea hace sus propias reglas y el coordinador debe procurar que todos los miembros estén informados sobre los procedimientos sugeridos actuales que aparecen en el manual. Si los miembros desean cambiar las reglas, deben hacerlo *antes* de hacer una votación o *antes* de celebrar una elección.

Secretario

RESPONSABILIDADES: El secretario levanta las actas de las reuniones de área y las distribuye; mantiene actualizadas las listas de correo y despacha los envíos del área; a veces le corresponde al secretario preparar boletines entretenidos que atraigan gente a las reuniones de comité y a las asambleas. El secretario se encuentra en la situación idónea para actuar como enlace entre los oficiales y los miembros del comité.

REQUISITOS: El secretario debe llevar sobrio un "período razonable," lo cual puede significar dos años en un área donde A.A. está recién iniciada y cuatro o cinco años en un área ya establecida. Es útil tener alguna experiencia en servicios de grupo, de oficina central y servicios generales, así como lo es tener experiencia en los trabajos rutinarios de oficina — y cada día es más útil tener conocimientos de computadoras. Para ser eficaz, un secretario debe tener un bien arraigado sentido del orden y aptitud para captar lo esencial de lo que acontece en una reunión. Es un trabajo al que se tiene que dedicar mucho tiempo y es necesario llevar las cosas a cabo puntualmente; y el secretario debe estar seguro de disponer de suficiente tiempo.

Registrador

RESPONSABILIDADES: En muchas áreas hoy en día, hay registradores que preparan y mantienen registros de todos los grupos del área en los que se incluyen datos tales como: nombre del grupo, lugar y horas de reunión, nombre del R.S.G. o contacto del grupo. A veces también le corresponde al registrador tener apuntados y archivados los nombres, direcciones, direcciones de correo electrónico, y números de teléfono de los R.S.G., los M.C.D., los oficiales del área y del distrito, y los miembros del comité de área. Algunos preparan las etiquetas de correo para las publicaciones del área, por ejemplo el boletín del área, o para el envío de las actas. Los registradores de área también ayudan al Departamento de Registros de la O.S.G. a mantener al día sus registros.

REQUISITOS: Los registradores deben estar familiarizados con la estructura del área y del distrito. Para realizar este trabajo, es muy importante ser una persona organizada ya que hay muchos detalles que hay que registrar. Idealmente, sería muy útil que el registrador tuviera conocimientos prácticos y de trabajo de computadoras, y supiera transmitir información por correo electrónico a la O.S.G. y al área local.

Tesorero

RESPONSABILIDADES: El tesorero lleva un registro de los datos financieros del área y hace informes regulares ante la asamblea. Por lo general, el tesorero es responsable de fomentar contribuciones para mantener los servicios de área y de la O.S.G.

REQUISITOS: El tesorero debe ser una persona formal y de fiar que lleva algún tiempo de sobriedad sólida. Debe ser lo suficientemente organizado para mantener buenos registros y es útil tener alguna experiencia de contabilidad o teneduría de libros. Si no la tiene, puede que la persona elegida vaya a necesitar que otros le ayuden a establecer un sistema y tal vez también le haga falta ayuda en los trabajos de oficinista. El don de persuasión, la firmeza y la diplomacia contribuirán a que el tesorero haga su trabajo bien. Si el comité tiene un coordinador de finanzas, el tesorero puede dedicarse plenamente a los registros y los controles económicos.

Otros Oficiales

Por lo general, el comité de área tiene otros oficiales responsables ante el comité encargados de realizar actividades especiales. Por ejemplo, los coordinadores de los comités de información pública y de cooperación con la comunidad profesional que encabezan los comités de I.P. y C.C.P. de área; los coordinadores de los comités de instituciones correccionales y de tratamiento que coordinan este trabajo vital de Paso Doce; un coordinador de literatura para servir de vínculo entre las diversas entidades de servicio; un coordinador de Grapevine y La Viña para diseminar información sobre las revistas y otros materiales de Grapevine (ver pág. S95); un coordinador de archivos históricos para recoger materiales de interés histórico para el área y mantener los archivos del área; un coordinador de convenciones para facilitar estos eventos; un coordinador de finanzas para fomentar el automantenimiento y asegurar que se cubran los gastos de satisfacer las necesidades del área y de la O.S.G.; un coordinador de enlace para fomentar comunicaciones entre el área y la oficina central/intergrupo; y otros cargos y responsabilidades según los sugieran las necesidades del área.

Oficiales de comité suplentes

A algunas áreas les ha resultado útil escoger suplentes para sustituir a todos los oficiales del comité, especialmente al coordinador. Los suplentes pueden procurar que haya continuidad a nivel del área. El que participen o no en la asamblea y que tengan o no tengan voto depende del criterio local y de las necesidades del área. Al igual que en los demás campos de servicio, se debe animar a los suplentes a participar en las actividades del comité en el mayor grado posible. Los requisitos para ser suplente suelen ser iguales a los requisitos del puesto en que el suplente puede verse llamado a servir.

Antiguos delegados

En sus antiguos delegados, A.A. tiene una rica mina de experiencia, a veces explotada y a veces no. Debido a la costumbre de rotación en A.A., los delegados no se pueden suceder a sí mismos ni pueden volver a ser delegados en el futuro; pero gradualmente va surgiendo un papel que los antiguos delegados pueden desempeñar que les ofrece la oportunidad de participar en las actividades del área y al mismo tiempo hace posible que el área saque provecho de su experiencia de A.A. mundial, sin que se metan en los asuntos propios de los nuevos delegados y los comités de área.

Se sugiere que los antiguos delegados no ocupen el puesto de R.S.G. o de M.C.D., sino que busquen nuevas formas de participar en los servicios de área. Como se ha explicado anteriormente, en algunas áreas sirven como miembros del comité de área. Los servidores actuales pueden recurrir a ellos para consulta o pedirles que se encarguen de alguna tarea especial, como por ejemplo, coordinar las sesiones de compartimiento de área, hablar en reuniones especiales encaminadas a informar a los miembros sobre A.A. a nivel mundial, o dirigir talleres o mesas de trabajo o reuniones de orientación para los nuevos R.S.G. Suelen ser candidatos al puesto de coordinador de área o de una convención estatal o provincial. En otros casos, el coordinador de área les puede encargar de asuntos de información pública del área o de fomentar una más amplia distribución de la literatura aprobada por la Conferencia y Grapevine.

Algunas regiones celebran reuniones anuales de los antiguos delegados a las que se invita a los delegados y suplentes recién elegidos. Este tipo de evento, que tiene su origen en un desayuno de convivencia organizado para los antiguos delegados participantes en una convención regional, ha resultado ser un medio eficaz para transmitir experiencias a los nuevos delegados. En algunas regiones, la reunión es de un fin de semana de duración. El propósito fundamental es cultivar la comunicación entre la Conferencia de Servicios Generales, la O.S.G., la Junta de Servicios Generales y A.A. en su totalidad. No se propone nunca considerar cuestiones ni recomendar acciones que pudieran invalidar o interferir en las funciones o asuntos propios del área o de la Conferencia.

Apoyo económico

Al igual que en los demás asuntos financieros de A.A., los gastos que supone mantener el comité de área son pequeños comparados con los de parecidas actividades en las compañías comerciales y otras organizaciones. No obstante, es necesario disponer de fondos suficientes para no obstaculizar los trabajos del comité. Hoy en día, la mayoría de las áreas tienen tesorerías solventes e informan regularmente al R.S.G. sobre el panorama económico.

GASTOS DE ÁREA: Por supuesto hay que cubrir los gastos ordinarios de correo, teléfono e impresión de boletines, etc. El delegado tiene que tener dinero para viajar en abril a Nueva York y participar en la Conferencia. Los delegados y miembros del comité incurren en otros gastos de viaje al visitar a los grupos para informar sobre lo acontecido en la Conferencia después de la reunión anual. Muchos comités de área activos mantienen programas de información pública y compran literatura para los grupos en instituciones. Cada área envía un mínimo de $1,800.00 (US) (mil ochocientos dólares) a la O.S.G. para contribuir a sufragar los gastos de la Conferencia anual, y algunas áreas envían aportaciones mayores. (Los $1,800.00 se remiten para el 1 de marzo de cada año — la O.S.G. envía a las áreas un recordatorio por correo en el mes de enero.)

MÉTODOS DE MANTENIMIENTO: A continuación aparecen algunos métodos que han posibilitado a las áreas seguir siendo solventes y eficaces:
- Hacen colectas en la asamblea y en las reuniones de distrito.
- Participan en el Plan de Contribuciones Regulares por el que los grupos contribuyen cada mes o cada trimestre a la oficina central/intergrupo, la O.S.G., el distrito y el área. (Ver también el folleto "El Automantenimiento — donde se mezclan la espiritualidad y el dinero".)
- Reciben aportaciones provenientes de los ingresos de la convención de área y estatal.

Información de área

El delegado saliente proporciona a la O.S.G. información de contacto para todos los oficiales de área y coordinadores de comités que entran en funciones. Esta información también está archivada en la base de datos de la O.S.G. a la que el registrador de área tiene acceso y se utiliza para comunicar con estos oficiales y coordinadores durante su término de servicio.

❖ Capítulo Sexto

El Delegado

El delegado tiene un cometido que le exige mucho, no solamente por la cantidad de trabajo que supone y el tiempo que hay que dedicar a cumplirlo, sino también porque le incumbe al delegado servir a la Conferencia de los EE.UU. y Canadá como un todo. Como miembros votantes de la Conferencia, los delegados aportan a las deliberaciones las experiencias y opiniones de sus respectivas áreas. Sin embargo, no son representantes de sus áreas en el sentido político de este término; tras haber escuchado los diversos puntos de vista durante las discusiones de la Conferencia y así estar bien informados sobre los varios aspectos de los asuntos en cuestión, votan en beneficio de A.A. en su totalidad.

Responsabilidades

Aunque el punto culminante es la reunión de la Conferencia, el trabajo del delegado es de todo el año y se relaciona con todas las facetas de la estructura de la Conferencia. El delegado debe:

- Asistir a la reunión anual de la Conferencia, bien preparado. Inmediatamente después de su elección, se inscribe el nombre del delegado en la lista de correos de la O.S.G. para poder enviarle los materiales de la Conferencia.
- Comunicar las acciones de la Conferencia a los miembros del comité de área y animarlos a transmitir esta información y el entusiasmo del delegado, a los grupos y oficinas centrales/intergrupos. Si debido al tamaño del área, no le es posible al delegado informar a todos los grupos, él o ella pedirá a los oficiales y miembros del comité de área que le ayuden a hacerlo.
- Estar listo y dispuesto para asistir a todas las asambleas y reuniones de servicio del área y de la región. Por medio de su participación en estas reuniones, el delegado se forma una idea más clara de lo característico de su propia área y puede hacer sugerencias para posible inclusión en el orden del día de la Conferencia. Además, en estos eventos, llegan a conocer a otros compañeros de A.A. con quienes, de otra forma, nunca se habrían puesto en contacto.
- Ayudar a los comités de área a conseguir apoyo económico para el área y la O.S.G.
- Servir de guía para solucionar los problemas locales relacionados con las Tradiciones de A.A.
- Recordar a los R.S.G. que informen a los grupos y miembros sobre Grapevine y la literatura aprobada por la Conferencia.

S51

- Cooperar con la O.S.G. para recoger información; por ejemplo, procurar que los datos actualizados lleguen a la O.S.G. antes de la fecha tope para su inclusión en la próxima edición del directorio y ayudar a llevar a cabo las encuestas de los miembros celebradas cada tres años.
- Visitar los grupos y los distritos del área con la mayor frecuencia posible.
- Trabajar estrechamente con los miembros y oficiales del comité, compartiendo experiencia durante todo el año. Después de que los R.S.G. y los miembros del comité hayan dado sus informes sobre la Conferencia, enterarse por medio de estos miembros de la reacción de los grupos y miembros.
- Asumir más responsabilidad si el coordinador de área y su suplente se ven imposibilitados de servir. O, si un comité de área no está funcionando con la máxima eficacia, el delegado puede intervenir personalmente para remediar el problema.
- Mantener al delegado suplente bien informado y procurar que él o ella sigan participando, para que puedan reemplazar al delegado en caso de emergencia.
- A finales del segundo año del término, trabajar con el delegado recién elegido para transmitirle un conocimiento básico del funcionamiento y los problemas de la Conferencia.

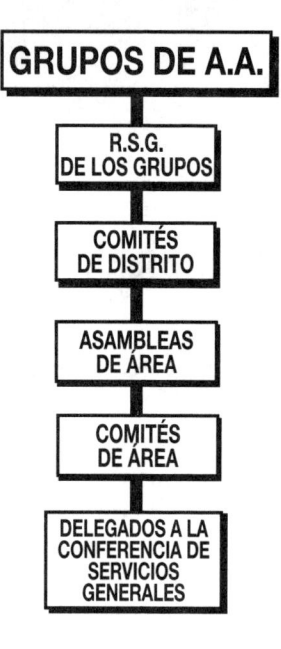

GRUPOS DE A.A.
R.S.G. DE LOS GRUPOS
COMITÉS DE DISTRITO
ASAMBLEAS DE ÁREA
COMITÉS DE ÁREA
DELEGADOS A LA CONFERENCIA DE SERVICIOS GENERALES

Término de servicio

El delegado cumple un término de dos años y la Conferencia recomienda enérgicamente que el delegado sirva un solo período de dos años, con excepción del suplente que, después de asistir a una Conferencia en lugar del titular, es elegible para cumplir un término de dos años. La mitad de los delegados se eligen en años pares y los demás en años impares (ver Apéndice D para una lista de los Paneles de la Conferencia). Así se asegura que en todas las Conferencias participe un grupo de delegados ya experimentados junto con los nuevos delegados de primer año.

Gastos

Los gastos de un delegado para asistir a la Conferencia se sufragan de la siguiente manera: El área contribuye con un mínimo de $1,800.00 (US) para cubrir parte de los gastos (y muchas áreas se ven en la posibilidad de contribuir con una cantidad mayor). El Fondo General de la Junta de Servicios Generales paga lo restante; pero con esto no basta para cubrir los gastos imprevistos del delegado durante la semana de la Conferencia. Al llegar a Nueva York, cada delegado recibe dinero en efectivo suficiente para cubrir los gastos básicos durante la semana de la Conferencia. Aparte de esto, las áreas suelen dar a sus respectivos delegados algún dinero para sufragar gastos adicionales. La cantidad varía según la situación económica del área.

Además, muchas áreas tienen fondos para cubrir los gastos de viaje y gastos imprevistos en los que el delegado incurre al informar a los grupos y distritos dentro de su área.

Requisitos

Al igual que sus demás compañeros de A.A., los delegados son de todo tipo y condición. No obstante, parece haber algunas características que contribuyen a formar un delegado bien capacitado. Por ejemplo:

- Varios años de participación en asuntos y actividades locales y de área, en calidad de R.S.G. y miembro de comité.
- Tener suficiente tiempo disponible, no solamente para asistir a la Conferencia en abril que dura una semana, sino también para poder dedicarse apropiadamente a todo lo que hay que hacer antes y después de la Conferencia.
- Cinco o seis años de sobriedad ininterrumpida. Este requisito varía de área en área; en todo caso, el delegado debe llevar sobrio un tiempo suficiente para ser responsable y estar informado.
- La capacidad para hacer y aceptar sugerencias y críticas.
- Experiencia de presidir o coordinar reuniones.
- Tener buen conocimiento de los asuntos de A.A. y saber dónde encontrar la información apropiada cuando no se sabe la respuesta.
- Tener amplios y sólidos conocimientos de las Doce Tradiciones y Doce Conceptos y saber aplicarlos a problemas locales.
- Capacidad de actuar con mente abierta, buena disposición para reunirse con los A.A. del área y con otros delegados para considerar asuntos de suma importancia para A.A. y tomar las medidas apropiadas al respecto.

Quienes están considerando las posibilidades de ser candidatos al puesto de delegado, deben hacerse las siguientes preguntas:

- ¿Qué tal cumplió con sus responsabilidades como R.S.G? ¿Como miembro de comité? ¿Le gustó la experiencia de tener tales responsabilidades? ¿Participó enérgicamente en las actividades?
- ¿Ha mencionado esta posibilidad a su familia y a su jefe de trabajo? ¿Habrá tiempo disponible para realizar todos los trabajos necesarios?
- ¿Está familiarizado con este manual? ¿Con *A.A. llega a su mayoría de edad*? ¿Con los Doce Pasos, Doce Tradiciones y Doce Conceptos?
- ¿Ha hablado con algunos antiguos delegados para formarse una idea del tiempo y la energía que el puesto supone y de la clase de trabajo que tendrá que hacer?

Rotación geográfica dentro del área

Algunas áreas han adoptado sus propias normas referentes a "rotación" entre zonas urbanas y rurales o entre varias partes del área para evitar el dominio de las localidades más pobladas. Sin embargo, nunca se debe negar a ningún candidato bien capacitado la oportunidad de servir en interés de la rotación geográfica.

El suplente

La Conferencia recomienda que todas las áreas elijan delegados suplentes. El suplente sirve como un valioso ayudante, suele acompañar al delegado a visitar los grupos y dar informes por él o ella. En algunas áreas, el suplente desempeña una función especial en el comité. Muchas tesorerías de área reconocen la necesidad de cubrir los gastos del suplente separadamente de los del delegado titular.

El nombre de un suplente que reemplaza al delegado en la reunión anual de la Conferencia queda inscrito en la lista de correos de la O.S.G. hasta que el comité de área notifique a la oficina de un cambio.

EXPERIENCIA PERSONAL
(los antiguos delegados ofrecen algunas sugerencias prácticas)

Preparación para la Conferencia

"Aun si llevas largo tiempo participando en el servicio de A.A., no te creas que estás suficientemente informado. Ponte a repasar los materiales sin demora. Lee y vuelve a leer este manual, *A.A. llega a su mayoría de edad* y *Doce Conceptos para el Servicio Mundial*. Consigue ejemplares de los Informes Finales de las últimas dos o tres Conferencias. Busca a algunos delegados anteriores que puedan compartir sus experiencias contigo.

"Prepara un archivo de Conferencia, ya que te llegará una gran cantidad de cartas del coordinador de la Conferencia con mucha información básica e histórica y diversas solicitudes. Léelas cuidadosamente; toma notas referente a lo que se te pida hacer; y hazlo. Vas a recibir cuestionarios; remite las respuestas con toda prontitud posible. Puede que la O.S.G. te pida que le facilites datos u otra información; hazlo lo más pronto posible. La prontitud es necesaria para que antes de que la Conferencia entre en sesión, los materiales que envías estén reunidos y recopilados para su uso en un informe, en una discusión del pleno o de panel, en una mesa de trabajo o inscritos en el orden del día de los apropiados comités.

"Al comienzo del proceso, te llegarán dos comunicaciones importantes. En una se le pedirá al tesorero de tu área que remita un cheque a la oficina para cubrir la parte de los gastos que corresponda al área. Asegúrate de que el cheque llegue antes de la fecha tope. En otra se solicita información referente a tu alojamiento, tu fecha de llegada y gastos de viaje. Remite esta información inmediatamente. La O.S.G. te enviará un cheque para cubrir tus gastos de viaje. Al llegar a Nueva York, se te dará dinero en efectivo para cubrir los gastos ordinarios, por ejemplo, las comidas. Aparte de esto, la mayoría de las áreas dan complementos para gastos adicionales.

"Antes de irte de Nueva York, procura que los miembros de tu comité estén haciendo los arreglos necesarios para fijar las fechas y los lugares donde vas a presentar tus informes sobre la Conferencia cuando regreses.

"Finalmente, no debes tener planeado ningún evento social importante en Nueva York, ni tener prevista ninguna llamada de negocios. La Conferencia está en sesión diariamente desde las 9:00 a.m. hasta las 9:00 p.m. y a veces hasta más tarde.

"Y ten presente que, aunque seas novato, eres tan importante para los procedimientos de la Conferencia como cualquiera de los demás participantes. Tu voz expresa la conciencia informada de tu área. Tienes que compartir tus opiniones e inquietudes —clara y francamente— para el beneficio de todos."

Informes sobre la Conferencia

Uno de los más importantes trabajos del delegado y el aspecto que puede suponer los desafíos más imponentes es el de dar informes sobre la Conferencia a los grupos y miembros de tu área cuando regreses. Un antiguo delegado dice: "Al volver a mi área después

El liderazgo en A.A.: siempre una necesidad vital
(Extractos de un ensayo de Bill W. publicado en Grapevine de abril de 1959.
Ver Concepto IX, pág 34 de "Doce Conceptos para el Servicio Mundial" para el artículo entero)

En algún título de nuestra literatura se encuentra una frase que dice: "Nuestros líderes no nos impulsan por mandatos, nos dirigen con su ejemplo." En efecto, les decimos: "Trabajen para nosotros, pero no nos manden."

Un líder en A.A. es, por lo tanto, un hombre (o mujer) que puede personalmente poner en efecto principios, planes y políticas de una manera tan dedicada y eficaz que los demás queremos apoyarlo y ayudarle a realizar su trabajo. Cuando un líder intenta obstinadamente imponernos sus deseos, nos rebelamos; pero si con exagerada docilidad se convierte en un mero recadero sin nunca ejercer su propio criterio — pues, no es en realidad un líder.

El buen liderazgo toma la iniciativa en formular planes, políticas e ideas para el mejoramiento de nuestra Comunidad y de sus servicios. No obstante, en cuanto a nuevas e importantes cuestiones, siempre consulta ampliamente antes de tomar decisiones y ejecutar acciones. El buen liderazgo también tendrá presente el hecho de que un plan o una idea excelentes puede proponerse por cualquiera, de cualquier parte. Por consecuencia, el buen liderazgo con frecuencia descarta sus propios planes predilectos para adoptar otros mejores, y atribuye el mérito a quien le corresponde.

El buen liderazgo nunca esquiva la responsabilidad. Una vez que se siente convencido de tener, o de poder obtener, suficiente apoyo, libremente toma sus decisiones y las lleva a cabo sin dudar, siempre que las acciones estén dentro del marco de su autoridad y responsabilidad definida…

Otro requisito para ser líder es el de "dar y tomar" — la capacidad para transigir de buena gana cuando un arreglo apropiado pueda hacer progresar una situación en lo que parece ser la dirección correcta. La transigencia nos resulta difícil a nosotros, los borrachos de "todo o nada." No obstante nunca debemos perder de vista el hecho de que el progreso está casi siempre caracterizado por una serie de acuerdos encaminados a conseguir mejoras. No obstante, no siempre podemos llegar a un acuerdo. De vez en cuando, es verdaderamente necesario aferrarnos categóricamente a nuestra convicción con respecto a una situación hasta que se llegue a una decisión final. Estas son situaciones que requieren que se sepa aprovechar el momento oportuno y se haga una evaluación cuidadosa sobre el camino que se debe seguir.

El liderazgo a menudo se ve sometido a una crítica severa y a veces muy prolongada. Esta es una prueba decisiva. Siempre hay críticos constructivos, son nuestros verdaderos amigos. Siempre debemos escucharles con cuidadosa atención. Debemos estar dispuestos a dejar que modifiquen nuestras opiniones o que las cambien por completo. Sin embargo, a menudo tendremos que estar en desacuerdo y mantenernos firmes sin perder su amistad.

Copyright © por AA Grapevine; reimpreso con permiso.

de la Conferencia, viajé durante los primeras seis semanas unas 4,000 millas para visitar a los grupos. Si no me pedían que hablara en las reuniones, yo les pedía que me dejaran hablar. Siempre me preocupaba de no alargarme demasiado; pero di literalmente centenares de estas charlas. Hablé acerca del servicio y de la unidad y sobre la O.S.G. y la asamblea de área." Este mismo delegado nos informa de los resultados: una cantidad de grupos nuevos mayor que nunca, una estructura de servicio más sólida, y la celebración de la primera convención estatal. "Nos hemos desarrollado, y si se me preguntara cuál de nuestras actividades había contribuido más al desarrollo, diría que había sido la mejora de las comunicaciones."

"Lo que yo veía, oía y sentía"

"El informe que hice sobre la Conferencia era una descripción de lo que yo veía, oía y sentía durante la reunión de la Conferencia en Nueva York. (Además hice fotocopias del informe y las puse a disposición de los interesados.)

"En el estado donde vivo, hay que atravesar grandes distancias para ir de un pueblo a otro y por ello me parecía conveniente presentar mi informe ante las reuniones de distritos o intergrupos cuando fuera posible, y celebrar una charla de A.A. después del informe. Además, me comunicaba frecuentemente por correo con los grupos, los R.S.G. y miembros individuales para así informarles. Hago un esfuerzo para publicar un boletín al mes, cada uno sobre un tema o temas especiales. En el Informe de la Conferencia encuentro todos los materiales que necesito."

"Si atraes — no puedes fallar"

"Un mes antes de dar tu informe, anúncialo; consulta con miembros del comité de distrito para fijar las fechas. Si se trata de distritos pequeños, haz arreglos para combinar dos o tres. (Los refrescos siempre son de ayuda.) Pide que te inviten a hablar; o invítate a ti mismo. Arréglatelas para hacerlo de alguna manera. El reunir a los delegados les cuesta dinero a los grupos y a la O.S.G.; los grupos deben leer y escuchar los informes sobre la Conferencia.

"Dedica tanto tiempo a los grupos pequeños como a los grupos grandes. No pierdas la oportunidad de compartir con todos. Infórmales sobre el personal de la O.S.G. y el trabajo de servicio que ellos contribuyen a fomentar por todas partes del mundo.

"Invita a los grupos a asistir a reuniones de área especiales enfocadas en asuntos de servicios mundiales y de la O.S.G. con sesiones reservadas para hacer preguntas. Invita a participar a uno o más antiguos delegados. Celebra reuniones frecuentemente, y en diferentes distritos. Recuerda que nuestra palabra clave es 'atracción'. Si atraes, no puedes fallar."

Charlas grabadas: eficaces y baratas

"Aparte de dar informes detallados en nuestra convención estatal sobre lo acontecido y sobre el espíritu de las sesiones de la Conferencia, puse copias de mis notas a disposición de los miembros del comité de área, a petición suya. Afortunadamente, tuvimos la oportunidad de hacer grabaciones de mi charla y ponerlas a disposición de los interesados a nivel de área, lo cual resulta ser una forma eficaz y barata de llevar el mensaje de la Conferencia en bastante detalle."

❖ Capítulo Séptimo

La Reunión Anual de la Conferencia

En todos sus procedimientos, la Conferencia de Servicios Generales cumplirá con el espíritu de las Tradiciones de A.A., teniendo especial cuidado de que la Conferencia nunca se convierta en sede de peligrosa riqueza o poder; que fondos suficientes para su funcionamiento más una reserva adecuada, sean su prudente principio financiero; que ninguno de los Miembros de la Conferencia sea nunca colocado en una posición de desmedida autoridad sobre ninguno de los otros; que todas las decisiones importantes sean alcanzadas por discusión, votación y, siempre que sea posible, por unanimidad sustancial; que ninguna acción de la Conferencia sea punitiva a personas o una incitación a controversia pública; que, aunque la Conferencia pueda actuar al servicio de Alcohólicos Anónimos, ella nunca deberá realizar ninguna acción de gobierno, y así como la Sociedad de Alcohólicos Anónimos, a la cual sirve, la Conferencia en sí misma siempre permanecerá democrática en pensamiento y acción.

—Garantías Generales de la Conferencia
Concepto XII, *Doce Conceptos para el Servicio Mundial*

Aunque la Conferencia de Servicios Generales está en funcionamiento durante todo el año, la reunión anual, celebrada en la ciudad de Nueva York, normalmente en abril, es el punto culminante de las actividades del año, la ocasión en que la conciencia de grupo colectiva de los EE.UU. y Canadá se reúne para ejecutar acciones que servirán de guía para los grupos en años venideros.

La Conferencia se parece más a un "gobierno" que cualquier otra entidad de A.A., pero como Bill W. lo expresó en la primera edición de este manual: *"Por supuesto que no se puede decir con demasiada frecuencia que la Conferencia, aunque puede emitir órdenes a la Oficina de Servicios Generales, no puede nunca ordenar o gobernar a la Sociedad de Alcohólicos Anónimos a la cual sirve. La Conferencia nos representa, nunca nos gobierna."*

La Conferencia en sí no está constituida en sociedad, pero la Junta de Servicios Generales (junta de custodios) sí lo está, así como lo están A.A. World Services, Inc. y el AA Grapevine, Inc. La constitución en sociedad de estas entidades es necesaria para llevar a cabo la política establecida por la Conferencia, para administrar fondos y para dirigir los negocios de A.A.

Lo que sucede en la Conferencia

La Conferencia dura una semana entera con reuniones en sesión desde la mañana hasta muy

---

Nota: Ver Apéndice D para los Paneles de la Conferencia.

entrada la tarde. El día de la inauguración se pasa lista a los delegados, se pronuncia el discurso de apertura y se celebra una cena de apertura y una reunión de A.A. con cinco oradores. Entre las sesiones que se efectúan desde domingo hasta viernes figuran reuniones de comité, mesas de trabajo y elecciones de nuevos custodios. Cada delegado sirve como miembro de uno de los comités permanentes de la Conferencia, los cuales se reúnen al principio de la semana para realizar el trabajo principal de la Conferencia. (Algunos delegados sirven en dos comités, el segundo en función suplementaria.) Los comités presentan recomendaciones ante el pleno de la Conferencia para su consideración y posible aprobación como Acciones Recomendables (ver Capítulo Octavo para más información sobre el sistema de comités), y, por lo general, los últimos dos días se dedican a considerar y votar sobre las recomendaciones de los comités. Aunque no es una parte integrante de la Conferencia en sí, se suele efectuar una reunión solamente para los delegados antes del primer día de la Conferencia. El sábado, después de terminar el trato de los asuntos de la Conferencia, se celebra un desayuno de clausura que ofrece a los participantes una oportunidad de decir adiós y a los custodios salientes por rotación una ocasión para dar sus charlas de despedida. En años alternos, se programa una visita a las instalaciones de la O.S.G./Grapevine o al hogar de Bill W. y Lois en el condado de Westchester.

¿De dónde provienen los asuntos del orden del día?

El programa final de la Conferencia consiste en temas sugeridos por miembros de A.A., delegados, custodios, asambleas de área y directores de A.A.W.S. y de Grapevine. La Conferencia considera asuntos de política general para A.A. en su totalidad y la experiencia ha demostrado que hay ciertos procedimientos a seguir para facilitar que un asunto se inscriba en el orden de día, o, si no tiene que ver con la política general, para procurar que llegue a la rama apropiada de la estructura de servicios.

Es probable que un R.S.G. que tiene una idea que le parece apropiada proponer para el orden del día, quiera presentarla primero a su grupo para discusión y luego ante una reunión de distrito o asamblea, de donde se puede remitir a la atención del miembro del personal de la O.S.G. actualmente asignado al puesto de coordinador de Conferencia. Un miembro de A.A., que no forma parte de la estructura de servicios generales puede comunicar la idea al R.S.G. del grupo o presentarla directamente por correo en una carta dirigida al coordinador de Conferencia.

Sea cual sea su procedencia, cualquier asunto propuesto para inclusión en el orden del día de la Conferencia sigue el mismo curso. El personal de la O.S.G. lo considera a la luz de las acciones de anteriores Conferencias y luego lo somete al Comité de la Conferencia de custodios o al apropiado comité de Conferencia. Normalmente, el comité de custodios determina cuál es la forma más conveniente de incluirlo en el programa; o sea, como tema de una presentación o mesa de trabajo, una propuesta, o un asunto de comité.

```
              CONFERENCIA DE
            SERVICIOS GENERALES
    ┌──────────┬──────────┬──────────┬──────────┐
DELEGADOS  CUSTODIOS  DIRECTORES  PERSONAL    PERSONAL DE
                                  DE LA O.S.G. GRAPEVINE
```

Miembros participantes en la Conferencia

Los miembros votantes de la Conferencia son los delegados de área (que constituyen, por lo menos, los dos tercios de los miembros de la Conferencia), los directores y miembros del personal de A.A. World Services, Inc. y de AA Grapevine, y los custodios. Además, puede parecerle apropiado a la Conferencia invitar a visitantes de otros países a asistir en calidad de observadores sin voto.

Cada miembro de la Conferencia tiene un voto, aun si asiste en diversas calidades (por ejemplo, un custodio que sirve como director de A.A.W.S. o de Grapevine y como miembro de la Junta de Servicios Generales).

Históricamente, la proporción de votantes nunca ha tenido un efecto importante, ya que no ha habido nunca ningún asunto acerca del cual la opinión de la Conferencia haya estado dividida entre la de los delegados, por un lado, y la de los demás miembros de la Conferencia por el otro. No obstante, es posible que en una fecha futura, esta proporción sea de una importancia decisiva. Con miras a tal posibilidad, la Carta Constitutiva dispone que "por tradición, una votación de los dos tercios de los miembros votantes de la Conferencia se considerará obligatoria para la Junta de Servicios Generales y sus servicios incorporados allegados, a condición de que la votación total constituya por lo menos un quórum de la Conferencia. Sin embargo, ninguna votación de esta índole debe impedir los derechos legales de la Junta de Servicios Generales y de las corporaciones de servicios de llevar a cabo los asuntos rutinarios y celebrar contratos ordinarios relacionados con esto."

Los procedimientos de votación

Cada comité de la Conferencia (ver Capítulo Octavo) presenta al pleno de la Conferencia un informe sobre sus deliberaciones, el cual suele incluir recomendaciones para su consideración y votación. Además, durante las discusiones del pleno, se pueden proponer recomendaciones plenarias. Aun cuando un comité informa decisivamente de una solución definitiva a un problema, la Conferencia no está obligada a aceptar el informe. Puede rechazar la decisión del comité y, si así lo hace, el asunto se considera y se resuelve en sesión plenaria. Aunque en la mayoría de los casos la Conferencia aprueba las recomendaciones de los comités, un comité de la Conferencia, al típico estilo de A.A., no representa la "autoridad".

La Conferencia, tras amplias y detenidas discusiones, siempre se esfuerza por alcanzar la unanimidad sustancial. Antes de efectuar una votación, se dedica bastante tiempo a discutir detalladamente el asunto, con preguntas y respuestas referentes a la historia y demás antecedentes de la recomendación, y el razonamiento por el que el comité ha llegado a su conclusión. Para llegar a ser una Acción Recomendable, es necesario que una recomendación propuesta sea aprobada por "unanimidad sustancial", la cual se define como una mayoría de los dos tercios. Una votación de una simple mayoría de la Conferencia se considera como una sugerencia para la Junta de Servicios Generales, la O.S.G. o Grapevine.

Las discusiones, tanto en las sesiones plenarias como en las de los comités, pueden ser muy animadas e incluso acaloradas, pero los miembros de la Conferencia siempre hacen su mejor esfuerzo para llegar a una conciencia de grupo y tomar decisiones que vayan en pro del interés de la Comunidad entera. Después de la votación, el coordinador de la Conferencia pregunta si hay quienes quieran expresar opiniones minoritarias y, ocasionalmente, como consecuencia de una bien razonada opinión minoritaria puede que se celebre una nueva votación con un cambio completo de los primeros resultados. Naturalmente, en el caso ideal, tal cambio es una muy rara excepción a la regla; porque antes de efectuar una votación se debe haber considerado y estudiado la cuestión con la suficiente amplitud y detalle para asegurar que no cambie la decisión original de la Conferencia.

¿Puede la Conferencia actuar por A.A. en su totalidad?

A continuación aparece lo que Bill W. tenía que decir con respecto a esta pregunta en su ensayo acerca del III Concepto en *Doce Conceptos para el Servicio Mundial*:

"Con excepción de las disposiciones de la Carta Constitutiva que estipulen lo contrario, la Conferencia siempre debe tener la posibilidad de decidir qué asuntos se han de despachar por sus propios medios y cuáles cuestiones se deben remitir a los grupos de A.A. (o más a menudo a sus miembros de comité o R.S.G.) para sus comentarios o clara orientación.

"Por lo tanto, debe quedar bien en claro que los Delegados de nuestra Conferencia son principalmente los servidores mundiales de A.A. en su totalidad, y que representan a sus áreas sólo en un sentido secundario. Por consiguiente, a la hora de tomar decisiones finales en la Conferencia de Servicios Generales, deben tener derecho a votar según lo dictado por su propio criterio y conciencia en ese momento.

"Asimismo, los Custodios de la Junta de Servicios Generales (obrando, por supuesto, conforme a lo estipulado en su propia Carta Constitutiva y Estatutos) siempre deben tener la libertad de decidir cuándo van a actuar por su propia y única responsabilidad y cuándo van a pedir a la Conferencia su orientación, su aprobación de una recomendación o su decisión y dirección.

"Dentro del ámbito de sus responsabilidades definidas o implícitas, todas las corporaciones de servicio de la Sede, y todos los comités, miembros del personal y ejecutivos también deben tener el derecho a decidir cuándo van a actuar exclusivamente por sí mismos y cuándo van a remitir el asunto a la autoridad inmediatamente superior."

Acciones recomendables de la Conferencia

Las Acciones Recomendables representan recomendaciones propuestas por los comités permanentes o recomendaciones presentadas en las sesiones plenarias, que son consideradas y sometidas a votación por el pleno de la Conferencia y aprobadas por unanimidad sustancial.

¿Qué tipo de asuntos se lleva a cabo en la Conferencia? Un rápido recorrido por las Acciones Recomendables de anteriores años nos muestra una amplia variedad de temas:
- afirmaciones de la importancia del anonimato y acciones que exponen las formas en que se puede aplicar el anonimato en relaciones con el público en general;
- aprobación de diversos métodos de hacer contribuciones a la O.S.G. o al área; recomendaciones de aumentar las aportaciones del área para mantener la reunión anual de la Conferencia;
- aprobación de nueva literatura aprobada por la Conferencia y de cambios en la literatura ya publicada, incluyendo nuevas ediciones del Libro Grande;

- soluciones a varias inquietudes de grupo tal como la cuestión de "grupos familiares," grupos de propósito especial, y grupos que se reúnen en las instituciones de tratamiento;
- recomendaciones en lo concerniente a la composición y funcionamiento de la Junta de Servicios Generales;
- sugerencias respecto a exhibir y vender la literatura de A.A.;
- reconocimiento de Grapevine de A.A. como la revista internacional de Alcohólicos Anónimos;
- varias recomendaciones referentes al contenido de *El Manual de Servicio* y a prácticas sugeridas en la estructura de servicio;
- recomendaciones a la O.S.G. y al Grapevine de no producir o vender las fichas y medallones de sobriedad;
- recomendaciones de preparar literatura nueva, películas, videos y otros medios para llevar el mensaje de A.A.;
- guías para formar nuevas áreas de delegado, para cambiar los límites de una región y para aprobar una nueva área de delegado;
- recomendaciones referentes a llevar el mensaje al público en general, a miembros de la comunidad profesional y a los A.A. confinados en prisiones o centros de tratamiento.

La O.S.G. tiene disponible una compilación de las Acciones Recomendables de la Conferencia.

Informar a los miembros

Las sesiones más productivas de la Conferencia son de poco valor a no ser que los comités de área y los grupos locales estén informados de lo logrado. Por lo tanto, el cometido del delegado de dar informes es tan importante como el programa de la Conferencia misma. No sería posible que ningún delegado pudiera informar de todo lo acontecido y, a lo largo de los años, la O.S.G. y los delegados, en colaboración, han desarrollado un sistema para informar que ha resultado ser de tremenda utilidad para diseminar información por toda la Comunidad.

En cierto sentido, todo empieza con la información que se envía por adelantado a los delegados, la cual incluye varias cuestiones importantes para someter a las áreas antes de efectuar la Conferencia. Durante la Conferencia, los delegados toman copiosas notas y gran parte de la información la tienen ya por escrito en el Manual de la Conferencia. (En el Capítulo Sexto hay sugerencias referentes a medios y métodos de informar que ya han dado buenos resultados.)

En el *Informe Final de la Conferencia*, que sale de la imprenta durante el verano, aparecen los textos de todos los informes y acciones, y resúmenes de las discusiones y mesas de trabajo. Aunque no es un relato palabra por palabra del evento, no se omite ningún aspecto importante de la Conferencia.

A lo largo del año, se mantiene informados a los delegados sobre las actividades de la O.S.G. y de Grapevine, y sobre los trabajos y resultados de las reuniones de la Junta de Servicios Generales y sus diversos comités.

❖ Capítulo Octavo

Los Comités de la Conferencia

Sin tener comités, es muy poco probable que cualquier Conferencia pudiera funcionar con eficacia. La mayoría de las preguntas sugeridas para su inclusión en el orden del día de la Conferencia se remite a los comités apropiados para ser estudiadas en un grupo pequeño antes de ser sometidas al pleno de la Conferencia para su consideración.

Bastante tiempo antes de la reunión de la Conferencia, se envía a los miembros de los comités amplia y detallada información pertinente a los temas y cuestiones. La mayoría de los comités de la Conferencia colabora estrechamente con el correspondiente comité de los custodios de la Junta de Servicios Generales y los dos se mantienen en contacto durante todo el año y al comienzo de la semana de la Conferencia se reúnen en sesión conjunta. Esta sesión conjunta está encaminada a compartir información; no se ejecuta ninguna acción.

Reunión de los comités

Cada comité se reúne dos veces, al principio de la semana de la Conferencia (y ocasionalmente otras veces si es necesario), examina y discute todos los asuntos en la agenda y prepara un informe, el cual es presentado al pleno de la Conferencia, después de haberse discutido y puesto a votación (ver "Los procedimientos de votación" en el Capítulo Siete). Generalmente el comité llega a una conclusión como resultado de sus deliberaciones, y presenta una recomendación al pleno de la Conferencia. En algunos asuntos el comité puede optar por no hacer recomendaciones, o simplemente hacer una sugerencia u observación. El comité también puede posponer un asunto para la Conferencia del próximo año o buscar más amplia información dentro de la Comunidad o de los custodios antes de tomar una decisión en una Conferencia futura.

Selección de los miembros de los comités

Cada delegado sirve como miembro de uno de los comités permanentes de la Conferencia, el mismo comité durante los dos años de su término. Por lo general, los comités están compuestos de cuatro o cinco delegados de primer año y cuatro o cinco de segundo año. Los miembros se seleccionan por sorteo en diciembre por uno o dos custodios o miembros del Comité de la Conferencia de los custodios o por el coordinador de la Conferencia. Se sacan del sombrero los nombres de nuevos delegados para reemplazar en cada comité a los delegados salientes.

Los coordinadores de los comités y sus suplentes se eligen por una mayoría relativa en la ultima reunión del comité durante la semana de la Conferencia. El nuevo coordinador entra en funciones en cuanto termina la Conferencia y sigue sirviendo hasta terminar la Conferencia del año siguiente.

Un miembro del personal A.A. de la O.S.G. actúa como secretario sin voto del comité que corresponda al despacho al cual él o ella está asignado; el director de finanzas de A.A.W.S. es secretario del Comité de Finanzas. Los miembros del personal ayudan a preparar el informe y sirven como recursos, compartiendo los conocimientos que han adquirido tras su trabajo diario en el despacho.

Los comités de la Conferencia

En su primera reunión en 1951, la Conferencia estableció varios comités y se han incorporado nuevos comités según ha sido necesario. Hoy en día, los comités son:

AGENDA: *(Comité de custodios: Conferencia de Servicios Generales)*: Revisa y aprueba el formato y contenido globales del programa y orden del día de la reunión anual de la Conferencia; se encarga de considerar los lemas propuestos para la Conferencia y los temas de presentación/discusión, y el Cuestionario de Evaluación de la Conferencia.

COOPERACIÓN CON LA COMUNIDAD PROFESIONAL *(Comité de custodios de C.C.P./Tratamiento y Accesibilidades)*: Encargado de sugerir normas o política y de recomendar actividades que contribuyan a llevar el mensaje al alcohólico que aún sufre por medio de compartir información sobre el programa de A.A. con grupos e individuos profesionales que entran en contacto con personas alcohólicas, fomentando así la comprensión y el respeto mutuos y la cooperación entre A.A. y la gente profesional y elevando la conciencia de los miembros de A.A. y de grupos y organizaciones ajenos en cuanto a las varias formas de cooperar los unos con los otros sin afiliarse.

CORRECCIONALES *(Comité de Correccionales de custodios)*: su cometido es animar a los miembros de A.A. a asumir la responsabilidad de llevar el mensaje a los alcohólicos detrás de los muros, revisar todos los aspectos de los servicios que se prestan a los grupos de A.A. de instituciones carcelarias, y hacer recomendaciones en cuanto a cambios y mejoras. Además, le corresponde poner en claro lo que A.A. puede y no puede hacer, dentro del marco de las Tradiciones, para ayudar a los reclusos mientras están confinados y al ser puestos en libertad.

FINANZAS *(Comité de Finanzas y Presupuestos de los custodios)*: Revisa el presupuesto y los informes financieros de A.A. World Services, Inc. y de AA Grapevine y revisa o propone recomendaciones relacionadas con las finanzas. El Comité de Finanzas, desde su primera reunión celebrada en 1951, se ha mantenido al corriente de las necesidades de la Comunidad; ha estudiado los presupuestos anuales, calculado los ingresos necesarios para llevar a cabo el trabajo de servicio y casi invariablemente ha recomendado la expansión de los servicios a los grupos y al público.

GRAPEVINE *(Se reúne conjuntamente con miembros de la Junta Corporativa de Grapevine)*: Encargado de revisar el desarrollo y la circulación de Grapevine y La Viña al nivel de grupo durante el pasado año; sus miembros también solicitan sugerencias y recomendaciones en lo referente a cualquier aspecto de Grapevine y La Viña, incluyendo el contenido y el formato. El Comité de Grapevine ha contribuido grandemente a aclarar cuestiones de política de la revista internacional de A.A., a elaborar materiales relacionados con la revista y, más recientemente, a hacer posible al Grapevine llegar a los alcohólicos de habla hispana por medio de La Viña, una revista en español publicada bimensualmente.

LITERATURA *(Comité de Literatura de los custodios)*: Este comité se ocupa principalmente de la literatura de recuperación. Los materiales relacionados con aspectos específicos de servicio, por ejemplo, material de correccionales, está preparado por el comité correspondiente. Estudia la necesidad de nueva literatura y materiales audiovisuales, revisa los folletos ya existentes y los borradores de los nuevos folletos según se van preparando y recomienda acciones especiales al Comité de Literatura de custodios. El Comité de Literatura ha desempeñado un papel fundamental en la creación de los folletos y libros de A.A. Nunca ha vacilado en frenar las actividades si le parece que la literatura de A.A. se va proliferando con demasiada rapidez — ni en instar a la editorial de A.A. a ponerse en acción cuando hay una auténtica necesidad de un nuevo libro o folleto. En años recientes, ha contribuido mucho a la creación de materiales audiovisuales.

POLÍTICA/ADMISIONES *(No hay comité correspondiente de los custodios)*: Responsable de cuestiones de política que tienen que ver con la Conferencia y de considerar todas las solicitudes de admisión a la reunión anual de la Conferencia de Servicios Generales. Todos los propuestos cambios al plan de la Conferencia, todos los procedimientos encaminados a la ampliación de la Conferencia y todo lo que puede afectar a los gastos de la Conferencia, se someten al Comité de Política/Admisiones de la Conferencia. Este comité está encargado de aprobar o no aprobar las solicitudes de áreas de delegado adicionales.

INFORMACIÓN PÚBLICA *(Comité de Información Pública de los custodios)*: Encargado de fomentar una mejor comprensión, y al mismo tiempo evitar posibles malentendidos, del programa de A.A. a través de los medios públicos y electrónicos, las reuniones de I.P. y presentaciones ante grupos comunitarios.

INFORMES Y CARTA CONSTITUTIVA *(No hay comité correspondiente de los custodios)*: Encargado de *El Manual de Servicio de A.A.*, el *Informe Final de la Conferencia* y los directorios de A.A. El Comité de Informes y Carta Constitutiva lee los bosquejos y pruebas del Informe Final de la Conferencia y comprueba su exactitud. Este comité recibe todas las sugerencias de hacer cambios en la Carta Constitutiva y hace recomendaciones al respecto.

TRATAMIENTO Y ACCESIBILIDADES *(Comité de Tratamiento/C.C.P. de los custodios/ y accesibilidades)*: Coordina los trabajos de los miembros y grupos de A.A. que llevan el mensaje de recuperación de A.A. a los alcohólicos que se encuentran en las instituciones de tratamiento, establece medios para unir las orillas entre el tratamiento y A.A. Además, el comité da apoyo a los trabajos de los grupos y miembros de A.A. que se esfuerzan por asegurar que los que tienen necesidades especiales tengan acceso a las reuniones de A.A. El comité revisará todos los aspectos del servicio que se ofrece a los grupos/reuniones de A.A. en las instituciones de tratamiento y otros entornos institucionales no correccionales, así como a los A.A. que tienen problemas de accesibilidad y harán recomendaciones referentes a cambios y/o mejoras.

CUSTODIOS *(Comité de Nombramientos de los custodios)*: Revisa los curriculum vitae de los candidatos propuestos para miembros de la Junta de Servicios Generales y directores de las juntas corporativas y somete la lista de candidatos a la Conferencia para su desaprobación si la hubiera. Los miembros de este comité son parte del organismo votante que propone candidatos a custodios regionales y generales durante la semana de la Conferencia.

Comités secundarios

Se han creado dos comités para considerar asuntos importantes a los que no hay que dedicar tanto tiempo como se dedica a los puntos del orden del día de los comités permanentes. Algunos delegados, además de servir en uno de los comités permanentes, también están asignados a estos comités como función suplementaria.

CONVENCIÓN INTERNACIONAL/FOROS REGIONALES: Este comité, compuesto por ocho delegados escogidos por sorteo, uno de cada región, está encargado de planificar las futuras Convenciones Internacionales, Foros Regionales y Foros Locales. Se reúne una vez con el Comité de Convenciones Internacionales/Foros Regionales de los custodios en una cena durante la Conferencia. En esta reunión, el comité de Conferencia puede proponer o emprender acciones directas.

ARCHIVOS HISTÓRICOS: La Conferencia de Servicios Generales de 1998 aprobó la formación de este comité secundario de función suplementaria para considerar cuestiones referentes al funcionamiento y a las normas en todo lo relacionado con los archivos históricos de A.A. Los miembros componentes, seleccionados por sorteo, se reúnen una vez con el Comité de Archivos Históricos de los custodios en una cena durante la Conferencia. En esta reunión, el comité de Conferencia puede proponer o emprender acciones directas.

❖ Capítulo Noveno

La Junta de Servicios Generales

> *La Junta de Servicios Generales (los custodios) es la principal rama de servicio de la Conferencia y su carácter es esencialmente de custodia…*
> *Con excepción de las decisiones sobre asuntos de política, finanzas o la Tradición de A.A. que puedan afectar seriamente a A.A. en su totalidad, la Junta de Servicios Generales tiene plena libertad de acción en la dirección rutinaria de los asuntos de política o de negocios de los servicios incorporados de A.A.…*
> —Extracto de la Carta Constitutiva de la Conferencia[*]

Los custodios de Alcohólicos Anónimos se ocupan de todo lo que sucede dentro y fuera de A.A. que pueda afectar la salud y el desarrollo del movimiento. No obstante, según indica la Carta Constitutiva, sus deberes son esencialmente de custodia. Cuando hay necesidad de tomar una decisión sobre la política general del movimiento, los custodios siempre recurren a la Conferencia. Y debido a que los custodios son miembros del pleno de la Conferencia, participan en estas decisiones como miembros individuales de la Conferencia, y no como grupo.

Los custodios realizan gran parte de su trabajo por medio de dos corporaciones operantes, A.A. World Services, Inc. y el AA Grapevine, Inc. (ver Capítulo Segundo), y mediante los comités de los custodios.

En el organigrama titulado "La Estructura de la Conferencia de Servicios Generales" (Capítulo Primero) se ve cómo encaja la Junta de Servicios Generales dentro del cuadro global, y que la "autoridad" que los custodios puedan tener la derivan de la Conferencia. Esta relación fue establecida cuando se creó la estructura de la Conferencia y, a lo largo de los años, los únicos cambios que se ha considerado necesario hacer han tenido que ver con la composición de la Junta de Servicios Generales y no con sus deberes ni responsabilidades.

Los Estatutos de la Junta de Servicios Generales (ver Apéndice E) describen detalladamente todos los aspectos del funcionamiento de la junta.

Enunciado de misión, visión, y acción de la Junta de Servicios Generales

Para guiar nuestro sentido de responsabilidad, los custodios de la Junta de Servicios Generales han adoptado el siguiente enunciado de misión, visión y acción:

---

[*] Las dos corporaciones de servicios, A.A.W.S., Inc. y AA Grapevine, Inc., aunque son filiales de la Junta de Servicios Generales de Alcohólicos Anónimos, Inc., están organizadas como corporaciones no lucrativas separadas y, como tales, la dirección de los asuntos de política y de negocios rutinarios de cada una le corresponde a las respectivas juntas de las dos corporaciones.

Misión

Nuestra misión es la de servir a la Comunidad de Alcohólicos Anónimos.

Visión

Proporcionamos a la Comunidad una dirección clara y efectiva. Somos directamente responsables ante la Comunidad y respondemos a sus inquietudes por medio de la Conferencia de Servicios Generales. Nos ocupamos de todos los asuntos que puedan impactar en el objetivo primordial de la Comunidad de llevar el mensaje al alcohólico que aún sufre.

Acción

En todas nuestras deliberaciones y decisiones nos dejaremos guiar por los Doce Pasos, Doce Tradiciones y Doce Conceptos y los mantendremos.

- Actuamos como los principales planificadores y administradores de la política y finanzas globales.
- Servimos como los custodios de las dos corporaciones afiliadas (A.A. World Services, Inc. y AA Grapevine, Inc.) esforzándonos por asegurar que la comunicación entre estas corporaciones, la Oficina de Servicios Generales y la Junta de Servicios Generales sea la mejor posible.
- Supervisamos y ajustamos, cuando sea necesario, una política de relaciones públicas sólida y de amplio alcance que incluye a todos los que pueden ayudar a sensibilizar sobre la existencia de la Comunidad a todos los que puedan beneficiarse de ella.
- Mantenemos comunicación y relaciones con las estructuras de servicios generales de todas partes del mundo suministrando apoyo que contribuye a asegurar el desarrollo y el bienestar de la Comunidad a nivel mundial.
- Actuamos como guardianes de los Pasos, Tradiciones y Conceptos de A.A.

Composición

Hoy día, la junta de custodios se compone de 21 hombres y mujeres, 14 alcohólicos (Clase B) y siete no alcohólicos (Clase A), que aportan diferentes talentos y experiencia a sus responsabilidades de servicio. Siempre se procura mantener un equilibrio en la junta entre los custodios que son elegidos principalmente para aportar a la junta experiencia del servicio de A.A. y regional y los seleccionados principalmente por su experiencia de negocios o profesional.

En 1951, el año de la primera Conferencia de Servicios Generales, la junta estaba compuesta por ocho custodios de Clase A y siete custodios de Clase B. La mayoría residía en el área metropolitana de la ciudad de Nueva York. Desde su formación, ha habido dos importantes cambios en la composición de la junta. El primero se hizo en 1962 cuando, debido al crecimiento de la Comunidad, fue necesario incorporar a miembros de A.A. con experiencia de servicio en diversas áreas de los EE.UU. y Canadá para así ampliar la base fideicomisaria. En aquel entonces, se aprobó un aumento del número de miembros de la junta

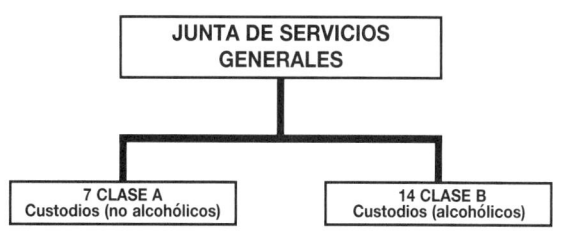

```
           JUNTA DE SERVICIOS
                GENERALES
           ┌────────┴────────┐
      7 CLASE A           14 CLASE B
 Custodios (no alcohólicos)  Custodios (alcohólicos)
```

para poder incorporar a algunos custodios provenientes de estados y provincias fuera de la ciudad de Nueva York.

En 1966 se hizo el segundo cambio importante. Desde los comienzos, había una mayoría (de uno) de personas no alcohólicas en la junta. Para mediados de los años sesenta, A.A. había acumulado una sólida experiencia en dirigir sus propios asuntos y había elaborado un método práctico para conseguir la participación de custodios que vivían a cierta distancia de Nueva York. Por lo tanto, la Comunidad dio el próximo paso importante reorganizando la junta de manera que estuviera integrada por siete personas no alcohólicas y catorce miembros de A.A. Así que la Comunidad dio un segundo paso grande en 1966 reorganizando su junta para que estuviera compuesta por siete miembros no alcohólicos y 14 alcohólicos, que es su configuración actual.

Elección de custodios y oficiales

Al Comité de Nombramientos de los custodios le corresponde recomendar a la Junta de Servicios Generales los candidatos a custodio de servicios generales, custodio Clase A y director no custodio. Los candidatos aprobados por la Junta de Servicios Generales están sujetos a la aprobación de la Conferencia de Servicios Generales. Referente a los posibles custodios de servicios generales, directores no custodios y custodios regionales que puedan servir como miembros de sus respectivas juntas, el Comité de Nombramientos de los custodios consulta con las juntas de A.A.W.S. y de Grapevine y pide su consejo. El Comité de Nombramientos de los custodios también recomienda una lista de custodios para servir como oficiales de la Junta de Servicios Generales.

Los custodios y oficiales de la Junta de Servicios Generales para el próximo año son elegidos por los custodios (en su calidad de miembros de la Junta de Servicios Generales) en la reunión anual de los miembros que se celebra inmediatamente después de la Conferencia de Servicios Generales. Durante la Conferencia, se presenta a la Conferencia una lista de custodios propuestos que se convierte en la lista final a no ser que una mayoría de los miembros de la Conferencia voten por desaprobar a cualquiera o a todos los custodios propuestos en la lista. Los procedimientos para preparar la lista varían según el tipo de custodio propuesto y se describen abajo.

La lista de propuestos oficiales de la junta para el próximo año está determinada por la junta antes de la Conferencia y se presenta a la Conferencia de la misma manera que se presenta la lista de custodios. El presidente de la junta, que puede ser un custodio de Clase A o de Clase B, sirve un término de cuatro años en este puesto, incluyendo los años después de la fecha en que el custodio de otra forma habría salido de la junta por rotación.

Requisitos para ser un custodio eficiente

A.A. ha tenido la suerte de contar con muchos custodios bien capacitados, tanto los alcohólicos, miembros de A.A., como los no alcohólicos, y la selección de los custodios sigue siendo un factor muy importante para asegurar el futuro de A.A. No hay reglas estrictas que se apliquen a rajatabla al especificar los requisitos. No obstante, hay ciertas cosas que hay que esperar.

CUSTODIOS NO ALCOHÓLICOS: Al considerar candidatos para custodio Clase A, la junta busca hombres y mujeres con probada competencia en sus especialidades, con interés demostrado en Alcohólicos Anónimos y alguna experiencia de trabajo con A.A. y sus miembros y buena disposición para servir. Los requisitos que aparecen abajo para los custodios alcohólicos han demostrado ser consideraciones importantes para los custodios no alcohólicos también.

CUSTODIOS ALCOHÓLICOS: El parecer de la Conferencia es que un período de diez años de sobriedad continua es apropiado, aunque no obligatorio, para los custodios regionales y generales. Para los custodios de servicios generales, la Conferencia ha aprobado un período de siete años de sobriedad continua. Es importante que los custodios estén bien familiarizados con la estructura de A.A. y todos sus elementos, desde el grupo y el área hasta la junta y la Conferencia, así como con la historia de A.A. y las tendencias que influyen en su futuro. Además, la experiencia indica que buena competencia en las siguientes áreas puede ser muy útil:

• *Experiencia de negocios o profesional*: Aunque no es necesario que todos los custodios alcohólicos tengan experiencia de negocios, a los custodios de servicios generales que tratan los asuntos de negocios de las dos juntas corporativas, esta experiencia les ha resultado esencial. Los custodios regionales y generales que tienen una sólida experiencia profesional siempre son de gran valor para la junta, pero pueden tener como punto fuerte otras cualidades.

• *Liderazgo*: En A.A. esta cualidad le hace posible al miembro contender con cuestiones del desarrollo y otros asuntos de A.A. con buena disposición y un mínimo de fricción. Los buenos líderes pueden aportar a la junta la virtud de la determinación y de ser fieles a sus convicciones, junto con buen juicio, imparcialidad y confianza a la hora de expresar sus ideas y opiniones. Tales candidatos suelen gozar del amor y respeto de los A.A. de su comunidad, estado o provincia y pueden representar a la junta e interpretar sus acciones ante los A.A. de su región.

COMPROMISO DE TIEMPO DE LOS CUSTODIOS: Los candidatos a custodio deben considerar detenidamente el tiempo del que disponen para servir como custodios a A.A. Los candidatos tienen que asistir a las reuniones trimestrales de la junta, cada una de tres a cinco días de duración, más el tiempo de viaje, y a la Conferencia en el mes de abril que dura una semana. Durante todo el año, los custodios se comunican con sus colegas, miembros de la junta, y con los miembros de la Comunidad, y participan en proyectos y otros asuntos que requieren atención en los intervalos entre las reuniones regularmente programadas. De vez en cuando se pide a los custodios que asistan a los Foros Regionales y que participen en eventos locales de A.A.; los custodios generales también sirven como delegados a la Reunión de Servicio Mundial y a la reunión zonal de las Américas, descritas al final de este capítulo. Además de estos compromisos, los custodios de servicios generales deben estar disponibles para asistir a todas las reuniones de sus respectivas juntas (ocho o más cada año) y para consulta con los miembros del personal de la O.S.G. o de Grapevine en cualquier momento. También se puede pedir a un custodio de A.A. que sirva en la junta de directores de Grapevine por un período de dos o tres años. Los custodios regionales y generales tienen que dedicar mucho tiempo a sus trabajos. Los custodios regionales sirven como miembros de la junta de directores de A.A.W.S. o de Grapevine por un período de dos años y, al igual que los custodios generales, suelen tener que viajar mucho.

Deberes del presidente de la Junta de Servicios Generales

El presidente de la Junta de Servicios Generales de A.A. preside en las reuniones de los custodios, co-coordina la Conferencia de Servicios Generales, y funciona en nombre de la Junta de Servicios Generales entre las reuniones de la junta. El presidente nombra a los miembros de los comités de los custodios, sujeto a la aprobación de la junta, y es miembro ex oficio de todos los comités de los custodios. Además de tomar parte en las reuniones de la junta y de la Conferencia, el presidente participa en otros eventos

Custodios no alcohólicos (Clase A)

A.A. tiene una deuda inmensa con aquellas personas que, aunque no comparten nuestra enfermedad, comparten por voluntad propia nuestras dificultades, y así ha sido desde el mismo comienzo de nuestra Sociedad. Bill W. escribió: "En los días en que A.A. era desconocido, nuestros custodios no alcohólicos fueron quienes nos presentaron ante el público. Nos proporcionaron las ideas. Pasaron horas y horas trabajando voluntariamente a nuestro lado y en las tareas más detalladas e ingratas. Nos comunicaron liberal y gratuitamente sus conocimientos profesionales y financieros. De vez en cuando, fueron los mediadores que ayudaron a resolver nuestras dificultades." Estas palabras, escritas en 1966, son todavía ciertas. Los custodios no alcohólicos siguen constituyendo una rica fuente de sabiduría y perspectiva y, ya que no tienen que guardar su anonimato, están en libertad de presentarse ante el público en nombre de A.A.

Los custodios de Clase A sirven dos términos consecutivos de tres años. El presidente de la Junta de Servicios Generales puede recomendar a los custodios que se permita a un custodio de Clase A que sirva un tercer término consecutivo de tres años. Para que la junta tenga un grado suficiente de flexibilidad, los custodios pueden permitirlo. (Ver Apéndice E, Estatutos de la Junta de Servicios Generales, Inc., página S116)

Los miembros de la junta hacen su mejor esfuerzo para escoger a los custodios de Clase A de entre profesionales de una gran variedad de especialidades, y ya han figurado como miembros de la junta médicos, abogados, clérigos, sociólogos, comerciantes y peritos en asuntos financieros. Sea cual sea la profesión de los candidatos a custodios no alcohólicos, en los estatutos aparece la siguiente condición clave: "deben ser personas que no están, ni nunca han estado, afligidas por la enfermedad del alcoholismo y que expresan una fe profunda en el programa de recuperación que sirve de base a la Comunidad de Alcohólicos Anónimos."

PROCEDIMIENTOS DE NOMBRAMIENTOS: La Junta de Servicios Generales propone la candidatura de los custodios de Clase A, tras una detenida y extensa búsqueda y una serie de entrevistas, proceso que empieza con solicitar a los miembros de la junta, directores, delegados y miembros del personal de la O.S.G. y de Grapevine, actuales y antiguos, que sometan los nombres e información sobre los antecedentes profesionales de "amigos de A.A.", para llenar una vacante. El Comité de Nombramientos de los custodios examina la lista y va reduciendo el número de candidatos y se invita a los candidatos restantes a asistir a una reunión trimestral de los custodios para así conocer a todos los miembros de la junta. Luego, el Comité de Nombramientos recomienda la elección de un candidato para cada vacante, y después de ser aprobado por la junta de custodios en pleno, el nombre se incluye en la lista que se presenta a la Conferencia según se describe arriba.

Custodios regionales

Hay ocho custodios regionales, seis de los Estados Unidos y dos del Canadá (ver mapa regional), que sirven cuatro términos sucesivos de un año. Aunque no se puede decir que ningún custodio "represente" a un sector geográfico —todos los custodios representan la Comunidad en su totalidad— los custodios regionales aportan a la junta el punto de vista y experiencia regional de A.A. que siempre es de un valor inapreciable.

Las áreas proponen a los candidatos a custodio regional — un candidato de cada área o, en algunos casos, dos áreas o más proponen conjuntamente un candidato. Los A.A.

Mapa Regional de los Estados Unidos y Canadá

Este Mapa representa los límites aproximados de las regiones.

participantes en esta responsabilidad deben considerarla detenidamente. Se sugiere que los interesados repasen cuidadosamente los estatutos de la Junta de Servicios Generales y los requisitos para ser custodio regional y las responsabilidades del puesto.

En el mes de mayo del año en cuestión, la O.S.G. informa por correo a los delegados y oficiales de área de todas las regiones que tienen prevista la elección de un custodio regional. La O.S.G. notifica a todos los grupos del área de la vacante y, por medio del boletín *Box 4-5-9* les expone los procedimientos sugeridos.

Las elecciones se tienen programadas de la siguiente manera:

Región	Año de elección	Región	Año de elección
Nordeste de los EE.UU.	2019-2023-2027-2031	Sudoeste	2019-2023-2027-2031
Oeste del Canadá	2020-2024-2028-2032	Oeste Central	2020-2024-2028-2032
Sureste	2021-2025-2029-2033	Este Central	2021-2025-2029-2033
Este del Canadá	2022-2026-2030-2034	Pacífico	2022-2026-2030-2034

En caso de dimisión o fallecimiento de un custodio, la región elige a alguien para cubrir la vacante en la próxima Conferencia, si es posible.

PROCEDIMIENTOS DE NOMBRAMIENTO

1. A nivel de área se debe emplear el procedimiento del Tercer Legado (ver pág. S23) para seleccionar al candidato a custodio regional del área.

2. Conferencias anteriores han recomendado que ningún área proponga a la misma persona como candidato a custodio regional y custodio general/EE.UU. o Canadá en la misma Conferencia. Además, un delegado a la Conferencia de Servicios Generales no es apto para ser candidato a custodio hasta un año después de su última Conferencia.
3. Se debe remitir a la O.S.G. el curriculum vitae del candidato, firmado con nombre y dirección, en el que se resumen su trayectoria y experiencia profesionales y servicio de A.A., únicamente por medio del delegado del área, antes del 1 de enero, por correo registrado, acuse de recibo solicitado.
4. La O.S.G. devolverá al delegado los curriculum vitae que lleguen después de la fecha tope del 1 de enero sin considerarlos. Si el candidato propuesto por un área se retira después de la fecha tope, el área no puede proponer a otro candidato.

El Comité de Nombramientos de los custodios revisa la lista de candidatos para comprobar su elegibilidad. Entonces, en una sesión de nombramiento durante la Conferencia, se escoge a un candidato a custodio general de entre todos los propuestos. La sesión está copresidida por el coordinador del Comité de Nombramientos de los custodios y el del Comité sobre Custodios de la Conferencia. Se reúnen en un área acordonada y todos los miembros de la Conferencia pueden observar los procedimientos.

Los miembros votantes de la sesión son: 1) los delegados de la región y 2) un número igual de votantes — una mitad compuesta por miembros del Comité sobre Custodios de la Conferencia y la otra por miembros del Comité de Nombramientos de los custodios.

Se pone en el tablón una lista de los candidatos, y la sesión procede conforme con los Procedimientos del Tercer Legado.

Custodios generales

Hay dos custodios generales, uno de los Estados Unidos y el otro del Canadá, que sirven para procurar que toda la Comunidad esté justamente representada en la junta. Ellos también cumplen cuatro términos anuales sucesivos. Los custodios generales son miembros componentes del Comité Internacional de custodios y de otros comités de custodios y son elegibles para ser nombrados como directores de las juntas corporativas. Pueden reemplazar a custodios regionales según se necesite o se pida.

Los custodios generales también sirven como delegados de la Reunión de Servicio Mundial, representantes de los EE.UU. y Canadá. En esa calidad, participan en dos Reuniones de Servicio Mundial, las cuales se celebran cada dos años. También sirven como delegados a la Reunión de las Américas, una reunión zonal que se celebra en los años en que no se realiza la Reunión de Servicio Mundial.

Se pide a cada custodio general que asista a los Foros Regionales en los EE.UU. y Canadá. Si las circunstancias y programas no lo impiden, sería posible a cada custodio general asistir a un foro regional en cada una de las ocho regiones de Norteamérica durante su período de servicio de cuatro años. También deben estar dispuestos a participar en otras actividades de servicio según les pida la junta.

PROCEDIMIENTOS DE NOMBRAMIENTO: Se notifica de la vacante a todas las áreas de los Estados Unidos y Canadá y se les pide que presenten los nombres de los candidatos calificados. Conferencias anteriores han recomendado que ningún área proponga a la misma persona como candidato a custodio regional y custodio general/EE.UU. o Canadá en la misma Conferencia. Además, un delegado a la Conferencia de Servicios Generales no es apto para ser candidato a custodio hasta un año después de su última Conferencia.

El Comité de Nombramientos de los custodios revisa la lista de candidatos para comprobar su elegibilidad y durante la semana de la Conferencia, algún tiempo antes de la sesión de nombramiento, los delegados de cada área se reúnen y van reduciendo las listas hasta que quede un solo candidato por cada región de los EE.UU., o dos por cada región del Canadá. Los nombres se remiten al secretario del Comité de Nombramientos de los custodios después de los almuerzos regionales. Se someterá a los miembros votantes de la Conferencia para su elección un máximo de seis candidatos a custodio general/EE.UU. o cuatro a custodio general/Canadá. El mismo Procedimiento del Tercer Legado que se emplea para proponer los candidatos a custodio regional se utiliza en la Conferencia para elegir un candidato para llenar cada vacante; los delegados de área de los EE.UU. o del Canadá, según dicte el caso, y los miembros del Comité de Nombramientos de custodios participan en la votación.

Custodios de servicios generales

Hay cuatro custodios de servicios generales, dos de la junta de A.A.W.S. y dos de Grapevine, que sirven como miembros de estas juntas y están a la disposición de los miembros del personal de la O.S.G. y de Grapevine para ayudarles a resolver los problemas que se presenten. Debido a este requisito, originalmente todos los custodios de servicios generales eran residentes de la ciudad de Nueva York y sus alrededores y a veces se conocían como "custodios de dentro de la ciudad." Ahora que hay posibilidades de comunicarse más rápidamente y con mayor eficacia por teléfono, así como por correo exprés y medios electrónicos, las personas que no son residentes de Nueva York y sus alrededores también pueden ocupar estos puestos.

A.A. ha tenido la suerte de contar con custodios de servicio generales con pericia profesional y de negocios que se aplica particularmente a los problemas actuales, ya sea que estas personas tengan experiencia en publicaciones, relaciones públicas o administración. Los custodios de servicios generales pueden hacer partícipes a la Junta de Servicios Generales de las operaciones de A.A.W.S. y de Grapevine y así elevar la conciencia de todos los custodios al respecto. Estos custodios cumplen términos de cuatro años.

PROCEDIMIENTOS DE NOMBRAMIENTO: Los custodios de servicios generales se escogen de entre los antiguos o actuales directores no custodios de las dos juntas corporativas, A.A. World Services Inc., y AA Grapevine. Ya que los directores no custodios son o han sido miembros de una de las mencionadas juntas corporativas, los miembros de las mismas conocen bien sus aptitudes y competencia, y ha sido el privilegio de dichas juntas proponer la candidatura de quien les va a representar en la Junta de Servicios Generales.

Se somete al Comité de Nombramientos de los custodios el curriculum vitae de un candidato competente, que ha servido un año por lo menos como miembro de la junta de A.A.W.S. o de Grapevine en una sola recomendación. Si el Comité de Nombramientos aprueba al candidato, remite el nombre del mismo al pleno de la junta con la recomendación de que el nombre del candidato se incluya en la lista de custodios presentada a la Conferencia. Si el comité no aprueba al candidato propuesto por la junta corporativa en cuestión, el comité puede seleccionar a otro candidato cualificado, o pedir a la junta corporativa afiliada que someta el nombre de otro candidato cualificado para su consideración.

En la sección "Selección de directores no custodios para A.A. World Services y el AA Grapevine" del Capítulo Diez se describe el proceso para seleccionar los directores no custodios.

Custodios eméritos

La Junta de Servicios Generales ha designado "custodios eméritos" a los presidentes de la junta que han salido por rotación de la presidencia. Se invita a los custodios eméritos a asistir a las reuniones trimestrales de la Junta de Servicios Generales y a la Conferencia de Servicios Generales anual. Son un recurso de memoria corporativa y a menudo se les pide que compartan su experiencia relacionada con decisiones tomadas por la junta en el pasado, la forma en que las anteriores Juntas de Servicios Generales llevaban a cabo sus asuntos y su proceder para llegar a una conciencia de grupo. Los custodios eméritos no tienen voto en la junta ni en la Conferencia.

Comités de la Junta de Servicios Generales

Hay trece comités de la Junta de Servicios Generales, la mayoría de los cuales tienen un comité de Conferencia correspondiente. Los comités de custodios se reúnen trimestralmente y a menudo crean subcomités encargados de trabajar en proyectos específicos, los cuales, para algunos de los comités, pueden suponer la preparación de materiales escritos o audiovisuales para la aprobación de la Conferencia. Los comités están compuestos por un promedio de ocho o nueve miembros: custodios y directores de A.A.W.S. y de Grapevine; algunos comités cuentan con miembros de comité nombrados con pericia especial en el asunto a tratar. El coordinador es un custodio y el secretario suele ser un miembro del personal de la O.S.G..

ARCHIVOS HISTÓRICOS *(Comité de Conferencia correspondiente: Archivos Históricos)*: Procura, con la orientación de la Archivista, que la preservación, organización y uso de los Archivos Históricos esté conforme con las normas profesionales y éticas más altas y de acuerdo con las leyes de copyright y la Tradición de anonimato.

COOPERACIÓN CON LA COMUNIDAD PROFESIONAL/INSTITUCIONES DE TRATAMIENTO Y ACCESIBILIDADES *(Comités de Conferencia correspondientes: Cooperación con la Comunidad Profesional e Instituciones de Tratamiento/ y Accesibilidades)*: Busca fomentar la comprensión mutua y la cooperación entre la Comunidad y los grupos y personas que tienen un interés profesional en el alcoholismo y se preocupan por el alcohólico que aún sufre y busca fomentar la aceptación de A.A. en hospitales, centros de rehabilitación e instituciones similares y ofrecer ayuda adicional al alcohólico bajo tratamiento. Anima a los miembros de A.A. a responsabilizarse de facilitar información sobre A.A. a los alcohólicos con necesidades especiales.

CORRECCIONALES *(Comité de Conferencia correspondiente — Correccionales)*: Desarrolla programas y materiales que contribuyen a llevar el mensaje a los alcohólicos confinados en instituciones correccionales.

FINANZAS Y PRESUPUESTO *(Comité de Conferencia correspondiente — Finanzas)*: Supervisa los asuntos financieros de la O.S.G. y de Grapevine, el Fondo General, el Fondo de Reserva y el Fondo Médico de Posjubilación. El tesorero de la Junta de Servicios Generales sirve como coordinador y el director financiero de la Oficina de Servicios Generales sirve como secretario

CONFERENCIA DE SERVICIOS GENERALES *(Comité de Conferencia correspondiente — Agenda)*: Trabaja en los procedimientos, la agenda y la selección del lema de la reunión anual de la Conferencia.

INTERNACIONAL *(No hay Comité de Conferencia correspondiente)* Propone métodos para llevar el mensaje a los alcohólicos a nivel internacional, especialmente los países que no tienen una estructura establecida.

CONVENCIÓN INTERNACIONAL/FOROS REGIONALES *(Comité de Conferencia correspondiente — Convención Internacional/Foros Regionales)*: Hace planes para las Convenciones Internacionales y para todos los Foros Regionales y Locales; evalúa la eficacia de dichos eventos, y propone modificaciones futuras para poder servir mejor a la Comunidad.

LITERATURA *(Comité de Conferencia correspondiente — Literatura)*: Desarrolla la literatura aprobada por la Conferencia, nueva y revisada; analiza las necesidades de literatura, y supervisa la redacción final de *El Manual de Servicio de A.A.*

NOMBRAMIENTOS: *(Comité de Conferencia correspondiente — Custodios)*: Revisa los procedimientos para la selección de candidatos. Revisa y aprueba todos los candidatos a custodio, a directores de A.A. World Services, Inc. y de AA Grapevine y a custodios de servicios generales nombrados por las dos juntas corporativas. Además, algunos de sus miembros pueden participar en las sesiones de la Conferencia en las que se seleccionan los custodios regionales y generales.

INFORMACIÓN PÚBLICA *(Comité de Conferencia correspondiente — Información Pública)*: Responsable de buscar formas de fomentar una mejor comprensión por parte del público en general o de evitar que se formen ideas erróneas acerca del programa de A.A. Entre sus actividades figuran los anuncios de servicio público, carta a los medios de comunicación acerca de la Tradición de anonimato de A.A., y la Encuesta de los Miembros de A.A. trienal.

Los tres siguientes comités de custodios se ocupan de supervisar las actividades de la junta y sus corporaciones afiliadas y de asegurar que se sigan las prácticas apropiadas. Estos comités no tienen comités de Conferencia correspondientes.

COMITÉ DE AUDITORÍA: Se reúne por lo menos una vez al año con el auditor independiente de la Junta de Servicios Generales, A.A.W.S., Inc. y AA Grapevine, Inc. para recibir el informe de auditoría y hablar acerca de lo adecuado que es el control interno, la independencia del auditor y cualquier otro asunto sobre el que el auditor desee llamar la atención del comité. Cada año el comité recomienda un auditor a la Junta de Servicios Generales.

COMITÉ DE COMPENSACIÓN: Se reúne cada año con asesores expertos en la cuestión de compensación para asegurar que las prácticas de compensación de las corporaciones afiliadas son apropiadas. Entre los asuntos que se tratan se incluyen: filosofía y política general referente a la compensación, proceso de aumentos de salarios anuales, mejores prácticas de compensación y compensación de ejecutivos. Las decisiones las toman las juntas de las corporaciones afiliadas.

COMITÉ DE ASUNTOS LEGALES: Se reúne cuando hay necesidad de supervisar cualquier asunto legal que requiera la atención de la junta.

Finalmente, durante cada fin de semana trimestral de la junta, se realiza una Sesión de Compartimiento General para ofrecer a los custodios, directores, miembros de comité y personal de A.A. la oportunidad de intercambiar ideas sobre una amplia variedad de temas que conciernan a A.A. en su totalidad.

Miembros de comité nombrados

Algunos comités de custodios buscan la participación de miembros de A.A. con amplia experiencia, ya sea de servicio o profesional, en campos tales como correccionales, instituciones de tratamiento, cooperación con la comunidad profesional, información pública o literatura. Se solicitan recomendaciones por parte de los custodios, delegados, directores y miembros de comité, antiguos y actuales. El coordinador del comité procura que todos los curriculum vitae sean cuidadosamente considerados según los siguientes criterios: capacidades especiales, experiencia de servicio, y dedicación. (Si el candidato ha servido ya como delegado, no es elegible hasta cumplir un año después de su rotación.) Los elegibles se entrevistan luego con el coordinador o alguien designado por el coordinador para hacerlo. El nombre del candidato así seleccionado se remite al Comité de Nombramientos de los custodios para su aprobación y luego el candidato es nombrado miembro del comité por el presidente de la Junta de Servicios Generales. El término de los miembros de comité nombrados es de un año, pero se puede prolongar si los proyectos del comité lo requieren (máximo de cuatro años).

Foros Regionales

Los Foros Regionales, iniciados en 1975, son sesiones de compartimiento e información que duran un fin de semana, que deparan oportunidades únicas de compartir e intercambiar experiencia valiosa, hacer preguntas y estimular nuevas ideas. Están diseñados también para ayudar a la Junta de Servicios Generales, A.A. World Services, AA Grapevine y a los miembros del personal de la O.S.G. y de Grapevine a mantenerse en contacto con los miembros, los servidores de confianza y los principiantes por toda la estructura de servicio de A.A. El miembro del personal de la O.S.G. asignado al despacho de Foros Regionales coordina los detalles de los Foros y trabaja estrechamente con el coordinador voluntario del comité local que recluta voluntarios para ayudar al personal con asuntos de hospitalidad, organización e inscripción durante el Foro. Los Foros se celebran en plan rotativo a petición de cada región. No hay cuota de inscripción para los Foros Regionales. La Junta de Servicios Generales cubre los gastos de las salas de reunión. Ya que todos los Foros son sesiones de compartimiento, no se efectúan acciones oficiales. Se publica un resumen de lo acontecido en los Informes Finales de los Foros que se distribuyen a todos los asistentes y están disponibles en el sitio web de la O.S.G.. Los Foros Regionales llevan el mensaje de amor y servicio de A.A., mejorando la comunicación a todos los niveles de nuestra Comunidad.

Foros Locales

En 2006, el concepto de efectuar los Foros Locales fue aprobado por la Junta de Servicios Generales. El objetivo de los Foros Locales es llevar información del tipo que se proporciona en los Foros a los miembros de A.A. en las áreas remotas y escasamente pobladas, los barrios urbanos y las comunidades de A.A. subatendidas. Cualquier comunidad o entidad de servicio de A.A. puede pedir que se realice un Foro Local de un día y medio o dos días de duración. A diferencia de los Foros Regionales, los gastos del Foro, tales como el alquiler de las salas de reunión y otros gastos diversos, corren a cargo del Comité de Foro Local. La Junta de Servicios Generales cubrirá el costo de enviar a dos participantes, un custodio de la junta y un miembro del personal de la O.S.G. o de Grapevine y un surtido de literatura para una exhibición. Al igual que los Foros Regionales, la participación de la junta en los Foros Locales supone la aprobación del Comité de Convención Internacional/Foros Regionales de los custodios. El coordinador de Foros Regionales trabaja estrechamente con el comité organizador del Foro Local para elaborar una agenda sensible a las necesidades locales.

La Reunión de Servicio Mundial

La Reunión de Servicio Mundial se celebra cada dos años, y el sitio alterna entre la ciudad de Nueva York y otro país. La Reunión de Servicio Mundial sirve como tribuna para compartir la experiencia, fortaleza y esperanza de los delegados provenientes de todas partes del mundo. Busca medios y métodos para llevar el mensaje de A.A. al alcohólico que aún sufre, sea cual sea el país donde viva y el idioma que hable. Puede también representar una expresión de la conciencia de grupo a escala mundial. Fomenta la planificación de estructuras de servicio sólidas y la exploración de posibilidades de ampliar el alcance de los servicios de A.A. para llegar al alcohólico por medio de comunicación interna, distribución de literatura, apadrinamiento, información pública, relaciones comunitarias y trabajo institucional.

REQUISITOS PARA SER DELEGADO A LA REUNIÓN DE SERVICIO MUNDIAL: Por lo menos uno de los delegados provenientes de las estructuras participantes en la Conferencia debe ser miembro de la Junta de Servicios Generales o de un comité de servicio global equivalente. Los delegados deben tener dotes de liderazgo, un auténtico interés en el servicio, aptitud para organización, un buen conocimiento de A.A. y amor para con la Comunidad, tiempo suficiente para asistir a las Reuniones de Servicio Mundial; y deben estar bien informados sobre A.A. en sus respectivos países o zonas. Tal vez más importante, los delegados deben disponer de tiempo adecuado para informar sobre las decisiones tomadas en las Reuniones de Servicio Mundial y para llevarlas a cabo. Los dos delegados generales de la Junta de Servicios Generales suelen servir como delegados a estas reuniones.

Reunión de las Américas

La Reunión de las Américas (REDELA) es una reunión zonal de las estructuras de servicios generales de América del Norte y del Sur. Se celebra cada dos años, en los años en que no se efectúa la Reunión de Servicio Mundial. El sitio cambia en plan de rotación entre los países participantes. Los dos delegados generales de la Junta de Servicios Generales suelen servir como delegados a estas reuniones.

❖ Capítulo Décimo

Las Corporaciones Operativas de la Junta

La Junta de Servicios Generales es responsable de la Oficina de Servicios Generales y de Grapevine y cumple con sus deberes administrativos por medio de dos corporaciones operativas: A.A. World Services, Inc., que supervisa la Oficina de Servicios Generales y sus actividades de servicio en los Estados Unidos y Canadá así como sus comunicaciones con las juntas y oficinas de servicio de todas partes del mundo. A.A.W.S. publica y distribuye los libros, folletos y otros materiales de A.A.; y AA Grapevine, Inc., que supervisa la oficina de Grapevine y publica y distribuye la revista Grapevine, la edición en español La Viña, y materiales relacionados. Las dos entidades se ocupan de todos los aspectos de los asuntos rutinarios de A.A.

La Junta de Servicios Generales está encargada, como síndico fiscal, de supervisar las dos corporaciones, lo cual hace por medio de elegir a los directores de ambas. La junta no interfiere en las operaciones rutinarias de las corporaciones, pero tiene la responsabilidad final de procurar que ambas funcionen para el bien del movimiento en su totalidad. El Comité de Finanzas y Presupuesto de los custodios es responsable de revisar los resultados económicos de ambas corporaciones y revisa y aprueba para recomendar a la Junta de Servicios Generales los presupuestos de la Oficina de Servicios Generales, incluyendo A.A.W.S. y AA Grapevine, Inc. Poco después del final de cada año el dinero que tiene A.A.W.S., Inc. y AA Grapevine, Inc., en exceso de la cantidad necesaria para sus respectivas operaciones se transfiere al Fondo de Reserva de la Junta de Servicios Generales.

La composición de las dos juntas de directores es un buen ejemplo de la aplicación del derecho de participación del Cuarto Concepto. "La junta podría elegir exclusivamente a sus propios miembros custodios a servir en las juntas directivas, si así lo deseara," dijo Bill W. "Sin embargo, se ha desarrollado una poderosa tradición de que no se haga nunca así. Como consecuencia del principio de rotación, tenemos juntas directivas bien informadas y unificadas y hemos evitado formas autoritarias e institucionales de operar que estarían en conflicto con los principios de A.A.

El Fondo de Reserva de la Junta de Servicios Generales

En 1954, la junta de custodios estableció un Fondo de Reserva, cuyo propósito principal es el de proporcionar los recursos económicos necesarios para seguir facilitando los servicios esenciales de la O.S.G. y de Grapevine en caso de una emergencia o desastre para cubrir los gastos que la O.S.G. y Grapevine no pueden sufragar, como por ejemplo importantes mejoras de la propiedad en arrendamiento o mejoras técnicas, y para dar a la Junta de Servicios Generales y sus dos corporaciones afiliadas tiempo para formular e implementar planes necesarios para ajustarse a los cambios en la situación económico u otras condiciones. Las retiradas del Fondo de Reserva pueden ser autorizadas por la junta de custodios (por recomendación del Comité de Finanzas y Presupuesto de los custodios).

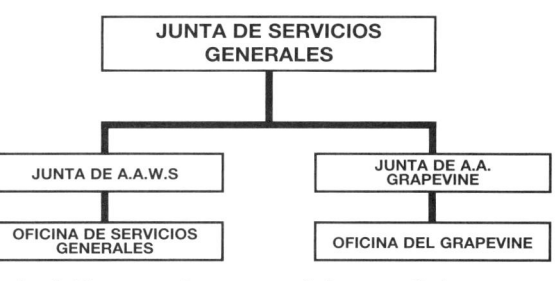

```
                    JUNTA DE SERVICIOS
                        GENERALES
                   ┌────────┴────────┐
            JUNTA DE A.A.W.S    JUNTA DE A.A.
                                  GRAPEVINE
         OFICINA DE SERVICIOS   OFICINA DEL GRAPEVINE
             GENERALES
```

Actualmente, se limita el fondo a una cantidad equivalente a menos de un año de gastos de operaciones combinados de A.A. World Services, Inc., el AA Grapevine, Inc. y el Fondo General de la Junta de Servicios Generales de A.A. Si el saldo del Fondo de Reserva excede el límite máximo de 12 meses, esperamos un período de un año para revisar el nivel del Fondo de Reserva, seguido de otro año para formular las acciones apropiadas para ajustar el saldo para que esté por debajo del equivalente de 12 meses de gastos de operaciones.

No obstante, en la práctica, la oficina, así como el Comité de Finanzas de los custodios, supervisa continuamente el saldo del Fondo de Reserva y el número equivalente de meses de gastos de operaciones con el fin de asegurar una administración bien ordenada de los asuntos económicos de la Comunidad, teniendo presente nuestro objetivo primordial de llevar el mensaje a los alcohólicos que aún sufren.

Miembros de la Junta de A.A.W.S.	
Custodios de servicio general	2
Custodios regionales o generales	2
Directores no custodios	3
Miembro del personal asalariado	1
Coordinador de la junta (Gerente de la OSG)	1
TOTAL	**9**

Miembros de la Junta de AA Grapevine	
Custodios de servicio general	2
Custodios regionales o generales	2
Directores no custodios	3
Custodio Clase A	1
Coordinadora de la junta (Directora/Editora ejecutiva)	1
TOTAL	**9**

Miembros de la Junta de Servicios Generales	
Custodios Clase A	7
Custodios de servicio general	4
Custodios generales	2
Custodios regionales	8
TOTAL	**21**

A.A. World Services, Inc.

JUNTA CORPORATIVA: Actualmente, A.A. World Services, Inc. tiene nueve directores: dos custodios de servicios generales, dos custodios regionales o generales, tres directores no custodios, un miembro del personal asalariado, y el gerente general de la O.S.G., que es presidente de la corporación. La junta se reúne 10 veces al año para considerar los puntos inscritos en el orden del día, tales como la preparación de los presupuestos de las operaciones de servicios y de publicaciones, tasación de publicaciones nuevas y revisadas, actividades de servicio de la O.S.G., implementación de las recomendaciones de la Conferencia y de la Junta de Servicios Generales, cuestiones de propiedad literaria y permisos para reimprimir nuestra literatura.

Los comités de la junta: Debido a la cantidad y complejidad de los asuntos que A.A.W.S. tiene que tratar, la junta hace gran parte de su trabajo por medio de cuatro comités que se reúnen en sesión separada de la del pleno de la junta y presentan sus informes y recomendaciones posteriormente a la junta. Estos comités son los siguientes:

- Tecnología/Comunicación/Servicios: Se ocupa de las necesidades de todos los puestos o despachos de servicio y se esfuerza por mejorar la comunicación entre la junta de A.A.W.S. y la Comunidad, incluyendo tecnologías innovadoras. Este comité es responsable de supervisar el website de A.A. de la O.S.G.
- Finanzas: Responsable de salarios y presupuestos, revisión de cuentas e iniciativas de automantenimiento.
- Publicaciones: Se ocupa de reimpresiones, literatura en otros idiomas, traducciones, cesión de licencias y demás asuntos editoriales (como, por ejemplo, la selección de formatos propuestos por la Comunidad).
- Nombramientos: Encargado de nombrar los nuevos directores de A.A.W.S. y custodios de servicios generales. Todos los miembros de este comité son custodios-directores.

APOYO ECONÓMICO: De acuerdo a la Séptima Tradición, todos los grupos deben ser automantenidos. Las contribuciones hechas por la Comunidad a la Oficina de Servicios Generales hacen posible que el mensaje de A.A. llegue a grandes cantidades de alcohólicos en los Estados Unidos, Canadá y en todo el mundo

La Junta de Servicios Generales cuenta con dos fuentes de ingresos: las contribuciones de los grupos y los miembros al Fondo General de la Junta de Servicios Generales y los ingresos producidos por la editorial de A.A.W.S. Para fines de operaciones y para su presentación en los informes financieros, los gastos de la O.S.G. se dividen en dos categorías: servicios y publicaciones. Durante muchos años, los grupos y miembros de A.A. han contribuido con lo suficiente como para sufragar una parte, pero no el total de los gastos de servicio. Los ingresos netos provenientes de las actividades de publicaciones proporcionan los fondos restantes necesarios para hacer posible que la O.S.G. suministre sus servicios vitales.

En años recientes menos del 50% de los grupos inscritos en la O.S.G. han hecho contribuciones a la O.S.G. La participación de los grupos en A.A. es parte de nuestra herencia espiritual y es más importante que la cantidad de las contribuciones. Al contribuir regularmente a los servicios mundiales, los grupos se vinculan a la Comunidad mundial de A.A.

A muchos grupos les ha resultado conveniente hacer sus aportaciones utilizando un *plan de contribuciones regular*, por medio del cual envían una cantidad o porcentaje predeterminados cada mes o cada trimestre. Otro método para fomentar la participación regular para sostener los servicios de A.A. es el Plan de Aniversario: Cada año, en el día de su aniversario de A.A., los miembros hacen sus contribuciones personales en una cantidad determinada por el individuo por cada año de sobriedad, directamente a la O.S.G. o por medio de sus grupos. La O.S.G. facilita sin cargo alguno sobres especiales del Plan de Aniversario a petición. Los grupos e individuos pueden hacer sus contribuciones, incluyendo las del Plan de Aniversario y recurrentes, visitando www.aa.org y haciendo clic en "Contribuciones en línea".

Conforme con la Séptima Tradición, la O.S.G. únicamente acepta contribuciones de miembros, grupos u otras entidades de A.A. (por ejemplo, áreas de delegado, distritos, convenciones de A.A., encuentros de A.A., intergrupos, oficinas centrales). Además, la Conferencia de Servicios Generales ha fijado la máxima contribución individual en US$5,000 al año, y para los legados testamentarios de miembros difuntos el límite es de US$5,000 y por una sola vez. A veces se hacen contribuciones en memoria para honrar la memoria de un miembro fallecido. Claro que las contribuciones de este tipo, como de cualquier otro, se aceptan únicamente de parte de miembros y grupos de A.A. y en el caso de miembros individuales se limitan a US$5,000. No hay límite en la cantidad de contribuciones que un grupo de A.A. pueda hacer a la O.S.G.

AA Grapevine, Inc.

JUNTA CORPORATIVA: El AA Grapevine, Inc. actualmente tiene nueve directores: dos custodios de servicios generales, dos custodios regionales, un custodio de Clase A, tres directores no custodio y la directora/editora ejecutiva, que sirve como presidente de la corporación. La junta se reúne trimestralmente para considerar tales asuntos como la circulación, las finanzas, las operaciones editoriales de Grapevine y de la Viña. También se celebran cuatro reuniones al año como comité de planificación.

APOYO ECONÓMICO: El objetivo de AA Grapevine, Inc. es ser automantenido con los ingresos procedentes de la venta de suscripciones a la revista y artículos relacionados con la versión impresa y en línea. A diferencia de la O.S.G. donde las contribuciones de los grupos se usan para sufragar los servicios a los grupos, AA Grapevine, Inc., no acepta contribuciones de individuos ni de grupos. Ni acepta ingresos producidos por publicidad u otras tarifas. AA Grapevine, Inc. depende de los grupos, comités y miembros individuales de A.A. que aprecian el valor de Grapevine y La Viña en su recuperación y en su trabajo de Paso Doce lo suficiente como para comprar suscripciones. "Después de todo," como escribió Bill, "Grapevine va a ser su voz — su revista. Estoy seguro de que la apoyarán."

A lo largo de los años, la Conferencia de Servicios Generales ha venido animando a la Comunidad a comprar suscripciones mensuales o al por mayor para llevar el mensaje de A.A. a las prisiones, hospitales y otras instituciones, y a los profesionales y a los miembros recién llegados a sus grupos. En 1996, cuando la Conferencia de Servicios Generales pidió a la corporación de AA Grapevine, Inc. que publicara La Viña, la edición en español de la revista de A.A., reconoció que no se podía esperar que la junta de Grapevine cubriera por sí sola todos los costos de la publicación, y por lo tanto, la Conferencia pidió la ayuda de la Junta de Servicios Generales. (ver página S94)

Selección de directores no custodios para A.A. World Services y AA Grapevine

Se notifica de las vacantes a la Comunidad por medio del boletín *Box 4-5-9* y por medio de un envío dirigido a todos los delegados de área, actuales y antiguos, directores, miembros nombrados de comités, miembros del personal de la O.S.G. y de Grapevine y oficinas centrales e intergrupos.

Trabajando conjuntamente con el Comité de Nombramieno de los custodios, el comité de nombramientos de la junta corporativa revisa todos los curriculum vitae que se recibe. Luego, el comité va reduciendo la lista de candidatos, considerando la experiencia profesional y de negocios, la duración de sobriedad, la experiencia de servicio de A.A. y la disponibilidad del candidato a cumplir con sus compromisos teniendo en cuenta que los directores no custodios son los posibles candidatos de entre los cuales se seleccionan los custodios de servicios generales. También se consideran las aptitudes específicas necesarias para administrar los asuntos de una corporación.

Los candidatos restantes son entrevistados por el comité de nombramientos de la junta corporativa. A.A.W.S. recomienda al pleno de la junta el nombre de un candidato y Grapevine recomienda su selección al pleno de su junta para una entrevista final. Luego, el nombre y el curriculum vitae del candidato se remiten el Comité de Nombramientos de los custodios para aprobación de la Junta de Servicios Generales y la Conferencia de Servicios Generales. Conforme con los estatutos de A.A.W.S. y de AA Grapevine, un director no custodio puede servir hasta cuatro términos de un año.

Marcas y logotipos registrados y copyrights

A.A. World Services y Grapevine tienen registrados varios logotipos y marcas y las directrices para su uso se basan parcialmente en consideraciones legales y parcialmente en la naturaleza de A.A.

En 1993, Alcoholics Anonymous World Service, Inc., anunció la discontinuación del uso oficial de todas las marcas registradas del círculo/triángulo.

A continuación aparece una lista completa de las marcas registradas que simbolizan Alcohólicos Anónimos, su trabajo y su propósito: *A.A., Alcoholics Anonymous, Big Book, el gráfico de la Gente Azul; Grapevine; La Viña; The Grapevine, AA Grapevine, GV, Archivo Digital de AA Grapevine, Grapevine and Audio Grapevine*. Además, el gráfico de la "Gente Azul" es un diseño y marca registrada, protegido por copyright de A.A.W.S., Inc., todos los derechos reservados, para el uso exclusivo de la Junta de A.A.W.S., la Junta de Grapevine, la Junta de Servicios Generales de los los Estados Unidos y Canadá y la Oficina de Servicios Generales de los Estados Unidos y Canadá (per A.A.W.S., Inc., 17 de junio de 2017).

El uso de estas marcas en productos o servicios que no emanan de A.A. y que no han sido aprobados por A.A., es una violación y una dilución de las marcas de A.A. en términos legales. El consiguiente daño es que las marcas y A.A. en sí misma, ya que A.A. es lo que las marcas simbolizan, acabarán siendo asociadas con una variedad de productos o servicios que no son parte de A.A., y que no concuerdan con los principios de A.A. A causa de esto, las marcas perderían su significado e importancia como símbolos de Alcohólicos Anónimos. Prácticamente todas las publicaciones y otros materiales producidos y distribuidos por A.A.W.S. y Grapevine, incluyendo los materiales de servicio, están protegidos por copyrights registrados por las respectivas corporaciones. Estos materiales son bienes de gran valor de la Comunidad y las corporaciones los guardan para el beneficio de A.A. como un todo. Por lo tanto, A.A.W.S. y Grapevine supervisan cuidadosamente la reimpresión y reproducción de estos materiales para evitar la erosión o pérdida de los derechos de copyright. En una sección anterior de este manual titulada "Boletines de área" se ofrece orientación con respecto al uso de estos materiales.

❖ Capítulo Onceavo

La Oficina de Servicios Generales

La Oficina de Servicios Generales de A.A. (O.S.G.) y las oficinas de Grapevine están ubicadas en el número 475 de Riverside Drive de la ciudad de Nueva York. La O.S.G. sirve a todos los grupos de A.A. de los EE.UU. y Canadá y también ofrece servicios a los A.A. de otros países, especialmente los que no tienen estructura de servicio. Aunque otros muchos países tienen sus propias oficinas de servicios generales, la Oficina de Servicios Generales de los EE.UU. y Canadá, la primera en establecerse, se suele considerar como la oficina de más antigüedad. Sirve como centro de intercambio de información de la experiencia de A.A. acumulada a lo largo de los años, coordina una amplia gama de actividades y servicios y supervisa la publicación, traducción y distribución de la literatura de A.A. aprobada por la Conferencia y de los materiales de servicio.

Se invita a los visitantes a Nueva York a hacer un recorrido con guía por las instalaciones de la O.S.G. y de Grapevine y a asistir a la reunión que se celebra todos los viernes a las 11:00 a.m. en el salón de conferencias.

ESTRUCTURA

El *gerente general*, un miembro de A.A., se ocupa de la dirección y administración de los asuntos diarios de la Oficina de Servicios Generales por medio de sus cuatro funciones principales: Servicios, Publicaciones, Archivos Históricos y Finanzas.

SERVICIOS

Los *miembros del personal* de A.A. ayudan a resolver los problemas de los grupos compartiendo por correo y por teléfono la rica mina de experiencia acumulada, y viajan, cuando se les invita, a funciones de A.A. Todos los miembros del personal están asignados a despachos (tales como literatura, información pública, internacional, e instituciones de tratamiento y correccionales), y hacen la rotación cada dos años. Los miembros del personal en sus respectivos despachos ayudan a los comités de custodios y de la Conferencia. La mayoría de los miembros del personal también se ocupan de la correspondencia de un área geográfica.

Los asistentes del personal del *departamento de servicios de apoyo*, producen correspondencia, actas, informes y materiales para los boletines.

OTROS SERVICIOS: Además de ayudar a resolver los problemas de los grupos, la O.S.G. ofrece una amplia variedad de servicios en la que se incluyen los siguientes:

• *Servicios a los grupos*: Correspondencia, paquetes de literatura gratis, el Manual de

Oficina de Servicios Generales de Alcohólicos Anónimos y A.A. World Services, Inc.

- **Gerente General**
  - Ayudante Ejecutivo del Gerente General
  - **Director de Administración y Servicios del Personal**
    - Personal de A.A.
      - Cooperación con la Comunidad Profesional
      - Información Pública
      - Correccionales
      - Accesibilidades y Tratamiento
      - Conferencia
      - Foros Regionales
      - Servicios de Comunicación
      - Servicios a los Grupos
      - Nombramientos
      - Internacional
      - Literatura
      - Coordinador del Personal
      - Convención Internacional
    - Director Asistente de Servicios Administrativos
      - Servicios de Reuniones, Eventos y Viajes
      - Servicios de Apoyo
      - Servicios de Oficina
      - Asistentes del Personal
      - Registros y Archivos de Grupo
  - **Director de Archivos**
    - Personal de Archivos
  - **Director de Recursos Humanos**
    - Personal de Recursos Humanos
  - **Director de Tecnología de la Información**
    - Tecnología de la Información
    - Medios Digitales
  - **Director de Finanzas**
    - Finanzas y Contabilidad
    - Teneduría de Libros
    - Contribuciones
  - **Director de Publicaciones**
    - Gerente de Operaciones de Publicaciones
      - Pedidos de Literatura
      - Control de Inventario
      - Departamento de Envíos
    - Editorial
    - Producción
    - Licencias y Traducciones
    - Administrador de Propiedad Intelectual

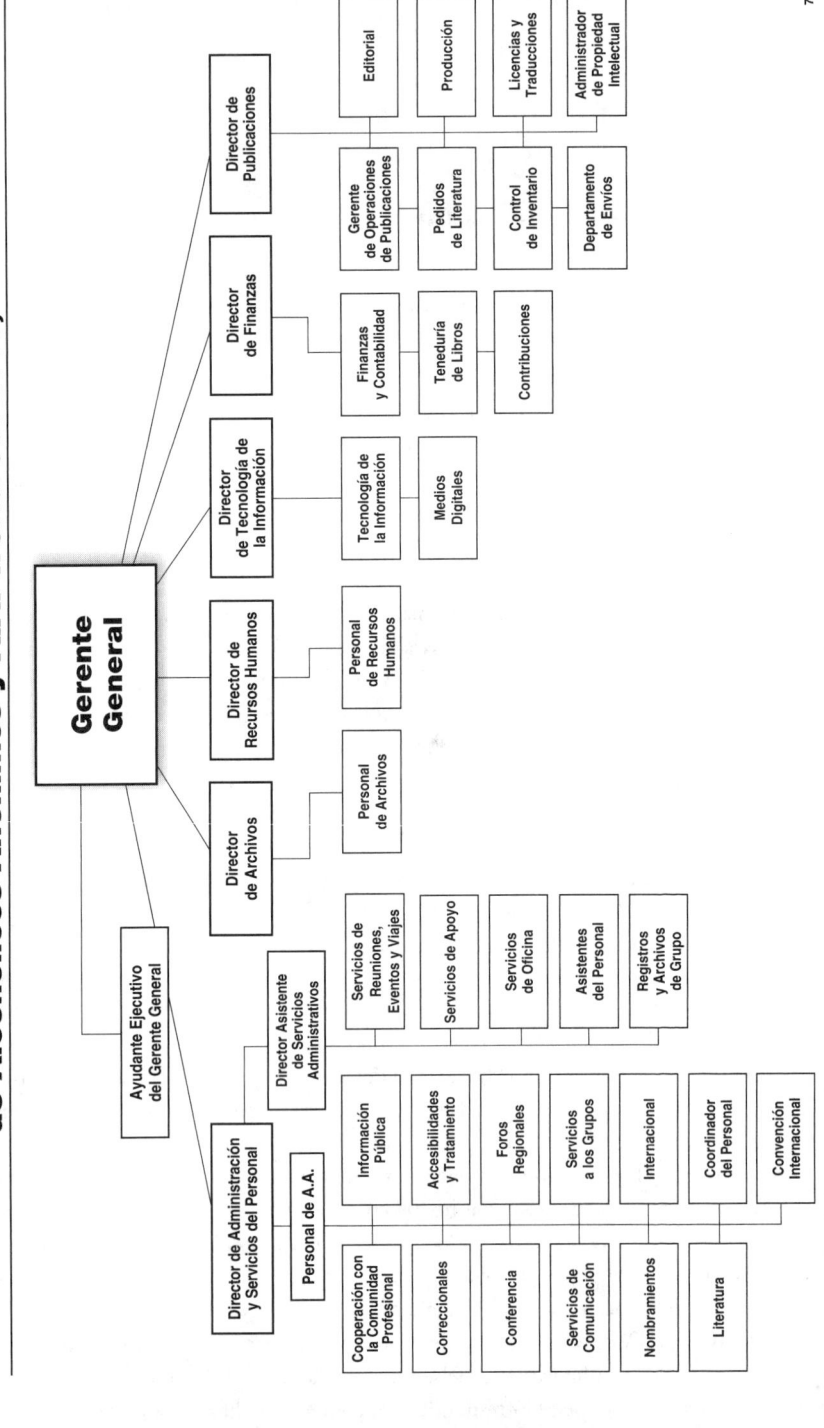

S84

Grupo y directorios de A.A. Se facilitan en español y francés los mismos servicios que en inglés cuando es posible.
- *Ayuda a grupos en instituciones de tratamiento y correccionales*: Intercambio de cartas con los grupos; boletines, películas y videos, directorio de instituciones correccionales; ayuda a unir las orillas entre el tratamiento y las prisiones y los grupos de A.A. regulares.
- *Internacional*: Comunicación con miembros y grupos de países que no tienen estructura y con oficinas de servicios generales de otros países; coordinación de la Reunión de Servicio Mundial cada dos años, ayuda con las traducciones de la literatura de A.A.
- *Solitarios e Internacionalistas*: Boletines, cartas y directorios para los miembros que no pueden asistir a las reuniones y para los A.A. marineros.
- *Información Pública*: Facilita información exacta a los medios de comunicación, responde a solicitudes de información del público, y coordina los trabajos de los comités locales de I.P.
- *Rupturas de anonimato*: Al enterarse de una ruptura de anonimato de un miembro de A.A. en los medios de comunicación, la O.S.G. se pone en comunicación con el delegado del área, el cual le recuerda al miembro la Tradición del anonimato, o le pide a la O.S.G. que le envíe un aviso.
- *Cooperación con la Comunidad Profesional*: Facilita información a los profesionales que trabajan con los alcohólicos, envía la exposición profesional a las conferencias profesionales que la solicitan y trabaja con los comités locales de C.C.P.
- *Intercambio de ideas con las oficinas centrales/intergrupos*: Un miembro del personal sirve de enlace entre la O.S.G. y las oficinas locales para compartir experiencia respecto a problemas comunes y posibles soluciones.
- *Automantenimiento*: Anima a los grupos y a los miembros a mantener sus comités de área, intergrupos, oficinas centrales locales y la O.S.G.
- *Conferencia de Servicios Generales*: Coordina la programación y los arreglos necesarios para la reunión anual de abril, recoge ideas y soluciones de los comités de Conferencia y ayuda a los delegados a mantener informadas a sus áreas.
- *Foros Regionales*: Colabora en preparar el orden del día y hacer los arreglos con el custodio regional y los delegados de la región que ha solicitado el Foro.
- *Convenciones Internacionales*: Programar, financiar y hacer arreglos para disponer de las instalaciones necesarias para la Convención supone mucho trabajo preparatorio cada año. Las Convenciones Internacionales se celebran cada cinco años.
- *Convenciones de área, de estado y provinciales*: La O.S.G. presta ayuda por medio del intercambio de ideas para los programas; se suele invitar a los miembros del personal de la O.S.G. y a los custodios como oradores.
- Se facilitan los mismos servicios en español y francés cuando es posible.
- *Website de Alcohólicos Anónimos*: Un website (www.aa.org) facilita información sobre A.A. en español, francés e inglés a cualquier persona interesada en A.A., incluyendo a los principiantes, profesionales, estudiantes y facilita servicios a los miembros, listas de las oficinas centrales/intergrupos de los EE.UU. y Canadá y de oficinas de servicios generales de otros países.
- *Archivos de correspondencia:* El departamento de archivos tiene una carpeta para cada grupo conocido por la O.S.G., y además de contener información referente a

los orígenes del grupo, muchas están llenas de cartas encaminadas a solucionar una gran variedad de problemas críticos.
- *Registros de grupos:* Una gerente y varias asistentes están encargadas de la tarea de archivar y mantener actualizados los registros de los grupos, delegados, miembros de comité, R.S.G., Solitarios e Internacionalistas, etc. Aquí se hace la mayor parte de los trabajos necesarios para producir los directorios de A.A. — una tarea que depende de la información exacta facilitada por los grupos de A.A.

LOS ARCHIVOS HISTÓRICOS DE A.A.

Los Archivos Históricos, un punto de sumo interés de las visitas a la O.S.G., se abrieron en 1975 y sirve como depósito de todos los aspectos de la historia de A.A. Entre los proyectos de archivos que se llevan a cabo actualmente bajo la dirección de una archivista profesional, figuran los siguientes: digitalizar los viejos registros y documentos, recoger historias orales de miembros pioneros y volver a grabar las cintas viejas, reunir historias locales de miembros y grupos y estar a la disposición de los investigadores, tanto los A.A. como los no alcohólicos.

PUBLICACIONES

Ya en sus comienzos A.A. tomó la decisión de publicar su propia literatura, una decisión que ha contribuido grandemente a asegurar la unidad, el desarrollo y la buena salud del movimiento. Por servir como su propia editorial, A.A. puede tener la seguridad de que su programa de recuperación no sea desvirtuado por gente bien intencionada pero mal informada.

A.A. publica todos sus libros y folletos, así como su propia revista (ver Capítulo Doce). La publicación de un libro nuevo no se toma a la ligera. Normalmente, los comités de la Conferencia y de custodios, el departamento de Publicaciones y el personal de la O.S.G. hacen una detenida investigación para determinar si hay necesidad. Si no parece haber una necesidad suficientemente urgente ni generalizada para justificar una publicación nueva, se abandona el proyecto o se aplaza; si hay una clara necesidad, se empiezan los trabajos. Los cuatro primeros libros fueron escritos por Bill W. Desde entonces, toda la literatura ha sido escrita por miembros de A.A. bien familiarizados con la materia. Desde el primer hasta el último borrador, los miembros del personal y de los comités y de vez en cuando un panel ampliamente representativo, tienen total libertad de hacer críticas y sugerencias, señalando lo que les parece que exprese mejor el punto de vista de A.A. Este proceso requiere tiempo — meses e incluso años. Cuando se hayan terminado todos los trabajos preparativos, se remite el manuscrito al comité de Conferencia apropiado para su consideración. Cuando el comité recomienda la aprobación y dos tercios de los miembros de la Conferencia están de acuerdo, esta nueva publicación puede designarse como "Literatura aprobada por la Conferencia de Servicios Generales de A.A." Se sigue el mismo proceso para la elaboración de los materiales audiovisuales.

Además de las publicaciones aprobadas por la Conferencia, la O.S.G. produce materiales de servicios, tales como guías, boletines, informes y directorios de A.A.

El Departamento de Publicaciones de la O.S.G. se ocupa de resolver los problemas logísticos del proceso, contrata a escritores cuando haya que redactar un manuscrito e implementa la impresión y distribución de los materiales completados y aprobados. La directora de publicaciones supervisa este departamento que cuenta con redactores, traductores de materiales en español y francés, gente encargada de producción y personal asistente. Tramitar los pedidos de literatura también es una responsabilidad de este departamento.

Además de la traducción de la mayor parte de la literatura de A.A. al español y al francés, también se traduce la literatura de A.A. a otros muchos idiomas. Cuando A.A.W.S. produce una traducción, ésta la hace un traductor profesional y cuando la traducción se hace en otro país, la comprueba un traductor profesional. Todas estas traducciones están registradas y los copyrights pertenecen a A.A.W.S.

Muchos de los materiales publicados por A.A.W.S. están disponibles en varios formatos, por ejemplo, ediciones en rústica y en cartón, ediciones de bolsillo y ediciones en CD-ROM y DVD.

Departamento de correos y envíos: Este departamento se encarga de enviar y recibir miles de cartas y otros artículos de correo cada año, y envía materiales de cortesía a los nuevos grupos, comités de servicio y Solitarios. El departamento de envíos despacha centenares de pedidos de literatura (un servicio externo está encargado de despachar los pedidos grandes.)

FINANZAS

El *Departamento de Finanzas* está compuesto de varios elementos: contribuciones, ingresos de efectivo, contaduría, evaluación de inventario, nómina, gerencia de la oficina y centro de fotocopias. El objetivo común de todos estos elementos es el procesamiento de información que hace posible a la oficina llevar a cabo los asuntos rutinarios; el resultado final es la preparación de los estados de cuenta mensuales, trimestrales y anuales. Además el grupo participa en la preparación del presupuesto de la O.S.G., planificación de reuniones, ayuda con la planificación de la Convención Internacional, administración y elaboración de informes e información necesaria para que los servidores de confianza puedan tomar decisiones prudentes en lo referente al Fondo de Reserva de la Junta de Servicios Generales y al Plan de Jubilación de los Empleados de A.A.W.S. y de AA Grapevine (beneficios definidos y contribución definida).

Gerencia de la oficina: Entre las responsabilidades de gerencia de oficina figuran: comprar materiales de oficina, supervisar el centro de fotocopias, y hacer arreglos para satisfacer las necesidades de espacio y de comida para las reuniones internas, tales como las reuniones de la junta de A.A.W.S. El grupo de gerencia de la oficina también se ocupa de satisfacer las necesidades de espacio y refrescos de los grandes grupos de visitantes que pasan por la oficina cada año.

Tecnología de información: El grupo de Finanzas está a cargo de supervisar la implementación de solicitudes de nuevos datos y nueva información y de supervisar los trabajos de contratistas independientes que prestan servicios de mantenimiento y apoyo de las necesidades del "sistema" de la oficina.

LITERATURA PUBLICADA POR A.A.W.S. EN ESPAÑOL

...hemos visto la Fundación (la junta de custodios), el libro de A.A., el desarrollo de la literatura en folletos, la contestación masiva a las súplicas de ayuda, la respuesta a los grupos que necesitaban consejo para sus problemas, el comienzo de nuestras maravillosas relaciones con el público, todo lo cual llegó a formar parte de un creciente servicio a todo el mundo de A.A. Al fin, nuestra Sociedad comenzó realmente a funcionar como un todo.

—Bill W. en su introducción a este manual

La mayor parte de la literatura que A.A.W.S. publica en inglés también la publica en español y francés.

LIBROS

Alcohólicos Anónimos
Alcohólicos Anónimos llega a su mayoría de edad
Como lo ve Bill
De las tinieblas hacia la luz
Doce Pasos y Doce Tradiciones
El Dr. Bob y los buenos veteranos
'Transmítelo'
Reflexiones diarias

LIBRILLOS

Llegamos a creer   Viviendo sobrio   A.A. en prisiones — de preso a preso

FOLLETOS*

A.A. en las instituciones correccionales
A.A. En los entornos de tratamiento
A.A. en su comunidad
A.A. para el alcohólico de edad avanzada — nunca es demasiado tarde
A.A. para el alcohólico negro y afroamericano
A.A. para el nativo norteamericano
A.A. para los alcohólicos con problemas de salud mental — y sus padrinos
A.A. y las fuerzas armadas
Acceso a A.A.: Los miembros hablan sobre superar las barreras
Alcohólicos Anónimos por Jack Alexander
Carta a un preso que puede ser alcohólico
Cómo cooperan los miembros de A.A.
Cómo cooperan los miembros de A.A. con los profesionales
Comprendiendo el anonimato
Dentro de A.A. — comprendiendo la Comunidad y sus servicios
¿Demasiado joven?
¿Es A.A. para mí?
¿Es A.A. para usted?
¿Hay un alcohólico en su vida?
¿Hay un bebedor problema en el lugar de trabajo?
El grupo de A.A.
El miembro de A.A. — los medicamentos y otras drogas
El punto de vista de un miembro de A.A.
Encuesta sobre los miembros de A.A.

Es mejor que estar sentado en una celda (folleto ilustrado para los presos)
Esto es A.A.
Hablando en reuniones no-A.A
La palabra "dios": Los miembros de A.A. agnósticos y ateos
La tradición de A.A. — cómo se desarrolló
Las doce tradiciones ilustradas
Las mujeres en A.A.
Lo que le sucedió a José; Le sucedió a Alicia (Two Full-Color, Comic-Book Style Pamphlets)
Los alcohólicos LGBTQ en A.A.
Los co-fundadores de Alcohólicos Anónimos
Los doce pasos ilustrados
Los jóvenes y A.A.
Los miembros del clero preguntan acerca de A.A.
Muchas sendas hacia la espiritualidad
Preguntas frecuentes acerca de A.A.
Preguntas y respuestas sobre el apadrinamiento
Problemas diferentes del alcohol
R.S.G.
¿Se cree usted diferente?
Seamos amistosos con nuestros amigos
Si usted es un profesional, A.A. Quiere trabajar con usted
Un mensaje a profesionales correccionales
Un principiante pregunta
Una breve guía a alcohólicos anónimos
Uniendo las orillas

* Disponibles también en el sitio web de la O.S.G. (aa.org)

S88

LITERATURA DE SERVICIO

Muchos grupos cuentan con la literatura de servicio de la O.S.G. Otros no saben que está disponible. Trata únicamente de la experiencia que A.A. ha tenido con los problemas que afectan a la unidad y al desarrollo de los grupos. Un paquete que contiene un ejemplar de cada una está disponible gratis.

Oficinas centrales y de intergrupo
Conferencias y convenciones y otras convivencias de A.A. de área o regionales.
Cooperación con las cortes y programas parecidos
Para miembros de A.A. empleados en el campo del alcoholismo
Cooperación con la comunidad profesional
Comités de correccionales
Comités de tratamiento
Información pública
Relación entre A.A. y Al-Anon
Relación entre A.A. y los clubes
Llevando el mensaje al alcohólico sordo
Las finanzas
Comités de literatura
Servicios de contestación de A.A.
Accesibilidad para todos los alcohólicos
Archivos históricos
Internet

LITERATURA Y MATERIAL DE SERVICIO ESPECIALES

El Formulario para Pedidos de Literatura en Español, se envía a los interesados a petición. Contiene una lista de títulos y artículos que se pueden pedir en la O.S.G.. También hay disponible un catálogo de necesidades especiales.

MATERIALES AUDIOVISUALES DE A.A.

VIDEOS
Acceso a A.A.: los miembros hablan sobre superar las barreras
*Bill habla acerca de las Doce Tradiciones
Es mejor que estar sentado en una celda
Esperanza: Alcohólicos Anónimos
Una nueva libertad
*La propia historia de Bill
Llevando el mensaje detrás de estos muros
*Huellas en el camino
Video de A.A. para los jóvenes
Los jóvenes: videos animados
Su Oficina de Servicios Generales, Grapevine y la estructura de Servicios Generales

AUDIOCASETES

Alcohólicos Anónimos (el Libro Grande)
Doce Pasos y Doce Tradiciones

DIRECTORIOS (en inglés)

* *Los directorios de A.A.*: cuatro directorios en que aparecen las direcciones postales o particulares de las oficinas de A.A., los grupos, y los contactos; *Directorio Internacional de A.A.; EE.UU./Este; EE.UU./Oeste; Canadá*

INFORMES

* *Informe de la Conferencia*: resumen anual de lo acontecido en la reunión de la Conferencia de Servicios Generales en abril. (EE.UU. y Canadá).
* *Informe de la Reunión de Servicio Mundial (en inglés)*: resumen bienal de lo acontecido en la R.S.M.

BOLETINES DE LA O.S.G.

** *Box 4-5-9*: trimestral; noticias y notas de interés general; secciones especiales que tratan de información pública, cooperación con la comunidad profesional, actividades relacionadas con las instituciones correccionales y de tratamiento, y servicios en español; ediciones en español, inglés y francés.
** *Acerca de A.A.*: dos o tres números cada año; boletín diseñado para informar a profesionales interesados en el alcoholismo (único boletín que se dirige principalmente a los no-A.A.)
* *Loners-Internationalists Meeting*: confidencial en inglés; publicado cada dos meses, dirigido a los Solitarios, Internacionalistas y Hogareños (los A.A. marineros); extractos de correspondencia y listas de nombres y direcciones de los nuevos Solitarios e Internacionalistas que quieren intercambiar correspondencia con otros.
* *Informe Trimestral*: informa sobre las actividades de la Junta de Servicios Generales, incluyendo A.A. World Services, Inc. y el AA Grapevine, Inc.
** *Compartiendo desde detrás de los muros*: cuatro números al año; extractos de cartas enviadas por reclusos a la O.S.G.; distribuido por comités de I.C. locales a los grupos de A.A. detrás de los muros.

---

* Solamente para uso interno de A.A.
** Edición electrónica, gratis.

❖ Capítulo Doceavo

Grapevine

AA Grapevine sirve como reflejo de la Comunidad al publicar las historias de recuperación del alcoholismo de los miembros en forma impresa, audio, aplicaciones y en línea. Fue lanzada por un grupo de seis voluntarios en junio de 1944 como boletín para los A.A. del área metropolitana de la ciudad de Nueva York, pero Bill W. y la redacción pronto se dieron de cuenta de su potencial para unificar a los grupos ampliamente dispersos e informar al público acerca del nuevo programa. "Que sus rayos de esperanza y experiencia siempre alumbren la corriente de nuestra vida de AA e iluminen algún día todo rincón oscuro de este mundo alcohólico," escribió Bill W. en el primer número, que se envió a todos los grupos conocidos de los Estados Unidos y Canadá y a los A.A. miembros de las fuerzas armadas durante la Segunda Guerra Mundial. Un año y medio más tarde, Bill W. escribió a los grupos para preguntarles si les gustaría que Grapevine fuera su revista nacional. Quería que se publicara una revista que "refleje, con toda la exactitud posible, la Voz de todo A.A., y no las opiniones de ningún individuo, grupo u organización —ni siquiera nuestra Oficina Central o la Fundación Alcohólica— aunque, por supuesto, debe estar ligeramente vinculada con la Fundación Alcohólica para asegurar su continuidad e integridad básica." Los grupos adoptaron la revista inmediatamente y para 1949 se le llamaba "la revista mensual internacional de Alcohólicos Anónimos" y era conocida popularmente como "nuestra reunión impresa".

Entre 1944 y 1971, Bill W. publicó aproximadamente 150 artículos y editoriales en Grapevine, incluyendo dos series de ensayos para presentar las Doce Tradiciones. Bill también se valió de Grapevine para poner a prueba su propuesta de cambiar la proporción de custodios alcohólicos y no alcohólicos en la Junta de Servicios Generales y para presentar a la Comunidad la idea de la Conferencia de Servicios Generales. Para Bill, la revista era un medio principal de comunicación con los grupos; y en años posteriores, sus artículos en Grapevine sirvieron para explicar y aclarar muchos de los principios espirituales básicos de A.A.

Publicado por primera vez en el número de junio de 1947, el Preámbulo de A.A. (basado en el prólogo a la primera edición del Libro Grande) fue escrito por uno de los editores de Grapevine, y varios artículos publicados originalmente en Grapevine han sido reproducidos como historias en la segunda y tercera ediciones del Libro Grande y en otros libros y folletos aprobados por la Conferencia.

En 1986, una Acción Recomendable de la Conferencia indicó que "ya que cada número de Grapevine no puede pasar por el proceso de aprobación de la Conferencia, la Conferencia reconoce que el AA Grapevine es la revista internacional de Alcohólicos Anónimos". Este reconocimiento se aplica también a La Viña.

La naturaleza de la revista

Cuando Grapevine tenía un año de existencia, Bill W. dijo a los lectores: "Nosotros los de Grapevine volvemos a afirmar que ésta es su revista. Será el vehículo de sus pensamientos, sus sentimientos, sus experiencias y sus aspiraciones — si ustedes quieren que sea así. Aunque podemos publicar únicamente una pequeña fracción de los materiales que nos llegan, ustedes pueden tener la seguridad de que siempre haremos todo lo posible para ser objetivos y ejercer nuestro mejor criterio al hacer la selección. Con el deseo de siempre reflejar A.A. y únicamente A.A., el ideal de Grapevine siempre será servir, y nunca dictar ni mandar."

Como enunciado básico de la redacción, estas palabras son todavía válidas. Los Pasos, las Tradiciones y los Conceptos son las guías de la revista, y los artículos publicados en Grapevine ponen de manifiesto estos principios inmutables por medio de las experiencias actuales y opiniones informadas de miembros/colaboradores individuales. Además de contar experiencias personales de lograr la sobriedad y practicar el programa, los artículos tratan cuestiones importantes y delicadas — a menudo en secciones temáticas en que se agrupan diversos puntos de vista. Se fomenta una amplia participación sobre temas de importancia actual en A.A. con la inclusión de secciones especiales, tales como "Dear Grapevine" (cartas de los lectores), la columna "What's on your mind? (¿Qué piensa usted?) y de vez en cuando "Your Move" (Su turno), donde se publican opiniones en pro y en contra de un determinado tema. En la sección "A.A. News" aparecen noticias e información sobre A.A. en su totalidad.

Estructura y Sostenimiento

AA Grapevine, Inc. es una de las dos entidades operativas de la Junta de Servicios Generales (ver Capítulo Diez para información sobre la estructura corporativa y apoyo económico).

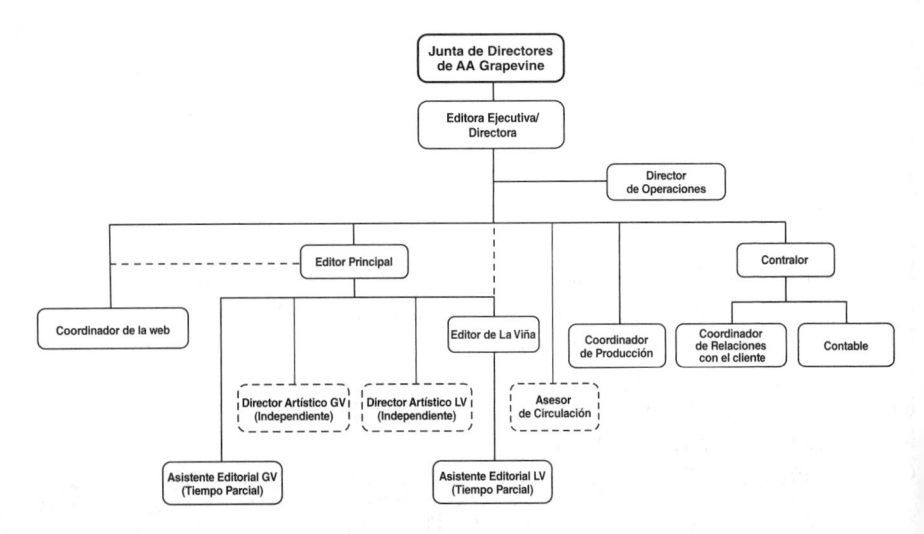

El personal, los directores y los custodios de Grapevine son miembros votantes de la Conferencia y hay un Comité de Grapevine de la Conferencia que revisa las propuestas para todo libro de Grapevine o La Viña. La Conferencia también revisa las políticas y normas de Grapevine y, en una Acción Recomendable de 1986, oficialmente reconoció al Grapevine como la revista mensual internacional de Alcohólicos Anónimos.

JUNTA ASESORA EDITORIAL: Además de la junta corporativa, hay una Junta Asesora Editorial voluntaria y Junta Asesora Editorial de La Viña que son importantes para la estructura de AA Grapevine, Inc. Sus miembros, que tienen experiencia en los campos de publicaciones multimedios, tecnología, comunicaciones digitales y artes gráficas y que llevan por lo menos cuatro años de sobriedad, sirven un término de cuatro años en las Juntas asesoras.

Las juntas se reúnen un máximo de cinco veces al año. Son organismos no votantes, no hacen recomendaciones formales al personal ni a la Junta de Grapevine ni a la Junta de Servicios Generales, y no tienen ninguna responsabilidad directa relacionada con las operaciones rutinarias y la publicación de la revista. Sus miembros aconsejan a la redacción, ofreciéndole su experiencia, ideas y perspectivas, como profesionales y miembros de A.A., en lo concerniente a diversos aspectos del contenido, de las artes gráficas y del público lector de la revista. Los miembros revisan números recientes y el sitio web, aagrapevine.org; hacen sugerencias para secciones o crónicas especiales, libros o audios relacionados. Proponen formas de fomentar la participación de los lectores en la revista y el sitio web, y evalúan manuscritos a petición.

Lo que se hace en Grapevine

Los trabajos de la oficina de Grapevine comprenden las siguientes tareas: redacción, circulación, finanzas, administración de la oficina, administración digital y producción y se suelen realizar por un personal compuesto por ocho empleados a tiempo completo y dos a tiempo parcial, con la ayuda de varios trabajadores independientes y proveedores externos. La directora/editora ejecutiva tiene la responsabilidad administrativa de supervisar toda la organización y es directamente responsable ante la junta de directores de Grapevine. Las operaciones económicas de la oficina son gestionadas por el contralor, mientras que el departamento editorial, que produce Grapevine, La Viña, el sitio web y las demás publicaciones de Grapevine, está supervisado por el redactor jefe y la directora/editora ejecutiva. El coordinador del sitio web rinde cuentas a la directora/editora ejecutiva y colabora con los editores de Grapevine y La Viña. Todos los miembros del departamento editorial que toman decisiones editoriales acerca del diseño y el contenido de la revista son miembros de la Comunidad. La directora/editora ejecutiva, con la ayuda del equipo administrativo de la oficina, se encarga de la difusión y la colaboración para las revistas, el sitio web y todos los demás artículos impresos y digitales, así como de la comunicación con los miembros de la Conferencia, los intergrupos y oficinas centrales. La editora de La Viña trabaja con los representantes de La Viña. La directora/editora ejecutiva y el contralor también supervisan los servicios de gestión y entrega de pedidos y servicio al cliente. La gerente de operaciones brinda apoyo administrativo a la directora/editora ejecutiva, a la Junta y al personal de Grapevine, y sirve como vínculo principal con el personal de A.A.W.S., los RGV y los RLV.

Además, la gerente de operaciones supervisa las operaciones rutinarias de AA Grapevine, Inc. El coordinador de producción trabaja con los editores y el contralor y rinde cuentas a la directora/editora ejecutiva.

Todos los artículos de las revistas están escritos por miembros de A.A., con la excepción de algunas colaboraciones de amigos no alcohólicos de A.A. Los miembros del personal leen y evalúan los artículos, y aunque se hacen algunas correcciones por cuestiones de claridad, estilo y extensión, los redactores animan a los escritores a expresar sus experiencias de su propia manera. Se seleccionan los artículos para publicar con el consenso de los miembros de la redacción.

Grapevine recibe unos 150 manuscritos al mes por correo postal y electrónico o descargados de aagrapevine.org, y tanto si se publican o no sus artículos o dibujos, los autores reciben una respuesta del departamento editorial de Grapevine. Los miembros de A.A. interesados en escribir artículos para las revistas pueden encontrar una lista de temas futuros en www.aa.grapevine.org/contribute. Las guías para escribir y para presentar dibujos están disponibles en línea, en la oficina de Grapevine, o por medio del representante de Grapevine de su grupo.

La Viña

La Comunidad presentó una petición de publicar una revista en español basada en el modelo de Grapevine a la Conferencia de Servicios Generales de 1995, la cual fue aprobada por dicha Conferencia. Luego de que el Comité de Finanzas de los custodios aprobara un plan de negocios para la nueva revista, AA Grapevine, Inc. empezó a trabajar en la preparación de una edición bimestral de la revista. Llamada La Viña para hacer eco del nombre de la revista en inglés, el primer número salió de la imprenta en junio de 1996. En los primeros números se publicaron principalmente traducciones de la edición mensual en inglés. Hoy día, La Viña publica materiales originales en español, que de vez en cuando se traducen al inglés para ser publicados en Grapevine también. Actualmente, La Viña recibe unos 65 manuscritos cada mes.

En 2001, la Conferencia recomendó que Grapevine siguiera publicando La Viña como servicio a la Comunidad con el apoyo de la Junta de Servicios Generales. Hoy día, se imprimen ejemplares de la revista cada dos meses y están disponibles en línea. El acceso a la edición en línea de La Viña está disponible únicamente con una suscripción digital de Grapevine. La Viña desempeña un papel importante en la Comunidad, sirviendo como una cuerda salvavidas para los A.A. hispanohablantes, fomentando la unidad entre los A.A. de habla hispana y de habla inglesa, e iniciando a los lectores en el servicio general. La revista se utiliza extensamente como herramienta de Paso Doce en las instituciones correccionales, hospitales y otras instituciones, a través de la labor de los RLV.

Materiales basados en el contenido del AA Grapevine y La Viña

AA Grapevine, Inc., lleva el mensaje de A.A. por una variedad de medios, incluyendo libros, e-books, aplicaciones, libros de audio, CD, MP3, calendario de pared trilingüe y materiales de servicio, tales como los carteles con la Oración de la Serenidad y el Preámbulo de A.A.

Todos estos son productos derivados de materiales publicados anteriormente en las revistas o en aagrapevine.org.

La Guía del AA Grapevine, conocida como el Libro de Trabajo, producida como respuesta a una Acción Recomendable de la Conferencia de Servicios Generales de 1986, y actualizada en 2013, comparte información histórica y experiencia basada en el trabajo de compañeros de A.A. y comités de Grapevine. Se puede bajar de aagrapevine.org/gvr. También están disponibles manuales de Grapevine y de La Viña (en español) que resumen lo que hacen los representantes de Grapevine y La Viña.

www.aagrapevine.org y www.aagrapevine.org/español

En AAGrapevine.org aparecen historias escritas por miembros de A.A. para personas interesadas en la recuperación del alcoholismo. Además ofrece una suscripción digital, incluyendo acceso al Archivo de Historias de Grapevine y 20 historias digitales cada mes, una revista digital, materiales de audio y una tienda en línea. También publica un amplio calendario de eventos de A.A., proporciona guías para escribir para la revista y para presentar dibujos y fotografías. Por su parte, aagrapevine.org/español ofrece gratuitamente cada dos meses una historia original en audio, en idioma español, así como muchos recursos para los miembros de A.A. de la comunidad hispana, el calendario digital de eventos hispanohablantes, una sección para contribuir historias y fotografías, la Esquina del RLV, que brinda información sobre el servicio, guías para escribir y otros materiales. Además, el sitio cuenta con una tienda en línea con todo el catálogo de productos en español de AA Grapevine, Inc. En aagrapevine.org/español se pueden encontrar historias de miembros hispanohablantes así como herramientas y recursos en español. AAGrapevive.org es independiente del sitio web de la O.S.G., pero los dos están conectados por un hipervínculo.

En AAGrapevine.org se puede encontrar la información más reciente sobre Grapevine, La Viña y otras publicaciones así como las opciones para suscribirse.

El Archivo de Historias Digital de Grapevine

AAGrapevine.org también ofrece acceso al Archivo Digital de Grapevine, ahora conocido como el Archivo de Historias de Grapevine, en el que se han preservado en línea casi todos los artículos y cartas que se han publicado en Grapevine. Con artículos escritos por miembros de A.A. desde junio de 1944 hasta nuestros días, el archivo digital ofrece una vívida narrativa de la historia de A.A. así como una imagen de la Comunidad hoy día. También hace más fácil encontrar las historias. Utilizando palabras clave, los usuarios pueden buscar en el archivo por ubicación, autor o tema para encontrar, por ejemplo, la primera versión de las Tradiciones, para enterarse de lo que los miembros de A.A. han comentado sobre temas tales como el apadrinamiento y el automantenimiento y para ver lo mucho — y lo poco — que ha cambiado A.A. Los usuarios también pueden explorar la colección por sección, tema o fecha para encontrar cientos de chistes e historietas, además de miles de artículos.

¿Qué hace un representante de Grapevine/La Viña?

Los RGV y los RLV, tal como se los conoce, son el enlace entre el grupo y la oficina del AA Grapevine. Los miembros de A.A. pueden presentarse como voluntarios para el puesto de representante de Grapevine o La Viña o pueden ser elegidos para dicho puesto por su grupo. Los representantes se aseguran de que los compañeros sepan cómo las revistas contribuyen a la recuperación y cómo los miembros de A.A. pueden suscribirse y presentar manuscritos. Los RGV y RLV también anuncian los nuevos productos. Según una Acción Recomendable de 1962: "los delegados salientes se convertirán en representantes de Grapevine (RGV) y reclutarán otros RGv en sus áreas con el objeto de que cada grupo de A.A. tenga un RGV".

Una vez elegidos, los RGV y RLV de distrito y de grupo pueden visitar el sitio web aagrapevine.org para inscribirse en línea. Los formularios de inscripción se pueden bajar y enviar a Operations Manager, AA Grapevine, Inc., 475 Riverside Drive, New York, NY 10115. Recibirán un Kit de RGV o RLV que incluye un manual y otros materiales con información acerca de las revistas, su finalidad e historia, e ideas para llevar el mensaje de A.A. a otros alcohólicos. Otro recurso que se puede descargar del sitio web es la Guía del AA Grapevine, que se ha actualizado recientemente (ver aagrapevine.org). Se espera que cada grupo de A.A. tenga un RGV y una suscripción por lo menos a una de las revistas. A medida que ha ido aumentando la conciencia de las necesidades de los miembros de habla hispana en todo Estados Unidos, algunos representantes han empezado a trabajar con las dos revistas y se llaman a sí mismos RGV/RLV.

La mayoría de las áreas tiene un comité de Grapevine, o un comité combinado de Grapevine/La Viña. Se anima a muchos RGV/RLV a participar activamente en los trabajos encaminados a poner Grapevine y La Viña a disposición de los demás comités de servicio, tales como correccionales, tratamiento, literatura y cooperación con la comunidad profesional.

Materiales publicados por Grapevine en español

SUSCRIPCIONES	
La Viña	*Lo mejor de Bill
	Lo mejor de la Viña
ESPAÑOL	*Un día a la Vez
Historias de La Viña	El grupo base
Historias de La Viña II	*Felices, alegres y libres
Historias de La Viña III	*Frente a frente
Lo mejor de Bill en CD (Audiolibro)	AA Preámbulo
La historia de AA	Lemas (Conjunto de 5)
Despertares espirituales CD (V.1)	La oración de la serenidad
Despertares espirituales CD (V.2)	Un chequeo de las Tradiciones
Las Doce Tradiciones CD (V.1)	Un chequeo de las Tradiciones (50)
Las Doce Tradiciones Cd (V.2)	El hombre en la cama
El grupo base CD (V.1)	Calendario anual de pared
El grupo base CD (V.2)	Planificador de bolsillo anual
El Lenguaje del corazón	*También en eBook

Para obtener información completa, visite aagrapevine.org.

Lineamientos generales para reimprimir ilustraciones y artículos de Grapevine y La Viña

Para reproducir artículos u otros materiales de Grapevine o La Viña, ya sea en medios impresos o electrónicos, debe obtenerse autorización de AA Grapevine, Inc. Cada artículo o material debe ser reimpreso en su totalidad e ir acompañado del siguiente enunciado de atribución:

Copyright © (Mes, Año) AA Grapevine, Inc. Reimpreso con autorización.

Las organizaciones, publicaciones o sitios web ajenos a A.A. deben agregar lo siguiente: La autorización para reimprimir material de AA Grapevine, Inc. protegido por derechos de autor [en esta publicación, organización o sitio web] no implica ningún tipo de afiliación o respaldo por parte de Alcohólicos Anónimos o AA Grapevine, Inc.

Logotipo y artes gráficas

AA Grapevine, Inc. no otorga autorización para reproducir, ya sea su logotipo o sus marcas registradas (AA Grapevine, Inc., AudioGrapevine, AA Grapevine Digital Archive, La Viña, AA Grapevine, Grapevine, etc.), ni sus artes gráficas o historietas, en ningún sitio web ni ninguna otra publicación.

Mapa de las Áreas de Estados Unidos y Canadá

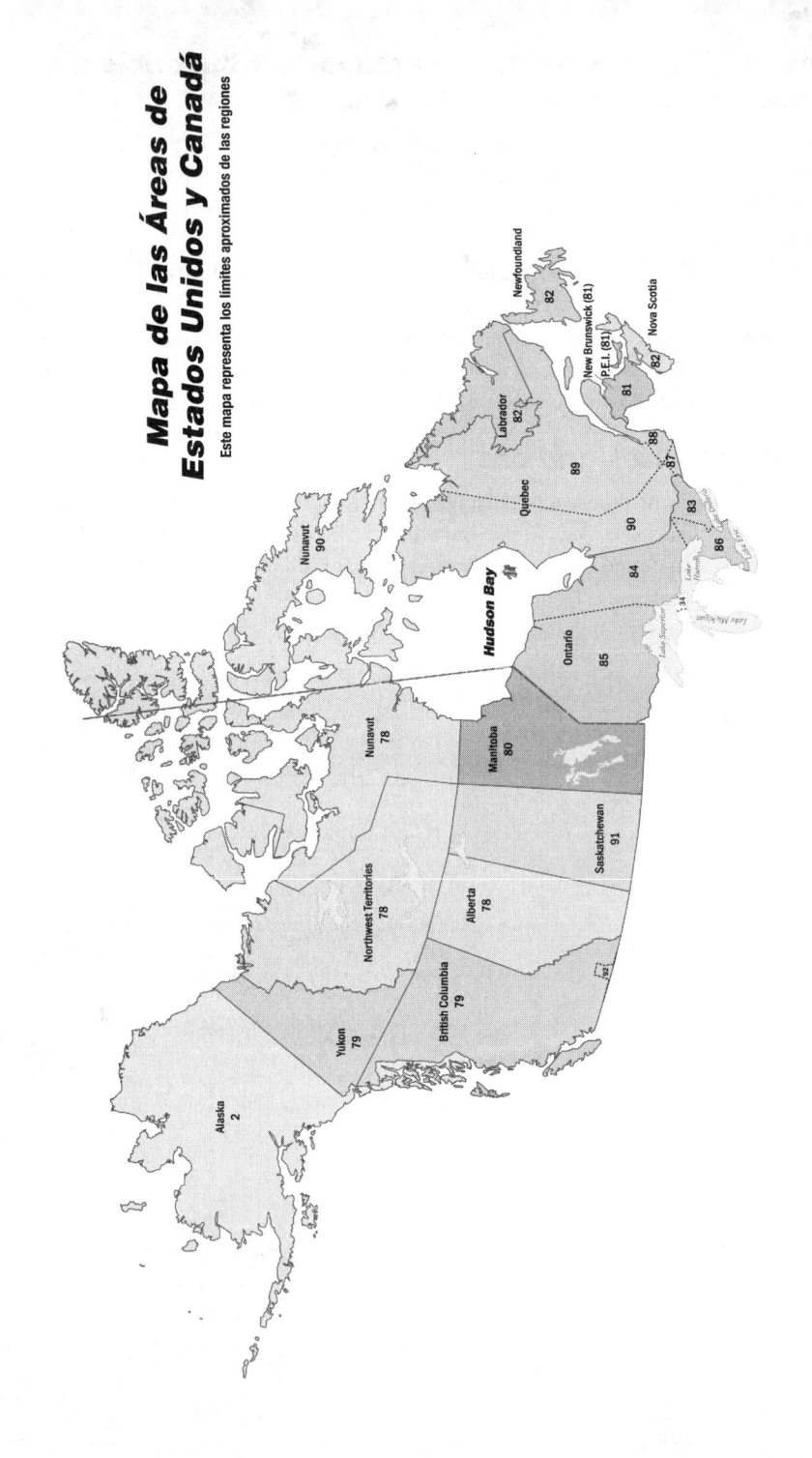

Este mapa representa los límites aproximados de las regiones

- Newfoundland 82
- New Brunswick (81)
- P.E.I. 81
- Nova Scotia 82
- Labrador 82
- Québec 89
- 90
- 88
- 87
- 84
- 83
- 86
- Ontario 85
- 34
- Nunavut 90
- Hudson Bay
- Nunavut 78
- Manitoba 80
- Saskatchewan 91
- Northwest Territories 78
- Alberta 78
- British Columbia 79
- Yukon 79
- Alaska 2

S98

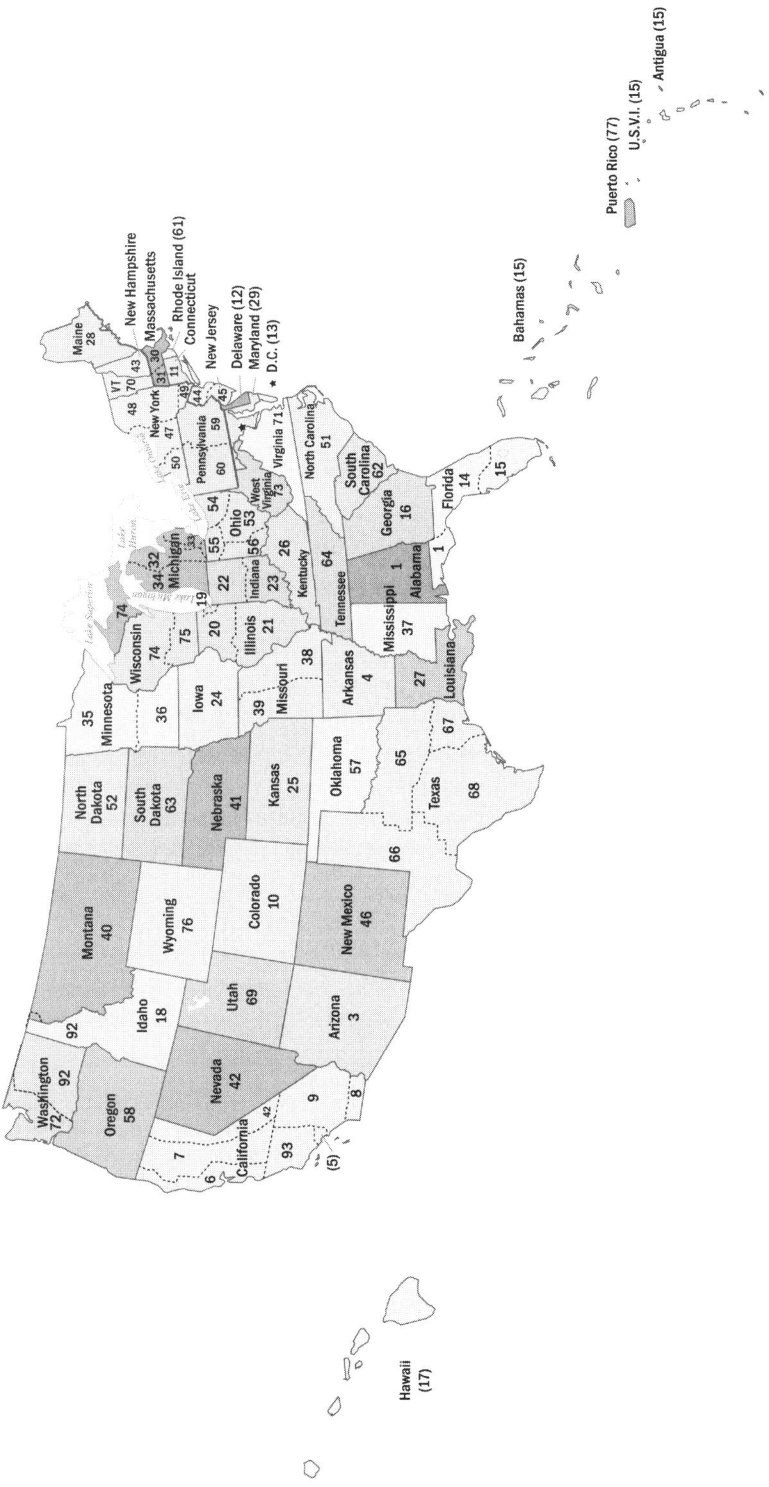
Antigua (15)
U.S.V.I. (15)
Puerto Rico (77)
Bahamas (15)
Maine
28
New Hampshire
Massachusetts
Rhode Island (61)
Connecticut
VT
70
43
30
31
11
48
New York
47
49
50
44
New Jersey
45
Delaware (12)
Maryland (29)
D.C. (13)
Pennsylvania
59
60
Virginia 71
North Carolina
51
South Carolina
62
Georgia
16
Florida
14
15
West Virginia
73
Ohio
53
54
55
56
Lake Ontario
Lake Erie
Lake Huron
Lake Michigan
Lake Superior
Michigan
34
32
33
Indiana
22
23
Kentucky
26
Tennessee
64
Alabama
1
1
Mississippi
37
Louisiana
27
Arkansas
4
Missouri
38
39
Illinois
21
20
19
Wisconsin
74
74
75
Iowa
24
Minnesota
35
36
North Dakota
52
South Dakota
63
Nebraska
41
Kansas
25
Oklahoma
57
Texas
65
67
68
66
Montana
40
Wyoming
76
Colorado
10
New Mexico
46
Utah
69
Arizona
3
Idaho
18
92
Washington
92
72
Oregon
58
Nevada
42
California
7
6
93
42
9
8
(5)
Hawaii
(17)

Apéndice A

Carta Constitutiva de la Conferencia Texto original, 1955

(Sección Norteamericana)

1. *Propósito*: La Conferencia de Servicios Generales de Alcohólicos Anónimos es la guardiana de los Servicios Mundiales y de las Doce Tradiciones de Alcohólicos Anónimos. La Conferencia será únicamente un organismo de servicio; nunca un gobierno para Alcohólicos Anónimos.[1]

2. *Composición*: La Conferencia (Sección Norteamericana) estará compuesta por los Delegados Estatales y Provinciales, los Custodios de la Junta de Servicios Generales, los Directores y los miembros del personal de la Sede en Nueva York y por aquellos antiguos Custodios o Delegados de países extranjeros a quienes la Conferencia desee invitar.[2]

Otras secciones de la Conferencia pueden a veces crearse en países extranjeros según se presente la necesidad, debido a consideraciones lingüísticas o geográficas. La Sección Norteamericana de la Conferencia se convertirá entonces en la Sección Mayor, relacionada con las demás Secciones por vínculos de consulta mutua y eslabonamiento de delegados.

No obstante, no se concederá nunca a ninguna Sección de la Conferencia autoridad sobre ninguna otra. Todas las acciones conjuntas se emprenderán únicamente si son aprobadas en una votación por los dos tercios de las Secciones combinadas. Dentro de sus límites, cada Conferencia debe ser autónoma.[3] Solamente los asuntos que puedan

---

[1] Enmendado por la Conferencia de 1969 para incluir las palabras: "los Doce Pasos."
[2] Enmendado por la Conferencia de 1989 para decir "Composición: La Conferencia (EE.UU./Canadá) estará compuesta por los delegados de área, los custodios de la Junta de Servicios Generales, los directores de A.A. World Services, Inc., y de Grapevine, y los miembros del personal de Grapevine y de la Oficina de Servicios Generales.
[3] Actualizado por la Conferencia de 1987 para decir:
"En muchos casos, los países extranjeros han establecido sus propias Conferencias de Servicios Generales, que se basan en los Pasos y las Tradiciones protegidos por la Conferencia (EE.UU./Canadá) y que recurren, de otras formas, a las acciones de ésta para su orientación.
"Se fomenta la consulta entre las diversas Conferencias. Y cada dos años se efectúa una reunión oficial —la Reunión de Servicio Mundial— de los delegados representantes de las mismas. Los delegados de EE.UU./Canadá se eligen de entre los miembros de la Junta de Servicios Generales.
"En los países que tienen una estructura de Servicios Generales, la Conferencia EE.UU./Canadá concederá el permiso exclusivo para publicar la literatura aprobada por nuestra Conferencia, a la Junta de Servicios Generales de la estructura establecida.
"Solamente los asuntos que afecten seriamente a las necesidades de A.A. a nivel mundial estarán sujetos a una consideración conjunta."

afectar seriamente a las necesidades de A.A. a nivel mundial, estarán sujetos a una consideración conjunta.

3. *Relación de la Conferencia con A.A.*: La Conferencia actuará por A.A. en la perpetuación y la orientación de sus Servicios Mundiales, y será también el vehículo por medio del cual el movimiento de A.A. puede expresar sus opiniones sobre toda cuestión significativa relacionada con la política de A.A. y sobre toda desviación peligrosa de la Tradición de A.A. Los delegados deben tener libertad de votar conforme con los dictados de su conciencia; además, deben ser libres de decidir qué asuntos deben ser llevados a nivel de grupo, ya sea para su información, discusión o para pedir las instrucciones del grupo al respecto.

No obstante, no podrá hacerse ningún cambio en la Tradición de A.A. en sí misma sin el consentimiento por escrito de las dos terceras partes de todos los grupos de A.A.[4]

4. *Relación de la Conferencia con la Sede de A.A.*: La Conferencia reemplazará a los fundadores de A.A. que anteriormente actuaban como guías y consejeros de la Junta de Servicios Generales y de los servicios conexos de la Sede. Se esperará que, para este propósito, la Conferencia ofrezca una segura muestra representativa de las diversas corrientes de la opinión de A.A.

Para realizar eficazmente este mismo propósito, se entenderá que, como cuestión de tradición, una mayoría de las dos terceras partes de los votos del quórum de la Conferencia, se considerará como obligatoria para la Junta de Servicios Generales y sus correspondientes servicios incorporados. El quórum estará constituido por las dos terceras partes de los miembros de la conferencia inscritos.[5]

Pero ninguna votación de este tipo debe perjudicar los derechos legales de la Junta de Servicios Generales y sus servicios incorporados para dirigir los asuntos rutinarios y hacer contratos ordinarios relacionados con esto.

Y aclarado por la Conferencia de 1988 para decir:
 "Otros países han establecido sus propias Conferencias de Servicios Generales, que se basan en los Pasos y las Tradiciones protegidos por la Conferencia de los EE.UU. y Canadá. Además estas distintas Conferencias a menudo recurren a las acciones de la Conferencia de los Estados Unidos y Canadá, para su orientación. Se fomenta la consulta entre las Conferencias, y cada dos años se efectúa una Reunión de Servicio Mundial de los delegados de las divesras Conferencias. Los delegados de EE.UU./Canadá a la Reunión de Servicio Mundial son elegidos de entre los miembros de la Junta de Servicios Generales.
 "Respecto a los países que tienen una estructura de Servicios Generales, la Conferencia EE.UU./Canadá concederá el permiso exclusivo para publicar la literatura aprobada por nuestra Conferencia, a la Junta de Servicios Generales de dicha estructura establecida."

[4] Enmendado por la Conferencia de 1957 de la siguiente forma: "Bill ha sugerido que el tercer artículo de la Carta Constitutiva de la Conferencia, es decir, Las Relaciones de la Conferencia con A.A. (Segundo párrafo, página 58 del Manual del Tercer Legado [en inglés]), se cambie para que diga: "Pero no podrá hacerse ningún cambio en el Artículo 12 de la Carta Constitutiva, ni en la Tradición de A.A., ni en los Doce Pasos de A.A. sin el consentimiento por escrito de, por lo menos, las tres cuartas partes de los grupos de A.A., según lo descrito por la Resolución adoptada por la Conferencia y Convención de 1955." Si se hace dicho cambio, el séptimo párrafo de la página 57 del Manual del Tercer Legado [en inglés] también tendrá que cambiarse para que diga: '…pero para hacer cualquier cambio en el Artículo 12 de la Carta o en las Doce Tradiciones y los Doce Pasos de A.A. será necesario el consentimiento de los grupos de A.A. según queda estipulado por el Artículo 3 de la Carta.' Se recomendó que se hicieran estas modificaciones." Posteriormente enmendado por la Conferencia de 1969, sustituyendo las palabras "Tradición de A.A." por "Las Doce Tradiciones de A.A."

[5] Enmendado por la Conferencia de 1987 de la siguiente forma: El quórum estará constituido por las dos terceras partes de los miembros de la Conferencia inscritos. Se entenderá que, como cuestión de tradición, una mayoría de las dos terceras partes de los miembros votantes de la Conferencia se considerará como obligatoria para la Junta de Servicios Generales y sus correspondientes servicios incorporados, con tal de que la votación, en total, constituya por lo menos el quórum de la Conferencia.

S101

Se entenderá además que, como cuestión de tradición, una mayoría de las tres cuartas partes de los votos de todos los miembros de la Conferencia puede causar una reorganización de la Junta de Servicios Generales y de la Sede, siempre y cuando tal reorganización se considere esencial.

Bajo tal procedimiento, la Conferencia puede pedir dimisiones, nombrar nuevos Custodios y tomar todas las demás disposiciones necesarias, sin tener en cuenta las prerrogativas legales de la Junta de Servicios Generales.

5. *Asambleas Estatales y Provinciales:* Composición de: Las Asambleas Estatales y Provinciales están compuestas de los Representantes elegidos de todos los grupos de A.A., en cada Estado de los EE.UU., y en cada una de las Provincias del Canadá, que deseen participar.

Cada Estado y Provincia siempre tendrá derecho a tener una Asamblea. Pero los Estados y Provincias que tienen grandes poblaciones de A.A. tendrán derecho a tener Asambleas adicionales, según lo estipulado por este Manual de Servicio Mundial, o por cualquier futura enmienda del mismo. [6]

6. *Asambleas Estatales y Provinciales:* Propósito de: Las Asambleas Estatales y Provinciales se convocan cada dos años para elegir a los miembros de comité del estado o de la provincia, de entre quienes se escogen los Delegados a la Conferencia de Servicios Generales de Alcohólicos Anónimos que se efectúa en Nueva York. Tales Asambleas Estatales y Provinciales tienen que ver únicamente con los asuntos del Servicio Mundial de Alcohólicos Anónimos.

7. *Asambleas Estatales y Provinciales:* Método Para Elegir a los Miembros del Comité y a los Delegados: Siempre que sea factible, los miembros del comité son elegidos por voto escrito sin que nadie sea propuesto personalmente como candidato. Y los Delegados se escogen de entre dichos miembros del comité por una votación escrita o por un sorteo, según lo estipulado en el Manual de Servicio Mundial.

8. *Asambleas Estatales y Provinciales:* Términos de Servicio de los Representantes de los Grupos, los Miembros de Comité y los Delegados: A menos que la Conferencia decida otra cosa, todos los términos de servicio deben ser concurrentes y, cada uno, de dos años de duración. En la mitad de los Estados y Provincias, las elecciones en las Asambleas se harán en años pares; en la otra mitad, se harán en años impares, para así crear los Paneles rotativos 1 y 2 de la Conferencia, como se describe con más detalle en el Manual de Servicio Mundial.

9. *Las Reuniones de la Conferencia de Servicios Generales:* La Conferencia se celebrará cada año en la Ciudad de Nueva York, a menos que se acuerde hacerlo de otra manera. Se pueden convocar reuniones extraordinarias, en caso de presentarse una grave emergen-

---

[6] La Conferencia de 1971 volvió a redactar el Artículo 5, párrafo 2, de la siguiente manera: "Por lo general, cada estado y provincia tendrá derecho a una asamblea. No obstante, más de un estado o provincia puede unirse con otro estado o provincia para así formar un área de asamblea. Pero los estados o provincias que tienen grandes poblaciones de A.A., o cuya geografía les presenta dificultades de comunicación, pueden tener derecho a asambleas adicionales, según lo estipulado por *El Manual de Servicio de A.A.*, o por cualquier futura enmienda del mismo." Posteriormente, la Conferencia de 1978 hizo otro cambio en el Artículo 5, para decir: "Asambleas de Área: Composición de: Las Asambleas, designadas como asambleas de área, están compuestas por los representantes de servicios generales electos de todos los grupos de A.A. que deseen participar, los miembros de los comités de distrito, y los oficiales de los comités de área, en cada una de las áreas de delegado de los Estados Unidos y el Canadá."

cia. La Conferencia además puede dar opiniones recomendables en cualquier momento mediante un escrutinio realizado por correo o por teléfono, en ayuda de la Junta de Servicios Generales y sus servicios conexos.

10. *La Junta de Servicios Generales:* Composición, Jurisdicción, Responsabilidades: La Junta de Servicios Generales será constituida como un Fideicomiso, compuesta de alcohólicos y no alcohólicos que escogen sus propios sucesores, estando, no obstante, dichas selecciones sujetas a la aprobación de la Conferencia o de un comité de la misma. Sin embargo, los candidatos a Custodio extraurbano alcohólico son propuestos primero por sus áreas o por sus Comités Estatales o Provinciales, después de ser aprobados por el Comité de Nombramientos de la Conferencia.[7]

Entonces son elegidos como miembros de la Junta de Servicios Generales, estando obligados los Custodios a hacerlo por tradición.[8]

La Junta de Servicios Generales es la principal Rama de Servicio de la Conferencia, y su carácter es esencialmente de custodia.

Con excepción de las decisiones sobre asuntos de política, finanzas o la Tradición de A.A., que puedan afectar gravemente a A.A. en su totalidad, la Junta de Servicios Generales tiene plena libertad de acción en la dirección rutinaria de los asuntos de política y de negocios de la Sede General de A.A. en Nueva York, y con este fin puede nombrar los comités apropiados y elegir a los directores de sus entidades subsidiarias incorporadas de servicio.[9]

La Junta de Servicios Generales es responsable primordialmente de la integridad de la política y de las finanzas de sus servicios subsidiarios: A.A. Publishing, Inc. y AA Grapevine, Inc.;[10] y de tales otras entidades incorporadas de servicio que la Conferencia desee constituir, pero nada de lo que aparece en este documento debe comprometer el derecho del editor de Grapevine de aceptar o rechazar materiales para publicación.

La Carta Constitutiva y los Estatutos de la Junta de Servicios Generales, y cualesquier enmiendas de los mismos, deben estar siempre sujetos a la aprobación de la Conferencia de Servicios Generales, expresada por una mayoría de las dos terceras partes de todos los miembros de la misma.[11]

Excepto en caso de grave emergencia, ni la Junta de Servicios Generales ni ninguno de sus servicios conexos, deben emprender ninguna acción que pueda afectar seriamente a A.A. en su totalidad, sin consultar previamente con la Conferencia. No obstante, se entiende que en cada caso la Junta se reservará el derecho de decidir cuáles acciones o decisiones suyas requieren la aprobación de la Conferencia.

---

[7] La Conferencia de 1970 cambió el título Custodio extraurbano alcohólico por el de Custodio Regional de Servicios Generales. Para 1978, dicho título se había convertido en Custodio General.
[8] Para 1969, se había añadido la siguiente frase: "Se siguen los mismos procedimientos respecto a los custodios de servicios generales en los EE.UU. y Canadá, excepto que, la Junta especificará ciertos requisitos profesionales o de negocios." La Conferencia de 1979 sustituyó la palabra "especificará" por "puede especificar".
[9] Las dos corporaciones de servicios, A.A.W.S., Inc. y el AA Grapevine, Inc., aunque son filiales de la Junta de Servicios Generales de Alcohólicos Anónimos, Inc., y no "subsidiarias", están organizadas como corporaciones no lucrativas separadas y, como tales, la dirección de los asuntos de política y de negocios rutinarios y la creación de "comités apropiados" de cada una le corresponde a las respectivas juntas de las dos corporaciones. No obstante, los custodios de la Junta de Servicios Generales cuando actúan en calidad de miembros de A.A. World Services, Inc. o el AA Grapevine, Inc., eligen a los directores de las dos corporaciones de servicio
[10] Ver la nota anterior
[11] La aprobación de los Estatutos de la Conferencia es un asunto de tradición, y no un requisito legal.

11. *La Conferencia de Servicios Generales: Sus Procedimientos Generales:* La Conferencia escuchará los informes sobre la política y las finanzas de la Junta de Servicios Generales y de los Servicios Conexos de la Sede. La Conferencia consultará con los Custodios, los Directores y los miembros del Personal de la Sede respecto a todos aquellos asuntos que puedan afectar a A.A. en su totalidad, entablarán debates, nombrarán los comités necesarios y tomarán las resoluciones apropiadas para el asesoramiento o dirección de la Junta de Servicios Generales y la Sede.

La Conferencia además puede discutir sobre graves desviaciones de la Tradición de A.A. o del pernicioso abuso del nombre "Alcohólicos Anónimos" y recomendar acciones apropiadas al respecto.

La Conferencia puede redactar cualesquier estatutos que sean necesarios y nombrará a sus propios oficiales y comités por cualquier método que escoja.

Al cerrar cada sesión anual, la Conferencia redactará un informe completo de todos sus debates y acciones para ser suministrado a todos los Delegados y Miembros de los Comités; y también una versión condensada del mismo que será enviada a los Grupos de A.A. de todas partes del mundo.

12. *Garantías Generales de la Conferencia:* En todos sus procedimientos, la Conferencia de Servicios Generales cumplirá con el espíritu de las Tradiciones de A.A., teniendo especial cuidado de que la Conferencia nunca se convierta en sede de peligrosa riqueza o poder; que fondos suficientes para su funcionamiento, más una reserva adecuada, sean su prudente principio financiero; que ninguno de los Miembros de la Conferencia sea nunca colocado en una posición de desmedida autoridad sobre ninguno de los otros; que se llegue a todas las decisiones importantes por discusión, votación y siempre que sea posible, por unanimidad sustancial; que ninguna acción de la Conferencia sea punitiva a personas, o una incitación a controversia pública; que, aunque la Conferencia puede actuar al servicio de Alcohólicos Anónimos, ella nunca deberá realizar ninguna acción de gobierno, y así como la Sociedad de Alcohólicos Anónimos, a la cual sirve, la Conferencia en sí misma siempre permanecerá democrática en pensamiento y en acción.

Los principios en los cuales esta Carta Constitutiva está basada aparecen resumidos en los "Doce Conceptos", y estos deben ser leídos.[12]

---

[12] La Conferencia de 1981 recomendó que esta nota apareciera inmediatamente después de la Carta.

Apéndice B

Una Resolución

Presentada por Bill y aprobada en la
Convención del Vigésimo Aniversario de A.A. en 1955.
*(Esta Resolución autoriza a la Conferencia de Servicios Generales
para actuar por Alcohólicos Anónimos
y convertirse en Sucesor de sus Co-Fundadores.)*

Nosotros, los miembros de la Convención del Vigésimo Aniversario de Alcohólicos Anónimos, reunidos en Saint Louis, en julio del año 1955, consideramos que nuestra Comunidad ha llegado a su mayoría de edad y está en capacidad de tomar posesión completa y permanente de los Tres Legados de nuestro patrimonio de Alcohólicos Anónimos — los Legados de Recuperación, Unidad y Servicio.

Creemos que la Conferencia de Servicios Generales de Alcohólicos Anónimos, creada en 1951 por nuestros co-fundadores, Dr. Bob y Bill W. y autorizada por los custodios de la Fundación Alcohólica, es ahora enteramente apta para asumir la protección de las Doce Tradiciones de A.A. y para tomar la completa orientación y control del Servicio Mundial de nuestra Sociedad, como se estipula en el "Manual de Servicio Mundial del Tercer Legado"[1] recientemente revisado por nuestro co-fundador Bill W[2] y la Junta de Servicios Generales de Alcohólicos Anónimos.

También hemos escuchado con asentimiento la propuesta de Bill W. que la Conferencia de Servicios Generales debe convertirse en permanente sucesora de los fundadores de A.A., heredando de ellos todos sus deberes anteriores y responsabilidades especiales, evitando así en el futuro toda posibilidad de empeño en prestigio individual o autoridad personal; y proporcionando a nuestra Sociedad los medios para funcionar en forma permanente.

POR LO TANTO SE RESUELVE: Que la Conferencia de Servicios Generales de Alcohólicos Anónimos se convierta, a partir de la fecha, 3 de julio de 1955, en la protectora de las Tradiciones de Alcohólicos Anónimos, perpetuadora de los Servicios Mundiales de nuestra Sociedad, la voz de la conciencia de grupo de nuestra Comunidad en general y la única sucesora de los co-fundadores, el Dr. Bob y Bill.

Y SE ENTIENDE: Que ni las Doce Tradiciones de Alcohólicos Anónimos, ni las garantías

---

[1] Actualmente, *El Manual de Servicio de A.A.*
[2] Bill murió el 24 de enero de 1971.

expresadas en el Artículo XII de la Carta Constitutiva de la Conferencia podrán ser cambiadas o corregidas por la Conferencia de Servicios Generales, a no ser que se pida el consentimiento previo de todos los Grupos de A.A. del mundo. [Esto incluirá todos los grupos de A.A. conocidos por las oficinas de servicios generales alrededor del mundo.][3] Los grupos serán debidamente notificados de cualquier proyecto de cambio y se les concederá un tiempo no inferior a seis meses para considerarlo. Y antes de que la Conferencia ejecute cualquier acción al respecto, debe recibirse por escrito dentro del tiempo estipulado el consentimiento de por los menos las tres cuartas partes de todos los grupos registrados que den respuesta a la correspondiente proposición.[4]

ENTENDEMOS ADEMÁS: Que como se estipula en el Artículo XII de la Carta Constitutiva de la Conferencia, ésta se compromete con la Sociedad de Alcohólicos Anónimos por los siguientes medios: Que en todos sus procedimientos, la Conferencia de Servicios Generales cumplirá con el espíritu de las Tradiciones de A.A., teniendo especial cuidado de que la Conferencia nunca se convierta en sede de peligrosa riqueza o poder; que fondos suficientes para su funcionamiento, más una reserva adecuada, sean su prudente principio financiero; que ninguno de los Miembros de la Conferencia sea nunca colocado en una posición de desmedida autoridad sobre ninguno de los otros; que se llegue a todas las decisiones importantes por discusión, votación y siempre que sea posible, por unanimidad sustancial; que ninguna acción de la Conferencia sea punitiva a personas, o una incitación a controversia pública; que si bien es cierto que la Conferencia actúa al servicio de Alcohólicos Anónimos y tradicionalmente puede dirigir sus servicios mundiales, nunca promulgará leyes o reglamentaciones que comprometan a A.A. como un todo o a cualquier grupo o miembro de A.A., ni ejecutará ningún acto de gobierno; y que, en la misma forma que la Comunidad de Alcohólicos Anónimos a la cual sirve, la Conferencia deberá ser siempre democrática en pensamiento y en acción.

(Esta resolución fue aprobada por la Convención por aclamación, y en la Conferencia por determinación formal, por medio de votación).

St. Louis, Missouri, 3 de julio de 1955.

---

[3] La Conferencia de Servicios Generales de 1976 adoptó la siguiente resolución: entre los instrumentos que requieren el consentimiento de las tres cuartas partes de los grupos que responden a la solicitud para hacer cambios o enmiendas, se incluyan los Doce Pasos de A.A., si alguna vez se propusieran tales cambios o enmiendas. Esto se aplica al texto original en inglés, no a las traducciones.

[4] Bill emplea la palabra registrados. A.A.W.S. no monitorea ni supervisa las actividades o las prácticas de ningún grupo de A.A. Los grupos están inscritos solamente para los fines de comunicación precisa.

Apéndice C

Carta Constitutiva de la Conferencia Versión actual

(Estados Unidos y Canadá)

1. *Propósito*: La Conferencia de Servicios Generales de Alcohólicos Anónimos es la guardiana de los servicios mundiales y de los Doce Pasos y Doce Tradiciones de Alcohólicos Anónimos. La Conferencia será únicamente un organismo de servicio; nunca un gobierno para Alcohólicos Anónimos.

2. *Composición*: La Conferencia (EE.UU. y Canadá) estará compuesta por los delegados de área, los custodios de la Junta de Servicios Generales, los directores de A.A. World Services y de AA Grapevine, y los miembros del personal de Grapevine y de la Oficina de Servicios Generales.

Otros países han establecido sus propias Conferencias de Servicios Generales[1], que se basan en los Pasos y las Tradiciones protegidos por la Conferencia de los EE.UU. y Canadá. Además, estas distintas Conferencias a menudo recurren a las acciones de la Conferencia de los EE.UU. y Canadá, para su orientación.

Se fomenta la consulta entre las diversas Conferencias, y cada dos años se efectúa una Reunión de Servicio Mundial de los delegados de las diversas Conferencias. Los delegados de EE.UU./Canadá a la Reunión de Servicio Mundial son elegidos de entre los miembros de la Junta de Servicios Generales.

Respecto a los países que tienen una Estructura de Servicios Generales, la Conferencia EE.UU./Canadá concederá el permiso exclusivo para publicar la literatura aprobada por nuestra Conferencia a la Junta de Servicios Generales de dicha estructura establecida.

Solamente los asuntos que afecten seriamente las necesidades de A.A. a nivel mundial estarán sujetos a una consideración conjunta.

3. *Relación de la Conferencia con A.A.*: La Conferencia actuará por A.A. en la perpetuación y la orientación de sus servicios mundiales, y será también el vehículo por medio del cual el movimiento de A.A. puede expresar sus opiniones sobre toda cuestión significativa relacionada con la política de A.A. y sobre toda desviación peligrosa de la Tradición de A.A. Los delegados deben tener libertad de votar conforme con los dictados de su conciencia;

---

[1] La palabra "Conferencia" como se utiliza en el segundo párrafo de la versión actual de la Carta Constitutiva de la Conferencia parece ser un sinónimo de "Conferencia de Servicios Generales" o "Estructura de Servicios Generales", cuando se aplica a entidades nacionales de A.A. fuera de los Estados Unidos y Canadá; y, aunque la "Carta" puede ofrecer orientación a otras O.S.G., éstas siguen siendo autónomas y no están obligadas a cumplir con las estipulaciones de este documento, excepto en los casos en que la ley lo requiera (por ejemplo, leyes de copyright).

además, deben tener libertad de decidir qué asuntos deben ser llevados a nivel de grupo, ya sea para su información, discusión o para pedir las instrucciones del grupo al respecto.

Pero no podrá hacerse ningún cambio en el Artículo 12 de la Carta Constitutiva ni en las Doce Tradiciones de A.A., ni en los Doce Pasos de A.A., sin el consentimiento por escrito de por los menos las tres cuartas partes de los grupos de A.A., según lo descrito por la Resolución adoptada por la Conferencia y Convención de 1955.[2]

4. *Relación de la Conferencia con la Junta de Servicios Generales y sus Servicios Incorporados*: La Conferencia reemplazará a los fundadores de Alcohólicos Anónimos que anteriormente actuaban como guías y consejeros de la Junta de Servicios Generales y de sus entidades de servicios conexas. Se esperará que, para este propósito, la Conferencia ofrezca una segura muestra representativa de las diversas corrientes de la opinión de A.A.

El quórum estará constituido por las dos terceras partes de los miembros de la Conferencia inscritos.

Se entenderá que, como cuestión de tradición, una mayoría de las dos terceras partes de los miembros votantes de la Conferencia se considerará como obligatoria para la Junta de Servicios Generales y sus correspondientes servicios incorporados, con tal de que la votación, en total, constituya por lo menos el quórum de la Conferencia.

Pero ninguna votación de este tipo debe perjudicar los derechos legales de la Junta de Servicios Generales y sus servicios incorporados de dirigir los asuntos rutinarios y hacer contratos ordinarios relacionados con esto.

Se entenderá además que, sin tener en cuenta las prerrogativas legales de la Junta de Servicios Generales, como cuestión de tradición, una mayoría de las tres cuartas partes de todos los miembros de la Conferencia puede causar una reorganización de la Junta de Servicios Generales y de los directores y los miembros del personal[3] de sus servicios conexos, siempre y cuando tal reorganización se considere esencial.

Bajo tal procedimiento, la Conferencia puede pedir dimisiones, nombrar nuevos custodios y tomar todas las demás disposiciones necesarias, sin tener en cuenta las prerrogativas legales de la Junta de Servicios Generales. La Conferencia reconoce los principios contenidos en los Doce Conceptos, especialmente el Derecho de Participación, y los Derechos de Petición y Apelación reflejados en los Conceptos IV y V. De acuerdo con estos principios, la Conferencia puede decidir escuchar Apelaciones del Concepto V presentadas por miembros de la estructura de la Conferencia que estén por debajo del nivel de la Conferencia en el triángulo invertido.

5. *Asambleas de Área, Composición de*: Las asambleas, designadas como asambleas de área, están compuestas por los representantes de servicios generales electos de todos los grupos de A.A. que deseen participar, los miembros de los comités de distrito, y los oficiales de los comités de área, en cada una de las áreas de delegado de los Estados Unidos y el Canadá. Por lo general, cada área de delegado tendrá derecho a una asamblea.[4] Pero

---

[2] Esto se aplica al texto original en inglés, no a las traducciones.
[3] Los empleados de la O.S.G. son empleados de A.A.W.S., Inc., y no de la Junta de Servicios Generales de Alcohólicos Anónimos, Inc. En cualquier caso, una reorganización del…personal…tendría que estar conforme las leyes pertinentes que afecten a los empleados.
[4] El párrafo 5 aparece en la Carta original en forma ligeramente distinta; las palabras "área de delegado" ahora reemplazan las palabras "Estado o Provincia". La frase original dice: Cada Estado o Provincia tendrá derecho a tener una Asamblea," en la que la palabra *Asamblea* significaba una estructura de A.A. y un voto de delegado en la Conferencia de Servicios Generales. Los estados o provincias con grandes poblaciones de A.A. tendrían derecho a tener asambleas adicionales.

las áreas que tienen grandes poblaciones de A.A., o cuya geografía les presenta dificultades de comunicación, tendrán derecho a asambleas adicionales, según lo estipulado por el "Manual de Servicio de A.A.", o por cualquier futura enmienda del mismo.

6. *Asambleas de Área, Su propósito*: Las asambleas de área se convocan cada dos años para elegir a los miembros de comité de área, de entre quienes se elige a los delegados a la Conferencia de Servicios Generales de Alcohólicos Anónimos. Tales asambleas de área tienen que ver únicamente con los asuntos del servicio mundial de Alcohólicos Anónimos.[5]

7. *Asambleas de Área, Métodos para Elegir a los Miembros del Comité de Área y a los Delegados*: Siempre que sea factible, los miembros del comité son elegidos por voto escrito, sin que nadie sea propuesto personalmente como candidato. Y los delegados se escogen de entre dichos miembros del comité mediante una mayoría de las dos terceras partes en una votación escrita o por un sorteo, según lo estipulado en el "Manual de Servicio de A.A."

8. *Asambleas de Área, Términos de Servicio de los Representantes de Servicios Generales, los Miembros de Comité de Área y los Delegados*: A menos que la Conferencia decida otra cosa, todos los términos de servicio deben ser concurrentes y cada uno de dos años de duración. En aproximadamente la mitad de las áreas, las elecciones se harán en las asambleas en años pares; en las demás asambleas las elecciones se harán en años impares, para así crear los Paneles rotativos de la Conferencia, como se describe con más detalle en el "Manual de Servicio de A.A."

9. *Las Reuniones de la Conferencia de Servicios Generales*: La Conferencia se celebrará cada año en la Ciudad de Nueva York, a menos que se acuerde hacerlo de otra manera. Se pueden convocar reuniones especiales, en caso de presentarse una grave emergencia. La Conferencia además puede dar opiniones recomendables en cualquier momento mediante un escrutinio realizado por correo o por teléfono, en ayuda de la Junta de Servicios Generales y sus servicios conexos.

10. *La Junta de Servicios Generales: Composición, Jurisdicción, Responsabilidades*: La Junta de Servicios Generales será constituida como un fideicomiso, compuesta de alcohólicos y no alcohólicos que elijen a sus propios sucesores, estando, no obstante, dichas selecciones sujetas a la aprobación de la Conferencia o de un comité de la misma. Sin embargo los candidatos a custodio regional alcohólico son propuestos primero por sus áreas de la región en cuestión. Luego, en la Conferencia de Servicios Generales, un cuerpo votante compuesto por delegados procedentes del área interesada y un número igual de personas —la mitad procedente de Comité de Conferencia Sobre Custodios y el resto del Comité de Nombramientos de custodios— hace la selección de un candidato mediante una mayoría de las dos terceras partes en una votación escrita, o por sorteo. Este candidato entonces es elegido como miembro de la Junta de Servicios Generales, estando obligados los custodios a hacerlo por tradición. Para los candidatos a custodio general en los Estados Unidos y Canadá, la Junta puede especificar ciertos requisitos profesionales o de negocios. Los procedimientos entonces serán los siguientes: Cada área puede escoger a un candidato por medio del procedimiento del Tercer Legado. El Comité de Nombramientos de custodios considerará los curriculum vitae de todos los candidatos para comprobar que cumplen con los requisitos. En la Conferencia de Servicios Generales, antes del nombramiento, los delegados de cada región celebrarán una reunión electoral, para así reducir el número de candidatos, utilizando el Procedimiento del Tercer Legado

---

[5] Las asambleas de área todavía se reúnen cada dos año para elegir un delegado a la Conferencia de Servicios Generales, pero se suelen reunir con mías frecuencia para llevar a cabo los asuntos del área.

a uno por cada región de los EE.UU. y dos por cada región del Canadá. Se presentarán, como máximo, seis candidatos a custodio general, EE.UU., y cuatro candidatos a custodio regional, Canadá, ante los miembros votantes de la Conferencia para su nombramiento. Los miembros votantes de la Conferencia serán todos los delegados del país que propone el candidato (EE. UU. o Canadá) y todos los miembros del Comité de Nombramientos de custodios. Estos candidatos entonces son elegidos como miembros de la Junta de Servicios Generales, estando obligados los custodios a hacerlo por tradición.

La Junta de Servicios Generales es la principal Rama de Servicio de la Conferencia, y su carácter es esencialmente de custodia.

Con excepción de las decisiones sobre asuntos de política, finanzas o la Tradición de A.A., que puedan afectar gravemente a A.A. en su totalidad, la Junta de Servicios Generales tiene plena libertad de acción en la dirección rutinaria de los asuntos de política y de negocios de los servicios incorporados de A.A., y con este fin puede nombrar los comités apropiados y elegir a los directores de sus entidades subsidiarias incorporadas de servicio.[6]

La Junta de Servicios Generales es responsable primordialmente de la integridad de la política y de las finanzas de sus servicios subsidiarios: A.A. Publishing, Inc. y AA Grapevine, Inc.[7]; y de tales otras entidades incorporadas de servicio que la Conferencia desee constituir, pero nada de lo que aparece en este documento debe comprometer el derecho del editor de Grapevine de aceptar o rechazar materiales para publicación.

La Carta Constitutiva y los Estatutos de la Junta de Servicios Generales, y cualesquier enmiendas de los mismos, deben estar siempre sujetos a la aprobación de la Conferencia de Servicios Generales, expresada por una mayoría de las dos terceras partes de todos sus miembros.[8]

Excepto en caso de grave emergencia, ni la Junta de Servicios Generales ni ninguno de sus servicios conexos, nunca deben emprender ninguna acción que pueda afectar seriamente a A.A. en su totalidad, sin consultar previamente con la Conferencia. No obstante, se entiende que en cada caso la Junta se reservará el derecho de decidir cuáles de sus acciones o decisiones requieren la aprobación de la Conferencia.

11. *La Conferencia de Servicios Generales: Sus Procedimientos Generales*: La Conferencia escuchará los informes sobre la política y las finanzas de la Junta de Servicios Generales y de sus servicios incorporados conexos. La Conferencia consultará con los custodios, los directores y los miembros del personal respecto a todos aquellos asuntos que puedan afectar a A.A. en su totalidad, entablarán debates, nombrarán los comités necesarios y tomarán las resoluciones apropiadas[9] para el asesoramiento o dirección de la Junta de Servicios Generales y sus servicios conexos.

---

[6] Las dos corporaciones de servicios, A.A.W.S., Inc. y el AA Grapevine, Inc., aunque son filiales de la Junta de Servicios Generales de Alcohólicos Anónimos, Inc., y no "subsidiarias", están organizadas como corporaciones no lucrativas separadas y, como tales, la dirección de los asuntos de política y de negocios rutinarios y la creación de "comités apropiados" de cada una le corresponde a las respectivas juntas de las dos corporaciones. No obstante, los custodios de la Junta de Servicios Generales cuando actúan en calidad de miembros de A.A. World Services, Inc. o el AA Grapevine, Inc., eligen a los directores de las dos corporaciones de servicio.

[7] Ver la nota anterior

[8] La aprobación de los Estatutos de la Conferencia es un asunto de tradición, y no un requisito legal.

[9] Las "recomendaciones apropiadas" ahora se llaman "acciones recomendables de la Conferencia."

La Conferencia además puede discutir sobre graves desviaciones de la tradición de A.A. o sobre el pernicioso abuso del nombre "Alcohólicos Anónimos", y recomendar acciones apropiadas al respecto.

La Conferencia puede redactar cualesquier estatutos que sean necesarios y nombrará a sus propios oficiales y comités por cualquier método que escoja.

Al cerrar cada sesión anual, la Conferencia redactará un informe completo de todos sus debates y acciones para ser suministrado a todos los delegados y miembros de comité; y también una versión condensada del mismo, que será enviada a los grupos de A.A. de todas partes del mundo.

12. *Garantías Generales de la Conferencia*: En todos sus procedimientos, la Conferencia de Servicios Generales cumplirá con el espíritu de las Tradiciones de A.A., teniendo especial cuidado de que la Conferencia nunca se convierta en sede de peligrosa riqueza o poder; que fondos suficientes para su funcionamiento, más una reserva adecuada, sean su prudente principio financiero; que ninguno de los miembros de la Conferencia sea nunca colocado en una posición de desmedida autoridad sobre ninguno de los otros; que se llegue a todas las decisiones importantes por discusión, votación y siempre que sea posible, por unanimidad sustancial; que ninguna acción de la Conferencia sea punitiva a personas, o una incitación a controversia pública; que, aunque la Conferencia puede actuar al servicio de Alcohólicos Anónimos, ella nunca deberá realizar ninguna acción de gobierno, y así como la Sociedad de Alcohólicos Anónimos, a la cual sirve, la Conferencia en sí misma siempre permanecerá democrática en pensamiento y en acción.

UNA RESOLUCIÓN

Presentada por Bill y aprobada en la
Convención del Vigésimo Aniversario de A.A. en 1955.
*(Esta Resolución autoriza a la Conferencia de Servicios Generales
para actuar por Alcohólicos Anónimos
y convertirse en Sucesora de sus Co-Fundadores.)*

Nosotros, los miembros de la Convención del Vigésimo Aniversario de Alcohólicos Anónimos, reunidos en Saint Louis, en julio del año 1955, consideramos que nuestra Comunidad ha llegado a su mayoría de edad y está en capacidad de tomar posesión completa y permanente de los Tres Legados de nuestro patrimonio de Alcohólicos Anónimos — los Legados de Recuperación, Unidad y Servicio.

Creemos que la Conferencia de Servicios Generales de Alcohólicos Anónimos, creada en 1951 por nuestros co-fundadores, Dr. Bob y Bill W. y autorizada por los custodios de la Fundación Alcohólica, es ahora enteramente apta para asumir la protección de las Doce Tradiciones de A.A. y para asumir la completa dirección y control del servicio mundial de nuestra Sociedad, como se estipula en el "Manual de Servicio Mundial del Tercer Legado"[10] recientemente revisado por nuestro co-fundador Bill W[11] y la Junta de Servicios Generales de Alcohólicos Anónimos.

También hemos escuchado con asentimiento la propuesta de Bill W. que la Conferencia de Servicios Generales debe convertirse en permanente sucesora de los fundadores de

---

[10] Actualmente, *El Manual de Servicio de A.A.*
[11] Bill murió el 24 de enero de 1971.

A.A., heredando de ellos todos sus deberes anteriores y responsabilidades especiales, evitando así en el futuro toda posibilidad de empeño en prestigio individual o autoridad personal; y proporcionando a nuestra Sociedad los medios para funcionar en forma permanente.

POR LO TANTO, SE RESUELVE: Que la Conferencia de Servicios Generales de Alcohólicos Anónimos se convierta, a partir de la fecha, 3 de julio de 1955, en la protectora de las Tradiciones de Alcohólicos Anónimos, perpetuadora de los Servicios Mundiales de nuestra Sociedad, la voz de la conciencia de grupo de nuestra Comunidad en general y la única sucesora de los co-fundadores, el Dr. Bob y Bill.

Y SE ENTIENDE: Que ni las Doce Tradiciones de Alcohólicos Anónimos, ni las garantías expresadas en el Artículo XII de la Carta Constitutiva de la Conferencia podrán ser cambiadas o corregidas por la Conferencia de Servicios Generales, a no ser que se pida el consentimiento previo de todos los Grupos de A.A. del mundo. [Esto incluirá todos los grupos de A.A. conocidos por las oficinas de servicios generales alrededor del mundo.][12] Los grupos serán debidamente notificados de cualquier proyecto de cambio y se les concederá un tiempo no inferior a seis meses para considerarlo. Y antes de que la Conferencia ejecute cualquier acción al respecto, debe recibirse por escrito dentro del tiempo estipulado el consentimiento de por los menos las tres cuartas partes de todos los grupos registrados que den respuesta a la correspondiente proposición.[13]

ENTENDEMOS ADEMÁS: Que como se estipula en el Artículo XII de la Carta Constitutiva de la Conferencia, ésta se compromete con la Sociedad de Alcohólicos Anónimos por los siguientes medios: Que en todos sus procedimientos, la Conferencia de Servicios Generales cumplirá con el espíritu de las Tradiciones de A.A., teniendo especial cuidado de que la Conferencia nunca se convierta en sede de peligrosa riqueza o poder; que fondos suficientes para su funcionamiento, más una reserva adecuada, sean su prudente principio financiero; que ninguno de los Miembros de la Conferencia sea nunca colocado en una posición de desmedida autoridad sobre ninguno de los otros; que se llegue a todas las decisiones importantes por discusión, votación y siempre que sea posible, por unanimidad sustancial; que ninguna acción de la Conferencia sea punitiva a personas, o una incitación a controversia pública; que si bien es cierto que la Conferencia actúa al servicio de Alcohólicos Anónimos y tradicionalmente puede dirigir sus servicios mundiales, nunca promulgará leyes o reglamentaciones que comprometan a A.A. como un todo o a cualquier grupo o miembro de A.A., ni ejecutará ningún acto de gobierno; y que, en la misma forma que la Comunidad de Alcohólicos Anónimos a la cual sirve, la Conferencia deberá ser siempre democrática en pensamiento y en acción.

(Esta resolución fue aprobada por la Convención por aclamación, y en la Conferencia por determinación formal, por medio de votación).

St. Louis, Missouri, 3 de julio de 1955.

---

[12] La Conferencia de Servicios Generales de 1976 adoptó la siguiente resolución: entre los instrumentos que requieren tres cuartas partes de los grupos que responden a la solicitud para hacer cambios o enmiendas, se incluyan los Doce Pasos de A.A., sí alguna vez se propusieran tales cambios o enmiendas.

[13] Bill emplea la palabra registrados. A.A.W.S. no monitorea ni supervisa las actividades o las prácticas de ningún grupo de A.A. Los grupos están inscritos solamente para los fines de comunicación precisa.

Apéndice D
Paneles de la Conferencia

En cualquier año, la mitad de los grupos de A.A. están ocupados eligiendo R.S.Gs. mientras la mitad de todas las asambleas de área están eligiendo delegados competentes para la reunión anual de la Conferencia dependiendo de si el panel corresponde a un área impar o par. Un "panel" es una denominación numérica que se refiere a un grupo de delegados elegidos para empezar a servir en la Conferencia de Servicios Generales en un determinado año.

La Conferencia comenzó en 1951 (un año impar Panel 1) y contó con treinta y siete delegados.

Al año siguiente (un año par Panel 2) se agregaron treinta y ocho delegados. Desde entonces, se han añadido áreas adicionales a los estados y provincias, un total de noventa y tres, con más o menos la mitad elegidos en años impares y la otra mitad en años pares. Al mirar la lista siguiente, usted puede determinar si su área es par o impar.

A cada panel se asigna el número de la Conferencia en la que el delegado del área empezará a servir. Por ejemplo, los delegados que empiezan su servicio en la 63ª Conferencia de Servicios Generales son delegados de Panel 63.

El ciclo de dos años también se aplica frecuentemente a los oficiales y miembros de los comités de área.

DELEGADOS ELEGIDOS EN AÑOS IMPARES

Estado o Provincia	Número de Delegados	Número de Área	Área Representada
Alabama	Uno	1	Alabama y Northwest Fla.
Arkansas	Uno	4	Arkansas
British Columbia y Yukon Territory	Uno	79	British Columbia y Yukon Territory
California	Tres, año impar (Total 6)	93	Southern
		6	N. Coastal
		5	Central
Colorado	Uno	10	Colorado
Connecticut	Uno	11	Connecticut
District of Columbia	Uno	13	D.C.
Florida	Dos	14	Northern
		15	Southern/Baham./Virg.Island/Antigua/St. Marteen/Cayman Islands

Estado o Provincia	Número de Delegados	Número de Área	Área Representada
Hawaii	Uno	17	Hawaii
Illinois	Dos, año impar (Total 3)	19	Chicago
		21	Southern
Indiana	Uno, año impar (Total 2)	22	Northern
Iowa	Uno	24	Iowa
Louisiana	Uno	27	Louisiana
Massachusetts	Uno, año impar (Total 2)	30	Eastern
Michigan	Dos, año impar (Total 3)	33	Southeastern
		32	Central
Minnesota	Uno, año impar (Total 2)	36	Southern
Missouri	Dos	38	Eastern
		39	Western
Montana	Uno	40	Montana
Nevada	Uno	42	Nevada
New Jersey	Uno, año impar (Total 2)	44	Northern
New York	Dos, año impar (Total 4)	49	Southeastern
		47	Central
North Carolina	Uno	51	North Carolina
Nova Scotia, Nfld. y Labrador	Uno	82	Nova Scotia, Nfld. y Labrador
Ohio	Dos, año impar (Total 4)	53	Central y Southeastern
		54	Northeastern
Oklahoma	Uno	57	Oklahoma
Ontario	Tres, año impar (Total 4)	83	Eastern
		84	Northeastern
		85	Northwestern
Pennsylvania	Dos	59	Eastern
		60	Western
Quebec	Dos, año impar (Total 4)	88	Southeastern
		89	Northeastern
Saskatchewan	Uno	91	Saskatchewan
Texas	Dos, año impar (Total 4)	65	Northeastern
		67	Southeastern
Utah	Uno	69	Utah
Virginia	Uno	71	Virginia/Cuba
Washington	Uno, año impar (Total 2)	72	Western Washington
West Virginia	Uno	73	West Virginia
Wisconsin	Uno, año impar (Total 2)	75	Southern Wisconsin

DELEGADOS ELEGIDOS EN AÑOS PARES

Estado o Provincia	Número de Delegados	Número de Área	Área Representada
Alaska	Uno	2	Alaska
Alberta y N.W.T	Uno	78	Alberta y N.W.T
Arizona	Uno	3	Arizona

Estado o Provincia	Número de Delegados	Número de Área	Área Representada
California	Tres, año par (Total 6)	9	Mid-Southern
		8	San Diego Imperial
		7	Northern Interior
Delaware	Uno	12	Delaware
Georgia	Uno	16	Georgia
Idaho	Uno	18	Idaho
Illinois	Uno, año par (Total 3)	20	Northern
Indiana	Uno, año par (Total 2)	23	Southern
Kansas	Uno	25	Kansas
Kentucky	Uno	26	Kentucky
Maine	Uno	28	Maine
Manitoba	Uno	80	Manitoba
Maryland	Uno	29	Maryland
Massachusetts	Uno, año par (Total 2)	31	Western
Michigan	Uno, año par (Total 3)	34	Western
Minnesota	Uno, año par (Total 2)	35	Northern
Mississippi	Uno	37	Mississippi
Nebraska	Uno	41	Nebraska
New Brunswick y P.E.I.	Uno	81	New Brunswick y P.E.I.
New Hampshire	Uno	43	New Hampshire
New Jersey	Uno, año par (Total 2)	45	Southern
New Mexico	Uno	46	New Mexico
New York	Dos, año par (Total 4)	50	Western
		48	Hudson-Mohawk-Berkshire
Ohio	Dos, año par (Total 4)	55	N.W. Ohio
		56	S.W. Ohio
Ontario	Uno, año par (Total 4)	86	Western
Oregon	Uno	58	Oregon
Puerto Rico	Uno	77	Puerto Rico
Quebec	Dos, año par (Total 4)	87	Southwestern
		90	Northwestern
Rhode Island	Uno	61	Rhode Island
South Carolina	Uno	62	South Carolina
South Dakota	Uno	63	South Dakota
Tennessee	Uno	64	Tennessee
Texas	Dos, año par (Total 4)	68	Southwestern
		66	Northwestern
Vermont	Uno	70	Vermont
Washington	Uno, año par (Total 2)	92	Washington East
Wisconsin	Uno, año par (Total 2)	74	N. Wis. y Upper Pen. Mich.
Wyoming	Uno	76	Wyoming

Apéndice E

ESTATUTOS de la Junta de Servicios Generales de Alcohólicos Anónimos, Inc.

Tal como Bill W. explica en la introducción de este manual, la Junta de Servicios Generales (los custodios) fue originalmente la Fundación Alcohólica, con estatutos sumamente amplios. Cuando se cambió la razón social de la corporación a la Junta de Servicios Generales de A.A., se necesitaron nuevos estatutos que reflejaran más claramente el alcance y la dirección de Alcohólicos Anónimos. Los nuevos estatutos, adoptados en 1957, son obra del finado Bernard Smith, famoso abogado internacional, durante largo tiempo custodio no alcohólico, y presidente de la junta desde 1951 hasta 1956. "Bern" Smith derivó estos estatutos de su gran amor y respeto por nuestra Comunidad. Contienen los Doce Pasos y las Doce Tradiciones. Constituyen una magnífica lectura para todos los miembros y amigos de A.A.

Estatutos de la Junta de Servicios Generales, Inc. (Aprobados el 22 de abril de 1957 por la Junta de Servicios Generales, después de haber sido considerados por la Conferencia de Servicios Generales de A.A. Enmendados en 1962, 1966, 1968, 1970, 1971, 1972, 1978, 1985, 1991, 1992, 1994, 2006, 2007, 2008, 2015 y 2017)

ENUNCIADO DE PROPÓSITO

La Junta de Servicios Generales de A.A., Inc., tiene un solo propósito, el de servir a la Comunidad de Alcohólicos Anónimos. Es, en efecto, una entidad creada y ahora designada por la Comunidad de Alcohólicos Anónimos para mantener servicios para quienes busquen, a través de Alcohólicos Anónimos, los medios para hacer frente a la enfermedad del alcoholismo mediante la aplicación a sus propias vidas, totalmente o en parte, de los Doce Pasos que constituyen el programa de recuperación sobre el cual se basa la Comunidad de Alcohólicos Anónimos. Estos Doce Pasos son los siguientes:

1. Admitimos que éramos impotentes ante el alcohol, que nuestras vidas se habían vuelto ingobernables.
2. Llegamos a creer que un Poder superior a nosotros mismos podría devolvernos el sano juicio.
3. Decidimos poner nuestras voluntades y nuestras vidas al cuidado de Dios, como nosotros Lo concebimos.
4. Sin miedo hicimos un minucioso inventario moral de nosotros mismos.

5. Admitimos ante Dios, ante nosotros mismos y ante otro ser humano, la naturaleza exacta de nuestros defectos.
6. Estuvimos enteramente dispuestos a dejar que Dios nos liberase de todos estos defectos de carácter.
7. Humildemente le pedimos que nos liberase de nuestros defectos.
8. Hicimos una lista de todas aquellas personas a quienes habíamos ofendido y estuvimos dispuestos a reparar el daño que les causamos.
9. Reparamos directamente a cuantos nos fue posible el daño causado, excepto cuando el hacerlo implicaba perjuicio para ellos o para otros.
10. Continuamos haciendo nuestro inventario personal y cuando nos equivocábamos lo admitíamos inmediatamente.
11. Buscamos a través de la oración y la meditación mejorar nuestro contacto consciente con Dios, como nosotros Lo concebimos, pidiéndole solamente que nos dejase conocer su voluntad para con nosotros y nos diese la fortaleza para cumplirla.
12. Habiendo obtenido un despertar espiritual como resultado de estos pasos, tratamos de llevar este mensaje a los alcohólicos y de practicar estos principios en todos nuestros asuntos.

La Junta de Servicios Generales de Alcohólicos Anónimos (que de aquí en adelante se llamará la "Junta de Servicios Generales" o la "Junta") no reclama ningún derecho de propiedad en el programa de recuperación, porque estos Doce Pasos, como todas las verdades espirituales, pueden considerarse ahora a la disposición de toda la humanidad. Sin embargo, ya que estos Doce Pasos han demostrado ser una eficaz base espiritual para la vida, que, si se practican, detienen la enfermedad del alcoholismo, la Junta de Servicios Generales defiende el derecho de impedir, hasta donde su poder le permita hacerlo, cualquier modificación, alteración o ampliación de estos Doce Pasos, excepto a solicitud de la Comunidad de Alcohólicos Anónimos de acuerdo con la Carta Constitutiva de la Conferencia de Servicios Generales de Alcohólicos Anónimos y en conformidad con sus posibles reformas posteriores (de aquí en adelante será llamada la "Carta").

A los miembros de la Conferencia de Servicios Generales de Alcohólicos Anónimos se les denominará "Delegados de la Conferencia".

La Junta de Servicios Generales en sus deliberaciones y decisiones se guiará por las Doce Tradiciones de Alcohólicos Anónimos, llamadas de aquí en adelante las "Tradiciones", que son:

1. Nuestro bienestar común debe tener la preferencia; la recuperación personal depende de la unidad de A.A.
2. Para el propósito de nuestro grupo sólo existe una autoridad fundamental: un Dios amoroso tal como se exprese en la conciencia de nuestro grupo. Nuestros líderes no son más que servidores de confianza. No gobiernan.
3. El único requisito para ser miembro de A.A. es querer dejar de beber.
4. Cada grupo debe ser autónomo, excepto en asuntos que afecten a otros grupos o a A.A., considerado como un todo.
5. Cada grupo tiene un solo objetivo primordial: llevar el mensaje al alcohólico que aún está sufriendo.
6. Un grupo de A.A. nunca debe respaldar, financiar o prestar el nombre de A.A. a ninguna entidad allegada o empresa ajena para evitar que los problemas de dinero, propiedad y prestigio nos desvíen de nuestro objetivo primordial.

7. Todo grupo de A.A. debe mantenerse completamente a sí mismo, negándose a recibir contribuciones de afuera.
8. A.A. nunca tendrá carácter profesional, pero nuestros centros de servicios pueden emplear trabajadores especiales.
9. A.A. como tal nunca debe ser organizada; pero podemos crear juntas o comités de servicio que sean directamente responsables ante aquellos a quienes sirven.
10. A.A. no tiene opinión acerca de asuntos ajenos a sus actividades; por consiguiente su nombre nunca debe mezclarse en polémicas públicas.
11. Nuestra política de relaciones públicas se basa más bien en la atracción que en la promoción; necesitamos mantener siempre nuestro anonimato personal ante la prensa, la radio y el cine.
12. El anonimato es la base espiritual de todas nuestras Tradiciones, recordándonos siempre anteponer los principios a las personalidades.

La Junta de Servicios Generales hará el mayor esfuerzo para asegurar que se mantengan estas Tradiciones, pues la Comunidad de Alcohólicos Anónimos la considera como la guardiana de estas Tradiciones, y por consiguiente, no deberá modificar, alterar o ampliarlas, ni permitir, en la medida que pueda hacerlo, que otros las modifiquen, alteren o amplíen, a no ser que esté de acuerdo con lo dispuesto por la Carta.

La Junta de Servicios Generales se guiará también por el espíritu de los Doce Conceptos de Alcohólicos Anónimos (llamados de aquí en adelante "Los Conceptos"), los cuales dicen en su forma corta:

1. La responsabilidad final y la autoridad fundamental de los servicios mundiales de A.A. deben siempre residir en la conciencia colectiva de toda nuestra Comunidad.
2. La Conferencia de Servicios Generales se ha convertido, en casi todos los aspectos, en la voz activa y la conciencia efectiva de toda nuestra Comunidad en sus asuntos mundiales.
3. Para asegurar su dirección eficaz, debemos dotar a cada elemento de A.A. — la Conferencia, la Junta de Servicios Generales, y sus distintas corporaciones de servicio, personal directivo, comités y ejecutivos — de un Derecho de Decisión tradicional.
4. Nosotros debemos mantener, a todos los niveles de responsabilidad, un "Derecho de Participación" tradicional, ocupándonos de que a cada clasificación o grupo de nuestros servidores mundiales les sea permitida una representación con voto, en proporción razonable a la responsabilidad que cada uno tenga que desempeñar.
5. En toda nuestra estructura de servicio mundial, un "Derecho de Apelación" tradicional debe prevalecer, asegurándonos así que se escuche la opinión de la minoría, y que las peticiones de rectificación de los agravios personales sean consideradas cuidadosamente.
6. La Conferencia reconoce también que la principal iniciativa y la responsabilidad activa en la mayoría de estos asuntos, debe ser ejercida en primer lugar por los miembros custodios de la Conferencia, cuando ellos actúan como la Junta de Servicios Generales de Alcohólicos Anónimos.
7. La Carta Constitutiva y los Estatutos son instrumentos legales, y los custodios están, por consiguiente, totalmente autorizados para administrar y dirigir todos los asuntos de servicios. La Carta de la Conferencia en sí misma no es un instrumento legal; se apoya en la fuerza de la tradición y en las finanzas de A.A. para su eficacia.
8. Los Custodios son los principales planificadores y administradores de los grandes asuntos de política y finanzas globales. Con respecto a nuestros servicios constantemente

activos e incorporados separadamente, los Custodios, como síndicos fiscales, ejercen una función de supervisión administrativa, por medio de su facultad de elegir a todos los directores de estas entidades.

9. Buenos directores de servicio en todos los niveles son indispensables para nuestro funcionamiento y seguridad en el futuro. La dirección básica del servicio mundial que una vez ejercieron los fundadores de Alcohólicos Anónimos, tiene necesariamente que ser asumida por los Custodios.
10. A cada responsabilidad de servicio, le debe corresponder una autoridad de servicio equivalente, y el alcance de tal autoridad debe estar siempre bien definido.
11. Los Custodios deben siempre contar con los mejores comités permanentes y con directores de las corporaciones de servicio, ejecutivos, personal de oficina y consejeros bien capacitados. La composición, cualidades, procedimientos de iniciación y derechos y obligaciones serán siempre asuntos de verdadero interés.
12. La Conferencia cumplirá con el espíritu de las Tradiciones de A.A., teniendo especial cuidado de que la Conferencia nunca se convierta en sede de peligrosa riqueza o poder; que fondos suficientes para su funcionamiento, más una reserva adecuada, sean su prudente principio financiero, que ninguno de los miembros de la Conferencia sea nunca colocado en una posición de autoridad desmedida sobre ninguno de los otros, que se llegue a todas las decisiones importantes por discusión, votación y, siempre que sea posible, por unanimidad substancial; que ninguna actuación de la Conferencia sea punitiva a personas, o una incitación a controversia pública, que la Conferencia nunca deba realizar ninguna acción de gobierno autoritaria, y que como la Sociedad de Alcohólicos Anónimos, a la cual sirve, la Conferencia en sí misma siempre permanezca democrática en pensamiento y en acción.

CUSTODIOS

La Junta de Servicios Generales estará compuesta por los Custodios. Cada custodio se convertirá automáticamente en miembro de la Junta al cumplir con los requisitos necesarios para ser custodio y automáticamente dejará de ser miembro al dejar de ser miembro de la Junta de Servicios Generales. La única razón para constituir custodios como miembros es la de cumplir con las leyes del estado de Nueva York, las cuales exigen que una asociación corporativa esté compuesta de miembros. Por consiguiente, excepto en los casos en que estos estatutos o las leyes dispongan que se hagan distinciones, las palabras "miembro" y "custodio" se emplearán en estos estatutos en forma colectiva.

Como condición para ser elegido miembro y para ser elegido custodio de la Junta de Servicios Generales, todo candidato, antes de poder servir como miembro y custodio, debe formalizar y dirigir a la Junta de Servicios Generales un instrumento apropiado que establezca claramente que acuerda obligarse a cumplir con todas las disposiciones y estipulaciones de estos estatutos.

Los miembros custodios se clasifican en dos categorías, a saber, no alcohólicos y alcohólicos. El uso del término "todos los miembros" en este documento se refiere al número total de custodios miembros con derecho a votar con que contaría la Junta de Servicios Generales si no hubiera vacantes. Salvo que se disponga lo contrario en estos estatutos, el número de custodios miembros que constituyen "todos los miembros" será veintiuno. Salvo que se disponga lo contrario en estos estatutos, habrá siete [7] miembros no alcohólicos, que en estos estatutos se designan miembros custodios de Clase A. Salvo que se disponga lo contrario en estos estatutos, habrá catorce [14] miembros custodios ex alcohólicos designados en estos estatutos miembros custodios de Clase B.

Los miembros custodios de Clase A serán personas que no están ni nunca han estado afectadas por la enfermedad del alcoholismo y que expresan una fe profunda en el programa de recuperación en la que se basa la Comunidad de Alcohólicos Anónimos. Los custodios de Clase A no pueden ser elegidos para servir más de dos términos sucesivos de tres años, confirmados anualmente, con la siguiente excepción: para asegurar que la junta tenga un grado suficiente de flexibilidad, el presidente de la Junta de Servicios Generales puede recomendar a los custodios miembros que se permita servir a un miembro custodio de Clase A un tercer término sucesivo; y los miembros custodios, actuando como miembros, tienen la autoridad para permitir servir a un miembro custodio de Clase A un tercer término sucesivo si a su criterio tal servicio resultará en beneficio de la Comunidad. Un miembro custodio de Clase A que, al cumplir el período máximo de servicio (o sea, tres términos sucesivos de tres años), sirve o ha sido elegido recientemente como presidente seguirá sirviendo como miembro custodio de Clase A durante su término en el puesto de presidente aun si tal servicio durante su término como presidente aumente a ocho (8) el número de custodios de Clase A en funciones y en la fecha en que se cumple este término de servicio, dejará de ser miembro custodio.

Salvo que se disponga lo contrario en estos estatutos habrá catorce (14) miembros custodios Clase B. A estos miembros custodios Clase B se les designa en el Certificado de Incorporación como ex alcohólicos, sólo porque en la manera corriente de hablar de la gente un ex alcohólico es un individuo que en un tiempo ingería bebidas alcohólicas excesiva e incontrolablemente, pero que en el presente ya no bebe. Para efectos de estos estatutos, a un ex alcohólico, según se designa en el Certificado de Incorporación, se le llama "alcohólico" lo cual significa, dentro de la terminología de la Comunidad de Alcohólicos Anónimos, un individuo que ha dejado de beber y está viviendo, en cuanto le es posible, dentro de los conceptos de los Doce Pasos que constituyen el programa de recuperación.

Aunque en estos estatutos para cumplir con las leyes del estado de Nueva York se dice "miembros custodios", de hecho los miembros elegirán a los Custodios. Todos los miembros custodios serán elegidos o reelegidos en una reunión anual de los miembros de la Junta de Servicios Generales. Salvo que se disponga lo contrario en estos estatutos, los miembros custodios de Clase B, no pueden servir más de cuatro términos sucesivos de un año y al cumplir este período máximo no pueden servir más como miembros custodios. Un miembro custodio de Clase B que, al cumplir el período máximo de servicio que se estableció anteriormente, sirve o ha sido elegido recientemente como presidente seguirá sirviendo como miembro custodio de Clase B durante su término en el puesto de presidente aun si tal servicio durante su término como presidente aumente a quince (15) el número de custodios de Clase B en funciones y en la fecha en que se cumpla este término de servicio, dejará de ser miembro custodio. Los miembros custodios de Clase B se clasificarán en tres categorías: ocho (8) serán subclasificados como "custodios regionales"; cuatro (4) serán subclasificados como "custodios de servicio general"; y dos (2) serán subclasificados como "custodios generales." Uno (1) de los custodios generales será del Canadá y uno (1) de los Estados Unidos. Se espera que los custodios regionales de Clase B contribuyan con su tiempo principalmente durante cuatro períodos del año, a saber: referente a la primera, tercera y cuarta reuniones de los custodios de la Junta de Servicios Generales, cada período de tres días que termina en la fecha de terminar la respectiva reunión trimestral y, referente a la segunda reunión de los custodios de la Junta de Servicios Generales, se espera que los custodios regionales asistan a la segunda reunión trimestral que se efectúa el sábado inmediatamente después de la Conferencia de Servicios Generales anual y también a la Conferencia de Servicios Generales que dura una semana. Además, se espera que los custodios regionales de Clase B asesoren a la junta con respecto a opiniones y puntos de vista regionales referente a los asuntos de política. Se espera que los custodios generales de Clase B, además de prestar servicio al mismo tiempo que los custodios regionales, presten servicio continuo a la junta durante todo el año. Aunque los custodios se clasifican en dos categorías, Clase A y Clase B, y aunque los custodios de Clase B se subclasifican como "custodios regionales", "custodios de servicio general" y "custodios generales", todos tienen la misma responsabilidad fiduciaria ante la Junta de Servicios Generales, conforme con las leyes del estado de Nueva York, a pesar de las mencionadas distinciones.

No obstante lo anteriormente estipulado, se espera que los miembros custodios Clase B, así como los miembros custodios Clase A, sujetos sólo a las leyes del estado de Nueva York y a estos estatutos, a petición de la Conferencia de Alcohólicos Anónimos, renuncien a sus puestos de custodio y miembro de la junta, aunque no haya terminado su período de servicio como custodio y miembro componente de la junta.

La Junta de Servicios Generales, por una votación de un mínimo de los tres cuatros de los miembros de la Junta de Custodios puede destituir a un miembro custodio por una causa según su discreción exclusiva; y los miembros custodios al actuar como miembros de la Corporación, por una misma votación de los tres cuartos de todos los miembros, puede destituir de su cargo a un custodio, c on o sin causa, si se determina que tal destitución va en interés de la totalidad de Alcohólicos Anónimos.

Los candidatos a nuevos miembros custodios de la Junta de Servicios Generales deben ser propuestos por un comité de nombramientos designado por el presidente de la Junta. Ninguna persona podrá ser miembro custodio de la Junta de Servicios Generales hasta que todos los delegados de la Conferencia hayan votado por correo o en la reunión de la Conferencia de Alcohólicos Anónimos, según lo determine la Junta de Custodios. Si la mayoría de los delegados de la Conferencia desaprueba la elección de un candidato a miembro custodio, éste no será elegible como miembro custodio y los custodios miembros no tendrán el derecho de elegir tal persona como miembro custodio a menos de que el 100% de los custodios presentes en una reunión voten en contra. Sin embargo, si la mayoría de los delegados de la Conferencia no desaprueba la elección del candidato a miembro custodio, él puede ser elegido como miembro y como custodio de la Junta de Servicios Generales por una mayoría de la Junta de Custodios en una reunión de la Junta.

VACANTES

Excepto por vacantes para el puesto de Custodio Regional Clase B, en el caso de que algún puesto de miembro custodio quede vacante por fallecimiento, discapacidad, renuncia, jubilación, destitución, descalificación o cualquier otro motivo, los custodios podrán, en una reunión regular o especial de la Junta de Servicios Generales, elegir a un oficial para ocupar esa vacante o bien permitir que el puesto siga vacante hasta la próxima reunión anual de los miembros de la Junta de Servicios Generales. En cuanto a vacantes para el puesto de Custodio Regional Clase B debido a renuncia, fallecimiento, jubilación, destitución, descalificación o cualquier otro motivo, se puede llevar a cabo una elección según se estipula más adelante, de acuerdo a cuándo se produzca la vacante, o el cargo puede quedar vacante por lo que reste del mandato y el custodio general o el custodio regional de la región adyacente puede cubrir la región.

Cualquier miembro custodio elegido por la Junta para llenar una vacante desempeñará el cargo hasta la siguiente reunión anual de los miembros de la Junta de Servicios Generales y la elección y cualificación de su sucesor o sucesora. Ante tal caso de producirse una vacante y la Junta decidir no cubrir el cargo hasta la próxima reunión anual de los miembros de la Junta de Servicios Generales, se nombrará un candidato de acuerdo a los procedimientos establecidos por el Comité de Nominaciones para determinar los candidatos a custodios y dicho candidato comenzará a desempeñarse como miembro de la junta en el caso de que, en el transcurso normal de las operaciones, se elija y cualifique como tal en la siguiente reunión anual de los miembros. Todo miembro custodio Clase A elegido por los miembros de la Junta de Servicios Generales para llenar la vacante se desempeñará por un plazo de tres años y será elegible para servir por el mismo números de términos como cualquier otro Custodio Clase A. No se computará en el período total de servicio de un custodio Clase A ningún período de tiempo en que dicho custodio prestó servicio en virtud de ser elegido por la Junta de Servicios Generales para cubrir una vacante que se haya producido en el intervalo entre las reuniones anuales de los miembros. No obstante, en el caso de producirse una vacante para el cargo de Custodio Regional antes del primero de septiembre durante el primer año del término, la nominación para ocupar el cargo como representante de la región afectada tendría lugar en la próxima Conferencia de Servicios Generales (CSG). El individuo elegido para ocupar dicha vacante no será elegible para cumplir más de tres términos consecutivos de un año cada uno. Si se produce una vacante para el cargo de Custodio Regional entre el primero de septiembre y el 31 de agosto de su tercer año en el puesto, los delegados de la región en cuestión, si deciden cubrir la vacante, tendrán la opción de nombrar un individuo para cubrirla y dicho individuo, de ser elegido, podrá desempeñarse en el cargo por no más de cinco o seis períodos de un año, según el caso, o dejar vacante el puesto, dependiendo de cuándo ocurra dicha vacante.

Si se llena la vacante, se espera que el Custodio Regional preste servicio por un período de dos años en una de las dos juntas corporativas afiliadas. Un miembro custodio Clase B sucesor o sucesora que, al cumplirse el plazo máximo que se le permite prestar servicio en calidad de custodio, según lo dispuesto anteriormente, se elija o se esté desempeñando como presidente, seguirá prestando servicio como miembro custodio Clase B durante su término como presidente, aún en el caso de que dicho servicio durante su término aumente a quince (15) el número de miembros custodios Clase B que activos en servicio, y al cumplirse la fecha en que el miembro custodio deje de servir como presidente, dicho miembro custodio dejará de ser un miembro custodio.

PODERES

La Junta de Custodios tendrá todos los poderes previstos en estos estatutos y aquellos de que sean investidos como Junta de Directores bajo las leyes del estado de Nueva York.

Se espera que los miembros de la Junta, sujetos a las leyes del estado de Nueva York, ejerciten los poderes concedidos a ellos por la ley, de una forma acorde con la fe que satura y guía la Comunidad de Alcohólicos Anónimos, inspirados por los Doce Pasos de A.A., de acuerdo con las Doce Tradiciones, y en concordancia con la Carta de la Conferencia de Alcohólicos Anónimos.

CORPORACIONES AFILIADAS

La Junta de Servicios Generales puede establecer nuevas corporaciones para servir a los fines de Alcohólicos Anónimos, con tal de que a la Junta de Servicios Generales le pertenezca todo el capital de tales corporaciones; y si tal corporación es una corporación de miembros, su estructura estará de acuerdo con la de la Junta de Servicios Generales de Alcohólicos Anónimos. Por supuesto, se espera que la Junta de Servicios Generales se abstenga de crear cualquier nueva rama corporativa si la mayoría de los delegados de la Conferencia desaprueban su formación.

OFICIALES

A fin de que la Junta de Servicios Generales pueda servir más eficazmente para llevar a cabo las funciones para las que fue creada, la Junta de Custodios en su reunión anual o en cualquier otra reunión, si ocurre una vacante, elegirá presidente, primer vicepresidente, segundo vicepresidente, secretario, secretario asistente, tesorero y tesorero asistente. El presidente tendrá los deberes generalmente atribuidos por la ley y la costumbre a cualquier presidente de acuerdo con las leyes del estado de Nueva York, con algunos otros deberes mayores o menores que puedan de vez en cuando ser determinados por la Junta de Custodios. Ningún empleado de la Oficina de Servicios Generales puede servir como presidente. El período del presidente no deberá ser mayor de cuatro (4) períodos anuales consecutivos. La anterior limitación no será aplicable al presidente que ocupe este cargo al expirar el año 1966. Un miembro custodio que, al cumplir el período máximo de servicio según lo establecido anteriormente, sirve o ha sido elegido recientemente como presidente (o vicepresidente) seguirá sirviendo como miembro custodio durante su término en el puesto de presidente aun si tal servicio durante su término como presidente aumente a veintidós (22) el número de custodios en funciones y en la fecha en que se cumpla este término de servicio, dejará de ser miembro custodio. Asimismo, un individuo que ha cumplido el término máximo que le corresponde servir como miembro custodio puede ser elegido presidente y servirá como miembro custodio durante su término en el puesto de presidente, aun si tal servicio durante su término como presidente aumente a veintidós (22) el número de custodios en funciones, y en la fecha en que se cumpla este término de servicio, dejará de ser miembro custodio. El primer y el segundo vicepresidente, en ese orden, desempeñarán las funciones del presidente si el presidente está ausente o incapacitado.

El presidente de la Junta de Servicios Generales nombrará al tesorero ayudante de la junta, al secretario ayudante de la junta, y nombrará a todos los demás oficiales, si los hay, aparte de los elegidos por la Junta de Servicios Generales conforme con lo establecido en estos estatutos, sujeto a la aprobación de la Junta de Custodios en su segunda reunión trimestral, o en cualquier otra reunión de la junta si es necesario hacerlo para llenar una vacante existente; y el presidente también nombrará los miembros de los comités de la corporación, sujeto a la aprobación de la Junta de Custodios en su tercera reunión trimestral, o en cualquier otra reunión de la junta si es necesario hacerlo para llenar una vacante existente.

Para actuar de acuerdo con lo exigido por la ley, el principal será el presidente y el primero y segundo principales serán el primero y segundo vicepresidentes respectivamente, pero no harán uso de tales títulos, excepto en el caso de que así lo requiera la diligencia de un documento legal o por otras razones previstas por la ley.

El secretario, secretario asistente, tesorero y tesorero asistente de la misma forma realizarán aquellos deberes generalmente atribuidos por la ley y la costumbre a tales funcionarios con otros deberes mayores o menores que pueda determinar ocasionalmente la Junta de Custodios.

REUNIONES, NOTIFICACIÓN Y ELECCIÓN

La segunda reunión trimestral de los custodios de la junta se realizará el sábado inmediatamente después del cierre de la Conferencia de Servicios Generales. En el orden del día se tendrá prevista la posibilidad de levantar la reunión de la junta temporalmente para convocar la reunión anual de los miembros para la elección de los custodios. Conforme con lo estipulado por la Ley de Corporaciones no lucrativas (LCNL), durante la reunión anual de los miembros, la Junta de Custodios presentará a los miembros un informe anual del año fiscal más recientemente finalizado de la Junta de Servicios Generales (la junta ha adoptado el año civil como año fiscal). El informe final habrá sido certificado por el contable público independiente contratado por la Junta de Servicios Generales o verificado de otra manera según las disposiciones de la Sección 519 de LCNL y contendrá como mínimo toda la información que la LCNL exige que contenga. Después de cerrar la reunión anual de los miembros, se volverá a abrir la reunión de la Junta de Custodios.

La primera, tercera y cuarta reuniones de la Junta de Custodios se efectuarán el quinto lunes después del fin de un trimestre de calendario, con la condición de que se puedan convocar reuniones especiales a petición de un tercio de los miembros de la Junta de Custodios o a petición del presidente. El presidente también puede posponer una reunión regular para la fecha que él determine, la cual, sin embargo, no podrá ser más tarde que un mes antes de la fecha de la próxima reunión programada, y a solicitud de la mayoría de la Junta de Custodios, se pueden eliminar una o más reuniones regulares. Todas las reuniones de miembros y custodios se celebrarán en la ciudad y condado de Nueva York, a menos que en una reunión de la Junta, los custodios decidan celebrar una futura reunión fuera de la ciudad de Nueva York. El lugar y hora del día de cada reunión será determinado por el presidente.

Se dará personalmente o se enviará por correo, por facsímile, correo electrónico o entrega a mano, con un mínimo de diez días y no más de 50 días de antelación, una notificación de la fecha, la hora y el sitio de todas las reuniones de los miembros, firmada por el presidente o, a petición del presidente, por el secretario o secretario asistente. La notificación de una reunión especial indicará el propósito de dicha reunión. Se dará personalmente o se enviará por correo postal, fax o correo electrónico, con un mínimo de diez días y no más de 50 días de antelación, una notificación de la fecha, la hora y el sitio de todas las reuniones de la Junta de Custodios, firmada por el presidente o, a petición del presidente, por el secretario o secretario asistente.. El presidente al enviar las notificaciones determinará el orden en que se tratarán los asuntos en la reunión y él, o una mayoría de los custodios presentes en la reunión, pueden siempre decidir modificar tal orden.

Siempre que a juicio de un tercio de los miembros custodios presentes en una reunión, una decisión para emprender una acción implique una cuestión de principio o de política básica, y a juicio de por los menos un tercio de los miembros custodios, la demora en llegar a una conclusión no afecte adversamente a la Comunidad de Alcohólicos Anónimos, el asunto debe ser sometido a una votación por correo de los delegados de la Conferencia; y si la mayoría de los delegados de la Conferencia votan en contra de emprender dicha acción, entonces se espera que la Junta de Custodios se abstenga de emprenderla.

Siempre que se haga una votación por correo de los delegados de la Conferencia, debe darse por los menos una notificación de dos semanas, y el resultado de la votación debe ser determinado de acuerdo al análisis de la votación por parte del presidente y del secretario, o en su ausencia, un vicepresidente y secretario asistentes, al final del término de dos semanas. El anuncio del resultado de tal votación debe ser enviado luego por el secretario asistente a los delegados de la Conferencia y los miembros custodios.

En todas las reuniones de los miembros custodios, ya sean reuniones de los miembros o de la Junta de Custodios, los dos quintos de los miembros custodios constituyen quórum para llevar a cabo los asuntos de la Junta de Servicios Generales, y el voto de la mayoría de los miembros custodios presentes en una reunión en la cual haya quórum, constituirá, excepto en los casos previstos en estos estatutos o por reglamento, una decisión de los miembros o de la Junta de Custodios, según sea el caso. Si en cualquier reunión no hay quórum, la mayoría de los presentes pueden aplazar la reunión hasta una fecha fijada por los que están presentes, sin necesidad de notificar a los custodios ausentes.

COMITÉS

La Junta, por resolución adoptada por una mayoría de la junta completa, puede crear, de entre sus miembros componentes, los Comités de la Junta que considere apropiados, incluyendo de vez en cuando un comité de nombramientos. Estos comités se formarán conforme con las necesidades de servicio por resolución de la Junta, dotados de los poderes que la Junta considere en ese momento necesarios, excepto para lo limitado por las leyes aplicables. Los comités, aparte de los Comités de la Junta, serán comités de la corporación y, según lo estipulado por la ley, los miembros de tales comités serán nombrados o elegidos de la misma manera que los oficiales de la corporación y, por lo general, lo estipulado por la ley aplicable se aplicará a los miembros de tales comités.

Puesto que la estratificación de la estructura de la Junta de Servicios Generales se considera desaconsejable y la experiencia ha enseñado a esta Junta el gran valor que tiene la flexibilidad al servir sus grandes propósitos, no se hace en estos estatutos ninguna disposición para el establecimiento de comités. En lugar de esto, la junta establecerá comités de la corporación, entre ellos, un comité de nombramientos y, conforme con lo estipulado por la ley, se nombrarán o se elegirán a los miembros de dichos comités de la misma manera que los oficiales de la corporación y, por lo general, las disposiciones de la ley que se aplican a los oficiales se aplicarán a los miembros de los comités. Los comités se formarán de acuerdo con la necesidad de servicio por medio de una resolución de la junta, y tendrán los poderes que la junta considere en ese momento necesarios, excepto en la medida en que se vea limitada por las leyes aplicables. Los comités pueden ser creados, disueltos, eliminados, reemplazados y sus poderes ampliados o limitados según la junta pueda determinar de vez en cuando por una apropiada resolución. La ley dispone que no se le otorguen a ningún comité poderes para actuar respecto a lo siguiente: (1) el presentar ante los miembros cualquier acción que requiera la aprobación de los miembros bajo la LCNL; (2) el llenar las vacantes en la Junta de Custodios o cualquier comité; (3) el determinar la compensación de los directores por servir en la junta o en cualquier comité (si es aplicable); (4) el enmendar o revocar los estatutos o el adoptar nuevos estatutos; (5) el enmendar o revocar cualquier resolución de la junta que por sus propios términos no es enmendable o revocable.

DISOLUCIÓN

Ningún miembro de la Junta de Servicios Generales tendrá en ningún momento derecho, título o participación en los fondos o activos de la Junta de Servicios Generales. En caso de que la Junta de Servicios Generales llegue a disolverse en el futuro, todos los fondos y propiedades restantes de la Corporación, después de pagar o hacer arreglos para que sean pagadas todas las deudas de la Corporación y los gastos supuestos para hacerlo, serán destinados, según la determinación de la Junta de Custodios y sujeto a la aprobación de un juez del Tribunal Supremo del Estado de Nueva York, a los fines caritativos o de educación, para la consecución de los cuales la Corporación se ha establecido, por medio de distribuir dichas propiedades y activos para favorecer los trabajos de instituciones con parecidos fines y objetivos que reúnen los requisitos establecidos en Sección 501(c)(3) del Código o la sección correspondiente de cualquier futuro código federal de impuestos. En el caso de una disolución voluntaria, dichas instituciones serán seleccionadas a discreción de los custodios, sujeto a la aprobación del plan de disolución y distribuciones de activo por una orden del Juez del Tribunal Supremo del Estado de Nueva York. En ningún caso, ninguna parte de tales activos será distribuida a ningún miembro, custodio, director u oficial ni ninguna persona particular.

La Corporación puede, hasta el máximo autorizado por la ley, asegurar a cualquier oficial o custodio actual o antiguo de la Corporación o a sus representantes personales, que sean demandados o amenazados con ser demandados, en un juicio u otro procedimiento civil o criminal, debido al hecho de que él o ella, su testador o intestado, es o era un custodio u oficial de la Corporación, o ha trabajado en cualquier otra corporación, asociación, empresa conjunta, fundación, plan de beneficios para empleados u otra empresa en cualquier calidad a petición de la Corporación, contra fallos, multas (incluyendo impuestos especiales gravados a tal persona en conexión con su servicio en un plan de beneficios para empleados), cantidades pagadas por resoluciones jurídicas y gastos razonables, incluyendo honorarios de los abogados, en los que se incurren real y necesariamente como consecuencia de tal acción o procedimiento o apelación. Los gastos (incluyendo los honorarios de los abogados en los que se incurren por actuar por la defensa en cualquier juicio civil o criminal) pueden, hasta el máximo autorizado por la ley, ser pagados por la Corporación antes de pronunciarse el dictamen final del caso si se recibe por parte o en nombre de tal custodio u oficial una garantía de pagar la cantidad, hasta el máximo, que se determine que la persona que recibe el dinero adelantado no tiene derecho a ser indemnizada, o si se autoriza indemnización, la cantidad de gastos pagados con antelación por la Corporación que sea superior a la cantidad a la que dicha persona tiene derecho a recibir. El anterior derecho de ser indemnizado y recibir dinero adelantado para pagar los gastos no será considerado excluyente de cualesquier otros derechos que cualquier persona o su testador o intestado puedan tener aparte de esta disposición con tal de que no se otorgue ninguna indemnización a o en nombre de ningún custodio u oficial si por un juicio u otro fallo adversos se establece que dicho custodio u oficial había actuado de mala fe o que sus actos fueron la consecuencia de una falsedad intencionada y fueron esenciales para la causa del juicio así adjudicado o que él o ella personalmente sacaron un beneficio económico al que no tenían derecho legal. Nada que aparece en esta condición tendrá ningún efecto en los derechos a ser indemnizados que los demás miembros del personal de la Corporación aparte de los custodios y oficiales tengan por contrato o por otra razón de acuerdo con la ley.

MODIFICACIÓN

El Certificado de Incorporación de la Junta de Servicios Generales y estos estatutos pueden ser enmendados mediante el voto afirmativo de 75% de todos los miembros de la Junta de Custodios. Al enmendar el Certificado de Incorporación o al considerar una Enmienda a estos Estatutos que afecte los derechos de los miembros de la Corporación como tales, los custodios tienen que actuar en su calidad de miembros de la Corporación. Para cumplir con el espíritu y principios de la Comunidad de Alcohólicos Anónimos, se espera que la Junta aunque no se requiere legalmente, someta cualquier enmienda o enmiendas del Certificado de Incorporación de estos estatutos a la consideración de los delegados de la Conferencia, ya sea por correo o en la reunión anual de la Conferencia de Alcohólicos Anónimos, según lo determine la Junta de Custodios, y si la mayoría de los delegados no está de acuerdo con tal enmienda o enmiendas, se espera que los miembros custodios se abstengan de proceder al respecto excepto el caso de que tal enmienda o tales enmiendas estén exigidas por la ley. Sin embargo, cuando se somete una enmienda o enmiendas a los delegados de la Conferencia y no son desaprobadas como en el caso anterior, la enmienda o enmiendas necesitan el voto afirmativo de sólo una mayoría de los miembros de la Junta de Custodios presentes en la reunión de la Junta de Servicios Generales, con tal de que los votos a favor de tal acción constituyan al menos el quórum. Cuando se presentan tal enmienda o tales enmiendas a los Estatutos a los delegados de la Conferencia y no son desaprobadas como en el caso anterior, la enmienda o las enmiendas sólo necesitarán el voto afirmativo de la mayoría de los custodios miembros presentes en una reunión con la condición de que, cuando se considere una enmienda a los Estatutos que afecte los derechos de los miembros de la Corporación, como tales, los custodios miembros tienen que actuar en calidad de miembros de la corporación.

Apéndice F

ESTATUTOS de Alcoholics Anonymous World Services, Inc.

ARTÍCULO I
OFICINAS Y SELLO

Sección 1. <u>Oficinas</u>: Se establecerá una oficina administrativa de esta Corporación en el lugar de la ciudad de Nueva York que determine la Junta Directiva. La Corporación podrá establecer y mantener oficinas en cualquiera de los estados de los Estados Unidos y sus posesiones, ciudades o poblaciones y en los lugares que la Junta Directiva designe a través del tiempo.

Sección 2. <u>Sello</u>: El sello corporativo será de forma circular y tendrá inscrito el nombre de la Corporación, el año de su constitución y las palabras "Corporate Seal, State of New York". La Corporación podrá modificar y cambiar dicho sello a su criterio; dicho sello se podrá usar mediante la impresión, colocación o reproducción del sello o un facsímil del mismo o de otro modo.

ARTÍCULO II
MIEMBROS Y JUNTAS DE LOS MIEMBROS

Sección 1. <u>Composicion</u>: La Corporación estará integrada por personas que son custodios de la Junta de Servicios Generales de **Alcohólicos Anónimos**, Inc. (la "Junta de Servicios Generales"). Una persona no podrá ser elegida para ser miembro de la Corporación ni podrá continuar como Miembro de la Corporación a menos que dicha persona al mismo tiempo sea custodio en la Junta de Servicios Generales.

Sección 2. <u>Derechos de los Miembros</u>: El derecho a votar de un Miembro, y todo derecho, título e interés del Miembro en la Corporación o sus propiedades cesará cuando termine su su servicio en la junta.

Sección 3. <u>Reunión Anual</u>: La Reunión Anual de los Miembros de la Corporación se celebrará en el estado de Nueva York en el día inmediatamente siguiente al cierre programado de la Conferencia de Servicios Generales. Tal como lo exige la Ley para Sociedades Sin Fines de Lucro del estado de Nueva York (la "NPCL" por las siglas en inglés de "*Not-for-Profit Corporation Law*"), durante la reunión anual de los Miembros, la Junta Directiva presentará a los Miembros una memoria anual correspondiente al ejercicio fiscal finalizado más recientemente de la Corporación. La memoria será certificada por los contadores públicos independientes de la Corporación o se constatará de otro modo conforme a lo dispuesto en la Sección 519 de la NPCL, y contendrá como mínimo toda la información que la NPCL exija que se incluya en la memoria.

Sección 4. <u>Notificación de la Reunión Anual</u>: Se cursará una notificación por escrito de la fecha, hora y lugar de la Reunión Anual ya sea en persona, por correo de primera clase con portes prepagados, por fax o por correo electrónico, con una antelación de no menos de diez (10) y no más de cincuenta (50) días antes de la reunión, a cada persona que figura en los libros de la Corporación como Miembro y, si se envía por correo, dicha notificación se dirigirá al Miembro a la dirección del Miembro que aparece en los libros de la Corporación, salvo que el Miembro haya registrado con el Secretario de la Corporación una solicitud por escrito de que las notificaciones se le envíen por correo al Miembro a la dirección que este designe en dicha solicitud.

Sección 5. <u>Reuniones Extraordinarias</u>: Las reuniones extraordinarias de los Miembros, fuera de las que estén reguladas por ley, podrán ser convocadas en cualquier momento por el Presidente de la Junta Directiva de esta Corporación. Una reunión extraordinaria podrá ser convocada por los Miembros con derecho al diez por ciento del número total de votos con derecho a voto en dicha reunión, quienes podrán, por escrito, solicitar la convocatoria de una reunión extraordinaria, especificando la fecha y mes de la misma, la cual no se podrá celebrar antes de dos meses ni más de tres meses antes de la fecha de dicha convocatoria por escrito. El Secretario, al recibir la solicitud por escrito, notificará inmediatamente sobre dicha reunión o, si el Secretario no cursa la notificación dentro de los cinco días laborales siguientes, cualquier Miembro que firme dicha solicitud podrá cursar la notificación.

Sección 6. <u>Notificación de Reuniones Extraordinarias de los Miembros</u>: Se cursará una notificación por escrito de la fecha, hora, lugar y propósito o propósitos de la Reunión Extraordinaria ya sea en persona, por correo de primera clase con portes prepagados, por fax o por correo electrónico, a cada Miembro con una antelación de no menos de diez (10) y no más de cincuenta (50) días antes de dicha reunión, y, si se envía por correo, dicha notificación se dirigirá a cada Miembro con derecho a ser notificado a la dirección del Miembro tal como aparece en los libros o registros de la Corporación, salvo que el Miembro haya registrado con el Secretario de la Corporación una solicitud por escrito de que las notificaciones se le envíen por correo al Miembro a otra dirección, en cuyo caso la notificación se enviará por correo a la dirección que este designe en dicha solicitud.

Sección 7. <u>Quórum</u>: En toda reunión de los Miembros, una mayoría de los Miembros (en persona o por poder) constituirá un quórum para todos los fines, salvo disposición en contrario por ley. En ausencia de un quórum, o cuando hay un quórum presente, una reunión se podrá aplazar de tiempo en tiempo mediante la votación de una mayoría de los Miembros presentes en persona, sin otro aviso que el anuncio en la reunión, y sin notificación adicional a un Miembro ausente. En cualquier reunión aplazada en la cual esté presente un quórum se podrá tratar cualquier asunto que se podría haber tratado en la reunión notificada originalmente.

Sección 8. <u>Renuncia a notificación</u>: Toda vez que, en virtud de las disposiciones de cualquier ley aplicable o de las disposiciones de la Escritura de Constitución o los Estatutos de esta Corporación, la Corporación o la Junta Directiva, o cualquier comité de la misma, esté autorizada para realizar alguna acción después de notificar a los Miembros o a la Junta Directiva o a los integrantes de un comité, o después del vencimiento de un plazo prescrito, dicha acción se podrá realizar sin previo aviso y sin el vencimiento de dicho plazo, si en cualquier momento, antes o después de realizada dicha acción, la persona o las personas con derecho a recibir la notificación o con derecho a participar en la acción por realizar o, en el caso de los Miembros, los Miembros o los apoderados de los Miembros debidamente autorizados, renuncian a los requisitos antedichos. Toda renuncia a notificación de esta índole podrá cursarse por escrito o en forma electrónica. Si fuera por escrito, la persona que otorga la renuncia debe firmarla por cualquier medio razonable, incluida, entre otras, su firma en facsímil. Si fuera en forma electrónica, la transmisión de la renuncia se debe enviar por correo electrónico y deberá consignar o presentarse junto con información que permita determinar razonablemente que la transmisión fue autorizada por la persona que otorga la renuncia.

Sección 9. <u>Orden del día</u>: En todas las reuniones de los Miembros de la Corporación, el orden del día, salvo determinación en contrario por votación de dos tercios de los Miembros presentes en persona o por poder, será:

a) Una lectura del Acta de la reunión anterior.
b) Informes de los oficiales.
c) Elección de directores (si fuera una reunión anual).
d) Consideración del presupuesto (si fuera requerido).
e) Comunicaciones.
f) Asuntos pendientes.
g) Asuntos nuevos.

ARTÍCULO III
DIRECTORES

Sección 1. <u>Número-Elección</u>: El uso del término "totalidad de la Junta Directiva" en el presente documento se refiere al número total de directores con derecho a voto que tendría la Corporación si no hubiera vacantes. Los asuntos de la Corporación serán administrados y controlados por una Junta Directiva integrada por nueve (9) Directores. Un mínimo de cuatro Directores serán Miembros de la Corporación, de los cuales un mínimo de dos serán Custodios de Clase B de la Junta de Servicios Generales, tal como se definen en los estatutos de la Junta de Servicios Generales. Los Directores serán elegidos por un período de un año en la Reunión Anual de los Miembros, y estos ocuparán el cargo durante el plazo para el cual han sido elegidos y hasta que sus sucesores hayan sido debidamente elegidos y calificados salvo tal como se dispone más adelante en el presente respecto a la ocupación de vacantes. Los directores serán elegidos por voto secreto en dicha reunión anual por una mayoría de los Miembros que voten en persona. Ninguna persona que no sea un Miembro de la Corporación (fuera del Presidente de la Corporación) será elegida por más de cuatro periodos consecutivos completos como Director de la Corporación y, si no es un Miembro de la Corporación ni el Presidente de la Corporación, dicha persona no será apta para seguir en el cargo de Director. No obstante cualquier disposición en contrario en esta Sección 1, la Junta Directiva, mediante votación de por lo menos 3/4 de la totalidad de la Junta Directiva, podrá destituir a un director por motivo justificado, y los Miembros de la Corporación, mediante votación similar de 3/4 de los votos de la totalidad de los miembros, podrán destituir a un Director con o sin motivo justificado.

Sección 2. <u>Reuniones ordinarias</u>: En la reunión ordinaria de la Junta Directiva que se celebrará inmediatamente después de cada elección anual de los Directores, los Directores recién elegidos se reunirán en la oficina principal de la Corporación con fines de organización, la elección de oficiales y la resolución de otros asuntos y, si hay un quórum presente de Directores, no se requerirá cursar una convocatoria previa de dicha reunión. Sin embargo, el lugar y la hora de dicha primera reunión se podrá establecer con el consentimiento por escrito de todos los Directores. Las reuniones ordinarias de la Junta Directiva se celebrarán en los lugares y en las fechas y horas que determine la Junta Directiva, con la salvedad que una reunión ordinaria de la Junta Directiva se deberá celebrar durante la semana inmediatamente anterior a cada reunión trimestral de la Junta de Servicios Generales. La Junta Directiva, ocasionalmente o a partir de una proyección anual de sus necesidades de reunión, podrá postergar, aplazar u omitir una reunión ordinaria anteriormente programada, con el consentimiento de una mayoría de la Junta Directiva.

Sección 3. <u>Reuniones extraordinarias</u>: Las reuniones extraordinarias de la Junta Directiva podrán ser convocadas por el Presidente de la Junta y tienen que ser convocadas por el Presidente de la Junta ante una petición por escrito de no menos de un quinto de la totalidad de la Junta Directiva.

Sección 4. <u>Notificación de reuniones</u>: Se notificará de todas las reuniones de los Directores, salvo disposición en contrario en el presente, por correo postal, fax o correo electrónico con una antelación de no menos de diez (10) días antes de la reunión, pero cualquier Director podrá renunciar a dicha notificación. Toda renuncia a una notificación de esta índole podrá cursarse por escrito o en forma electrónica. Si fuera por escrito, la persona que otorga la renuncia debe firmarla por cualquier medio razonable, incluida, entre otras, su firma en facsímil. Si fuera en forma electrónica, la transmisión de la renuncia se debe enviar por correo electrónico y deberá consignar o presentarse junto con información que permita determinar razonablemente que la transmisión fue autorizada por la persona que otorga la renuncia. En cualquier reunión de los Directores se podrá tratar todo tipo de asunto. En cualquier reunión en la que estén presentes todos los Directores, aunque no medie ninguna notificación ni renuncia al respecto, se podrá tratar cualquier asunto.

Sección 5. <u>Participación en reuniones por conferencia telefónica</u>: Con relación a cualquier reunión de la Junta Directiva o de cualquier comité de la misma, cualquier Director o integrante del comité podrá participar en la reunión por conferencia telefónica o un equipo similar de comunicaciones o por comunicación electrónica por pantalla de video, siempre que todas las personas que participen en la reunión puedan oírse entre ellas a la vez y que cada director pueda participar en todos los asuntos ante la Junta Directiva o el comité, lo cual incluye, sin limitación, la capacidad de proponer, objetar y votar respecto a una acción específica que la Junta Directiva o el comité pueda realizar; la participación por este medio constituirá una presencia en persona en la reunión.

Sección 6. <u>Presidencia de las reuniones</u>: En todas las reuniones de la Junta Directiva, presidirá el Presidente de la Junta Directiva o el Vicepresidente de la Junta Directiva, o en su ausencia, un Presidente interino elegido por los Directores presentes.

Sección 7. <u>Quórum</u>: En todas las reuniones de la Junta Directiva, una mayoría de la totalidad de la Junta Directiva (siempre que por lo menos uno de los directores presentes sea un Miembro de la Corporación) será necesaria y suficiente para constituir un quórum para tratar asuntos, y un acto de una mayoría de los Directores presentes en cualquier reunión en la que exista quórum será un acto de la Junta Directiva, salvo disposición en contrario por ley. En cualquier reunión en la que no se haya alcanzado el quórum, una mayoría de los presentes podrá aplazar la reunión de tiempo en tiempo sin notificación adicional a un Director ausente.

Sección 8. **Vacantes**: Una vacante en la Junta Directiva que ocurra durante el año por fallecimiento, discapacidad, renuncia, jubilación, destitución, descalificación u otro motivo, podrá ser cubierta para el resto del período no vencido mediante votación de la mayoría de los Directores restantes que voten en cualquier reunión ordinaria o extraordinaria de los Directores y el Director nombrado de este modo ocupará el cargo hasta la siguiente Reunión Anual de los Miembros de la Corporación y la elección y calificación del sucesor del Director nombrado. Si se aumentara el número de Directores, se considerará que dicho aumento creará vacantes en la Junta Directiva en la medida del número del aumento, y dichas vacantes se cubrirán por una votación de la mayoría de los Miembros, y los nuevos Directores se desempeñarán en el cargo hasta la siguiente Reunión Anual y la elección y calificación de sus sucesores.

Sección 9. **Facultades**: Todas las facultades corporativas, salvo disposición en contrario en los presentes Estatutos y en las leyes del estado de Nueva York, se conferirán y por el presente se confieren y serán ejercidas por la Junta Directiva. Todos los oficiales, empleados y agentes, además de las facultades conferidas u obligaciones impuestas a ellos por los presentes Estatutos, tendrán las atribuciones y obligaciones en la gestión de la Corporación que se determinen mediante resolución de la Junta Directiva y que no contradigan estos Estatutos ni las leyes del estado de Nueva York.

ARTÍCULO IV
OFICIALES

Sección 1. **Número**: Los oficiales de la Corporación serán un Presidente de la Junta Directiva, un Vicepresidente de la Junta Directiva, un Presidente, un Vicepresidente, un Secretario, un Tesorero y un Tesorero Adjunto, y los oficiales que, con las facultades y obligaciones que no contradigan a los presentes Estatutos, sean nombrados a través del tiempo por determinación de la Junta Directiva.

Sección 2. **Elección y calificación**: El Presidente de la Junta Directiva y el Presidente serán elegidos anualmente por la Junta Directiva de entre los integrantes de la Junta Directiva, y el Vicepresidente de la Junta Directiva, el Vicepresidente, el Secretario, el Tesorero y el Tesorero Adjunto serán elegidos anualmente por la Junta Directiva, según la Junta Directiva considere apropiado, en la primera reunión de la Junta Directiva después de la Reunión Anual de los Miembros de la Corporación. No obstante cualquier disposición en contrario contenida en esta Sección 2, la Junta Directiva tendrá el derecho de destituir a cualquier oficial de la Corporación de su cargo con o sin motivo justificado, en cualquier momento.

Sección 3. **Vacantes**: En caso de que algún cargo en la Corporación quede vacante por fallecimiento, discapacidad, renuncia, jubilación, destitución, descalificación o cualquier otro motivo, los Directores podrán elegir a un oficial para ocupar esa vacante y el oficial elegido de este modo se desempeñará en el cargo hasta la elección y calificación de un sucesor, o hasta que dicho oficial sea destituido del cargo conforme a lo dispuesto en la Sección 2 de este Artículo.

Sección 4. **El Presidente de la Junta Directiva**: El Presidente de la Junta Directiva presidirá todas las reuniones de la Junta Directiva y aprobará los órdenes del día para todas esas reuniones. El Presidente de la Junta Directiva desempeñará en general todas las funciones inherentes al cargo de Presidente de la Junta Directiva y las demás funciones que la Junta Directiva asigne al Presidente de la Junta Directiva a través del tiempo. Ningún empleado de la Corporación podrá ejercer el cargo de Presidente de la Junta Directiva.

Sección 5. El Presidente: El Presidente tendrá a su cargo la gestión y supervisión general de los negocios y asuntos de la Corporación, y cumplirá y desempeñará las demás funciones que la Junta Directiva asigne al Presidente a través del tiempo. El Presidente podrá, con el Presidente de la Junta Directiva, un Vicepresidente o el Secretario o el Tesorero, firmar y otorgar todos los bonos, hipotecas, contratos, cheques, instrumentos financieros u otras obligaciones autorizadas en nombre y representación de la Corporación, salvo en los casos en que la Junta Directiva o los presentes Estatutos designen la firma y el otorgamiento de los mismos expresamente a algún otro oficial o agente de la Corporación, con la salvedad, sin embargo, que ningún bono, hipoteca o contrato se otorgará sin la autorización específica de la Junta Directiva.

Sección 6. El Vicepresidente de la Junta Directiva: En caso de ausencia o discapacidad del Presidente de la Junta Directiva, el Vicepresidente de la Junta Directiva, en cualquier momento y a través del tiempo, desempeñará todas las funciones del Presidente de la Junta Directiva y tendrá las facultades y cumplirá las obligaciones que la Junta Directiva determine a través del tiempo, en la medida que lo autoricen las leyes.

Sección 7. El Vicepresidente: En caso de ausencia o discapacidad del Presidente, el Vicepresidente, en cualquier momento y a través del tiempo, desempeñará todas las funciones del Presidente y tendrá las facultades y cumplirá las obligaciones que la Junta Directiva determine a través del tiempo, en la medida que lo autoricen las leyes.

Sección 8. El Secretario: El Secretario asistirá y redactará las actas de todas las reuniones de la Junta Directiva y las reuniones de los Miembros de la Corporación. El Secretario se ocupará del envío y la entrega de todas las notificaciones de la Corporación, y podrá firmar junto con el Presidente de la Junta Directiva, el Presidente o el Vicepresidente, en nombre y representación de la Corporación, todos los contratos o acuerdos autorizados por la Junta Directiva y, cuando lo autorice u ordene la Junta Directiva, el Secretario podrá colocar el sello de la Corporación en los mismos. El Secretario estará a cargo de los libros y documentos que la Junta Directiva determine, y tendrá la custodia del sello corporativo. En general, el Secretario desempeñará todas las funciones inherentes al cargo de Secretario, sujeto al control de la Junta Directiva, y realizará y desempeñará todos los demás deberes secretariales corporativos que la Junta Directiva le asigne a través del tiempo. Además, el Secretario también mantendrá un registro que contenga los nombres, ordenados alfabéticamente, de todas las personas que son Miembros de la Corporación, y sus domicilios legales, y dicho registro estará disponible para inspección conforme a lo prescrito por ley.

Sección 9. El Tesorero: El Tesorero tendrá la custodia de todos los fondos y valores de la Corporación, con sujeción a las normas que imponga la Junta Directiva. Cuando sea necesario o apropiado, el Tesorero podrá endosar para cobranza, en nombre de la Corporación, cheques, instrumentos financieros u otras obligaciones y los depositará a favor de la Corporación en el banco o los bancos o institución depositaria que designe la Junta Directiva. El Tesorero firmará todos los recibos y comprobantes en nombre de la Corporación, y hará los pagos que sean necesarios o apropiados hacer en nombre de la Corporación, sujeto al control de la Junta Directiva. El Tesorero asentará con regularidad en los libros de la Corporación que el Tesorero mantendrá con ese propósito, los registros completos y precisos de todos los dineros y las obligaciones que el Tesorero reciba y pague o disponga en nombre de la Corporación, y exhibirá dichos libros en todo momento que sea razonable a cualquier Director a solicitud en las oficinas de la Corporación. Es posible que se requiera que el Tesorero deposite una fianza por el fiel cumplimiento de sus obligaciones en el monto y con las garantías que requiera la Junta Directiva. En general, el Tesorero desempeñará todas las funciones inherentes al cargo de Tesorero, sujeto al control de la Junta Directiva, y también presentará en cada reunión ordinaria de la Junta Directiva un informe escrito que muestre los ingresos y desembolsos de la Corporación desde la última reunión de la Junta Directiva, y el estado financiero general de la Corporación a la fecha de cada informe. El Tesorero, junto con el oficial o los oficiales que designe la Junta Directiva, firmará todos los cheques de la Corporación y todas las letras de cambio y pagarés emitidos por la Corporación, salvo en los casos en que la Junta Directiva o los presentes Estatutos designen la firma y el otorgamiento de los mismos a algún otro oficial o agente de la Corporación.

Sección 10. El Tesorero Adjunto: El Tesorero Adjunto, en ausencia o por discapacidad del Tesorero, cumplirá las obligaciones y ejercerá las facultades del Tesorero. El Tesorero Adjunto, si fuera requerido por la Junta Directiva, mantendrá vigente una fianza conforme a lo dispuesto en la Sección 9 del presente Artículo. En general, el Tesorero Adjunto desempeñará las funciones que el Tesorero o la Junta Directiva, el Presidente de la Junta Directiva o el Presidente le asignen.

ARTÍCULO V
COMITÉS

Sección 1. Comités de la Junta Directiva: La Junta Directiva podrá, mediante resolución aprobada por una mayoría de la totalidad de la Junta Directiva, designar de entre sus integrantes a los Comités de la Junta Directiva que esta considere apropiados a través del tiempo. Cada uno de dichos Comités de la Junta Directiva estará compuesto por un mínimo tres (3) integrantes de la Junta Directiva y, en la medida que se disponga en una resolución, tendrá las atribuciones conferidas y las limitaciones impuestas por la Junta Directiva o las leyes.

Sección 2. Comités de la Corporación: Los comités que no sean Comités de la Junta Directiva, ya sean creados por la Junta Directiva o por los Miembros, serán comités de la Corporación. Los integrantes de dichos comités podrán ser nombrados o elegidos de la misma manera que los oficiales de la Corporación. Las disposiciones en la NPCL aplicables a los oficiales en general serán de aplicación a los integrantes de dichos comités.

Sección 3. Atribuciones de los Miembros y de la Junta Directiva: Los comités se podrán crear, disolver, eliminar, reemplazar y sus atribuciones se podrán ampliar o limitar conforme a lo que los Miembros o la Junta Directiva determinen a través del tiempo mediante resolución apropiada, excepto que, tal como dispone la NPCL, ningún comité tendrá facultades para los asuntos siguientes:

a) presentar a los Miembros una acción que requiera la aprobación de los Miembros en virtud de la NPCL,

b) cubrir vacantes en la Junta Directiva o en cualquier comité,

c) determinar las remuneraciones de los directores por desempeñar un cargo en la Junta Directiva o en cualquier comité, según corresponda,
d) modificar o revocar los Estatutos o aprobar nuevos Estatutos,
e) modificar o revocar cualquier resolución de la Junta Directiva que, por sus términos, no admite modificación ni revocación de esta manera.

ARTÍCULO VI
INDEMNIZACIÓN

La Corporación podrá indemnizar, en la mayor medida que autorice la ley, a cualquiera de los oficiales o directores actuales o anteriores de la Corporación, o a los representantes personales de los mismos, que hayan sido incorporados o que hayan sido amenazados con ser incorporados como parte en una demanda civil o un proceso penal por el hecho de que él o ella o su testador o intestado es o fue director u oficial de la Corporación, o prestó servicios en cualquier otra corporación, sociedad, asociación en participación, fideicomiso, plan de beneficios para empleados u otro emprendimiento en cualquier capacidad a solicitud de la Corporación, contra sentencias, multas (incluidos los impuestos sobre el consumo gravados a dicha persona en relación con un servicio a un plan de beneficios para empleados), importes pagados en acuerdos judiciales y los gastos razonables, incluidos los honorarios de abogados, incurridos efectiva y necesariamente como resultado de dicha demanda o proceso o cualquier apelación de los mismos.

Los gastos (incluidos los honorarios de abogados) incurridos en la defensa en una demanda civil o proceso penal podrán, en la mayor medida autorizada por ley, ser pagados por la Corporación con anticipación a la resolución definitiva de dicha demanda o proceso tras recibir un compromiso de parte o en nombre del director u oficial afectado de que reembolsará dicha cantidad en la medida en que en última instancia se determine que la persona no tiene derecho a indemnización o, si se otorgara una indemnización, en la medida en que los gastos pagados por adelantado de esta manera por la Corporación excedan la indemnización a la cual él o ella tenga derecho.

No se considerará que el derecho a la indemnización y al pago adelantado de gastos establecido en el párrafo anterior excluye cualquier otro derecho o derechos a los que cualquier persona, su testador o intestado pueda tener derecho fuera de esta disposición, con la salvedad que no se podrá dar indemnización alguna a o en nombre de cualquier director u oficial si una sentencia o adjudicación definitiva en contra del director u oficial establece que este cometió actos de mala fe o que fueron el resultado de una deshonestidad activa e intencional y que estos fueron relevantes para la demanda o proceso respecto a la cual se ha hecho la adjudicación, o que él o ella efectivamente obtuvo personalmente una ganancia económica u otra ventaja a la cual no tenía derecho legal. Nada de lo contenido en esta disposición afectará los derechos de indemnización a los cuales los empleados corporativos que no son directores u oficiales podrán tener derecho por contrato o de otra manera por ley.

ARTÍCULO VII
CONTRATOS

La Junta Directiva, salvo disposición en contrario en los presentes Estatutos, podrá autorizar a cualquier oficial u oficiales, agente o agentes, a celebrar cualquier contrato o firmar y otorgar cualquier documento en nombre y en representación de la Corporación, y dicha facultad podrá ser general o limitada a instancias específicas; y, salvo que cuente con la autorización de la Junta Directiva o los presentes Estatutos, ningún oficial, agente o empleado tendrá la facultad o atribución para comprometer a la Corporación mediante un contrato o compromiso ni pignorar su crédito ni responsabilizarla pecuniariamente para propósito alguno o por importe alguno.

ARTÍCULO VIII
PRESUPUESTO

Antes del inicio de cada ejercicio fiscal, la Corporación preparará un presupuesto donde se consignen los ingresos y los gastos previstos de la Corporación para el siguiente ejercicio fiscal, y presentará dicho presupuesto para su aprobación en la primera reunión de los Custodios de la Junta de Servicios Generales celebrada después del 1 de enero del ejercicio fiscal de la Corporación al cual aplica el presupuesto. La Corporación elaborará procedimientos para cualquier aprobación posterior que se requiera para gastos que no estén abarcados o que excedan el presupuesto aprobado.

ARTÍCULO IX
EJERCICIO FISCAL

El ejercicio fiscal de la Corporación comenzará el 1 de enero y finalizará el 31 de diciembre de cada año.

ARTÍCULO X
AUDITOR

La Junta Directiva nombrará anualmente a un auditor cuya obligación será auditar los libros contables de la Corporación y preparar y presentar ante la Junta Directiva un informe anual por escrito en la fecha que lo solicite la Junta Directiva, y proporcionar los otros y demás informes que la Junta Directiva solicite a su discreción a través del tiempo.

ARTÍCULO XI
MODIFICACIONES

Los Estatutos se podrán modificar, enmendar o revocar en cualquier reunión de los Miembros de la Corporación con el voto a favor de dos tercios de los Miembros presentes en persona, siempre que la notificación de dicha reunión contenga un aviso respecto a la modificación propuesta. La Junta Directiva no estará facultada para modificar, enmendar ni revocar los Estatutos.

Apéndice G

ESTATUTOS de Alcoholics Anonymous Grapevine, Inc.

ARTÍCULO I
OFICINAS Y SELLO

Sección 1. <u>Oficinas</u>: Se establecerá una oficina administrativa de esta Corporación en el lugar de la ciudad de Nueva York que determine la Junta Directiva. La Corporación podrá establecer y mantener oficinas en cualquiera de los estados de los Estados Unidos y sus posesiones, ciudades o poblaciones y en los lugares que la Junta Directiva designe a través del tiempo.

Sección 2. <u>Sello</u>: El sello corporativo será de forma circular y tendrá inscrito el nombre de la Corporación, el año de su constitución y las palabras "Corporate Seal, State of New York". La Corporación podrá modificar y cambiar dicho sello a su criterio; dicho sello se podrá usar mediante la impresión, colocación o reproducción del sello o un facsímil del mismo o de otro modo.

ARTÍCULO II
MIEMBROS Y JUNTAS DE LOS MIEMBROS

Sección 1. <u>Composición</u>: La Corporación estará integrada por las personas que son los miembros y custodios de la Junta de Servicios Generales de Alcoholics Anonymous, Inc. (la "Junta de Servicios Generales"). Una persona no podrá ser elegida miembro en la Corporación ni podrá continuar como Miembro de la Corporación a menos que dicha persona al mismo tiempo sea miembro y custodio en la Junta de Servicios Generales.

Sección 2. <u>Derechos de los Miembros</u>: El derecho a votar de un Miembro, y todo derecho, título e interés del Miembro en la Corporación o sus propiedades cesará cuando termine su servicio en la junta.

Sección 3. <u>Reunión Anual</u>: La Reunión Anual de los Miembros de la Corporación se celebrará en el estado de Nueva York en el día inmediatamente siguiente al cierre programado de la Conferencia de Servicios Generales. Tal como lo exige la Ley para Sociedades Sin Fines de Lucro del estado de Nueva York (la "NPCL" por las siglas en inglés de "*Not-for-Profit Corporation Law*"), durante la reunión anual de los Miembros, la Junta Directiva presentará a los Miembros una memoria anual correspondiente al ejercicio fiscal finalizado más recientemente de la Corporación. La memoria será certificada por los contadores públicos independientes de la Corporación o se constatará de otro modo conforme a lo

S137

dispuesto en la Sección 519 de la NPCL, y contendrá como mínimo toda la información que la NPCL exija que se incluya en la memoria.

Sección 4. <u>Notificación de la Reunión Anual</u>: Se cursará una notificación por escrito de la fecha, hora y lugar de la Reunión Anual ya sea en persona, por correo de primera clase con portes prepagados, por fax o por correo electrónico, con una antelación de no menos de diez (10) y no más de cincuenta (50) días antes de la reunión, a cada persona que figura en los libros de la Corporación como Miembro y, si se envía por correo, dicha notificación se dirigirá al Miembro a la dirección del Miembro que aparece en los libros de la Corporación, salvo que el Miembro haya registrado con el Secretario de la Corporación una solicitud por escrito de que las notificaciones se le envíen por correo al Miembro a la dirección que este designe en dicha solicitud.

Sección 5. <u>Reuniones Extraordinarias</u>: Las reuniones extraordinarias de los Miembros, fuera de las que estén reguladas por ley, podrán ser convocadas en cualquier momento por el Presidente de la Junta Directiva de esta Corporación. Una reunión extraordinaria podrá ser convocada por los Miembros con derecho al diez por ciento del número total de votos con derecho a voto en dicha reunión, quienes podrán, por escrito, solicitar la convocatoria de una reunión extraordinaria, especificando la fecha y mes de la misma, la cual no se podrá celebrar antes de dos meses ni más de tres meses antes de la fecha de dicha convocatoria por escrito. El Secretario, al recibir la solicitud por escrito, notificará inmediatamente sobre dicha reunión o, si el Secretario no cursa la notificación dentro de los cinco días laborales siguientes, cualquier Miembro que firme dicha solicitud podrá cursar la notificación.

Sección 6. <u>Notificación de Reuniones Extraordinarias de los Miembros</u>: Se cursará una notificación por escrito de la fecha, hora, lugar y propósito o propósitos de la Reunión Extraordinaria ya sea en persona, por correo de primera clase con portes prepagados, por fax o por correo electrónico, a cada Miembro con una antelación de no menos de diez (10) y no más de cincuenta (50) días antes de dicha reunión, y, si se envía por correo, dicha notificación se dirigirá a cada Miembro con derecho a ser notificado a la dirección del Miembro tal como aparece en los libros o registros de la Corporación, salvo que el Miembro haya registrado con el Secretario de la Corporación una solicitud por escrito de que las notificaciones se le envíen por correo al Miembro a otra dirección, en cuyo caso la notificación se enviará por correo a la dirección que este designe en dicha solicitud.

Sección 7. <u>Poder</u>: Un Miembro podrá facultar a otra persona o personas para que actúe(n) como apoderado(s) del Miembro mediante una autorización por escrito, lo cual incluye los facsímiles y el correo electrónico, otorgada a la persona que recibirá el poder, con la salvedad que las autorizaciones otorgadas por correo electrónico deberán consignar información que permita determinar razonablemente que la autorización por correo electrónico fue autorizada por el Miembro. Si se determina que la autorización por correo electrónico es válida, los inspectores o, si no hubiera inspectores, las personas encargadas de hacer esa determinación, especificarán la naturaleza de la información sobre la cual basaron su determinación.

Sección 8. <u>Quórum</u>: En cualquier reunión de los Miembros, una mayoría de los Miembros (en persona o por poder) constituirá un quórum para todos los fines, salvo disposición en contrario por ley. En ausencia de un quórum, o cuando hay un quórum presente, una reunión se podrá aplazar de tiempo en tiempo mediante la votación de una mayoría de los Miembros presentes o apoderados, sin otro aviso que el anuncio en la reunión, y sin notificación adicional a un Miembro ausente. En cualquier reunión aplazada en la cual esté presente un quórum se podrá tratar cualquier asunto que se podría haber tratado en la reunión notificada originalmente.

Sección 9. Renuncia a notificación: Toda vez que, en virtud de las disposiciones de cualquier ley aplicable o de las disposiciones de la Escritura de Constitución o los Estatutos de esta Corporación, la Corporación o la Junta Directiva, o cualquier comité de la misma, esté autorizada para realizar alguna acción después de notificar a los Miembros o a la Junta Directiva o a los integrantes de un comité, o después del vencimiento de un plazo prescrito, dicha acción se podrá realizar sin previo aviso y sin el vencimiento de dicho plazo, si en cualquier momento, antes o después de realizada dicha acción, la persona o las personas con derecho a recibir la notificación o con derecho a participar en la acción por realizar o, en el caso de los Miembros, los Miembros o los apoderados de los Miembros debidamente autorizados, renuncian a los requisitos antedichos. Toda renuncia a notificación de esta índole podrá cursarse por escrito o en forma electrónica. Si fuera por escrito, la persona que otorga la renuncia debe firmarla por cualquier medio razonable, incluida, entre otras, su firma en facsímil. Si fuera en forma electrónica, la transmisión de la renuncia se debe enviar por correo electrónico y deberá consignar o presentarse junto con información que permita determinar razonablemente que la transmisión fue autorizada por la persona que otorga la renuncia.

Sección 10. Orden del día: En todas las reuniones de los Miembros de la Corporación, el orden del día, salvo determinación en contrario por votación de dos tercios de los Miembros presentes en persona o por poder, será:

a) Una lectura del Acta de la reunión anterior.
b) Informes de los oficiales.
c) Elección de directores (si fuera una reunión anual).
d) Consideración del presupuesto (si fuera requerido).
e) Comunicaciones.
f) Asuntos pendientes.
g) Asuntos nuevos.

<h2 style="text-align:center">ARTÍCULO III
DIRECTORES</h2>

Sección 1. Número-Elección: El uso del término "totalidad de la Junta Directiva" en el presente documento se refiere al número total de directores con derecho a voto que tendría la Corporación si no hubiera vacantes. Los asuntos de la Corporación serán administrados y controlados por una Junta integrada por no menos de siete (7) ni más de diez (10) directores. El número de directores, dentro de esos límites, se podrá establecer a través del tiempo mediante resolución de los Miembros, con la salvedad que los Miembros no estarán facultados para reducir la Junta Directiva a menos de tres (3) personas ni estarán facultados para reducir el número de directores de modo que se acorte el tiempo en el cargo de un director en funciones. Si los Miembros no han establecido el número de directores mediante resolución, entonces la totalidad de la Junta Directiva consistirá en el número de directores dentro de esos límites que fueron elegidos en la elección de directores más reciente.

Un mínimo de cuatro directores serán Miembros de la Corporación, de los cuales un mínimo de dos serán Custodios de Clase B de la Junta de Servicios Generales, tal como se definen en los estatutos de la Junta de Servicios Generales. En la Reunión Anual de los Miembros, se elegirá a los directores para ocupar el cargo por un año y estos ocuparán el cargo durante el plazo para el cual han sido elegidos y hasta que sus sucesores hayan sido debidamente elegidos y calificados, salvo tal como se dispone más adelante en el presente respecto a la ocupación de vacantes. Los directores serán elegidos por voto secreto en una reunión anual por una mayoría de los Miembros que voten en persona o por poder. Ninguna persona que no sea un Miembro de la Corporación (fuera del Editor Ejecutivo) será elegida por más de cuatro periodos consecutivos completos como director de la Corporación y, si no es un Miembro de la Corporación ni el Editor Ejecutivo de la Corporación, dicha persona no será apta para seguir en el cargo de director. No obstante cualquier disposición en contrario en esta Sección 1, la Junta Directiva, mediante votación de por lo menos 3/4 de la totalidad de la Junta Directiva, podrá destituir a un director por motivo justificado, y los Miembros de la Corporación, mediante votación similar de 3/4 de los votos de la totalidad de los miembros, podrán destituir a un director con o sin motivo justificado.

Sección 2. Reuniones ordinarias: En la reunión ordinaria de la Junta Directiva que se celebrará inmediatamente después de cada elección anual de los directores, los directores recién elegidos se reunirán en la oficina principal de la Corporación con fines de organización, la elección de oficiales y la resolución de otros asuntos y, si hay un quórum presente de directores, no se requerirá cursar una convocatoria previa de dicha reunión. Sin embargo, el lugar y la hora de dicha primera reunión se podrá establecer con el consentimiento por escrito de todos los directores. Las reuniones ordinarias de la Junta Directiva se celebrarán en los lugares y en las fechas y horas que determine la Junta Directiva, con la salvedad que una reunión ordinaria de la Junta Directiva se deberá celebrar durante la semana inmediatamente anterior a cada reunión trimestral de la Junta de Custodios de la Junta de Servicios Generales. La Junta Directiva, ocasionalmente o a partir de una proyección anual de sus necesidades de reunión, podrá postergar, aplazar u omitir una reunión ordinaria anteriormente programada, con el consentimiento de una mayoría de la Junta Directiva.

Sección 3. Reuniones extraordinarias: Las reuniones extraordinarias de la Junta Directiva podrán ser convocadas por el Presidente de la Junta y tienen que ser convocadas por el Presidente de la Junta ante una petición por escrito de no menos de un quinto de la totalidad de la Junta Directiva.

Sección 4. Notificación de reuniones: Se notificará de todas las reuniones de los directores, salvo disposición en contrario en el presente, por correo postal, fax o correo electrónico con una antelación de no menos de diez (10) días antes de la reunión, pero cualquier director podrá renunciar a dicha notificación. Toda renuncia a una notificación de esta índole podrá cursarse por escrito o en forma electrónica. Si fuera por escrito, la persona que otorga la renuncia debe firmarla por cualquier medio razonable, incluida, entre otras, su firma en facsímil. Si fuera en forma electrónica, la transmisión de la renuncia se debe enviar por correo electrónico y deberá consignar o presentarse junto con información que permita determinar razonablemente que la transmisión fue autorizada por la persona que otorga la renuncia. En las reuniones de directores se podrá tratar todo tipo de asunto. En cualquier reunión en la que estén presentes todos los directores, aunque no medie ninguna notificación ni renuncia al respecto, se podrá tratar cualquier asunto.

Sección 5. Participación en reuniones por conferencia telefónica: Con relación a cualquier reunión de la Junta Directiva o de cualquier comité de la misma, cualquier director o integrante del comité podrá participar en la reunión por conferencia telefónica o un equipo similar de comunicaciones o por comunicación electrónica por pantalla de video, siempre que todas las personas que participen en la reunión puedan oírse entre ellas a la vez y que cada director pueda participar en todos los asuntos ante la Junta Directiva o el comité, lo cual incluye, sin limitación, la capacidad de proponer, objetar y votar respecto a una acción específica que la Junta Directiva o el comité pueda realizar; la participación por este medio constituirá una presencia en persona en la reunión.

Sección 6. <u>Presidencia de las reuniones</u>: En todas las reuniones de la Junta Directiva, presidirá el Presidente de la Junta Directiva o el Vicepresidente de la Junta Directiva, o en su ausencia, un Presidente interino elegido por los directores presentes.

Sección 7. <u>Quórum</u>: En todas las reuniones de la Junta Directiva, una mayoría de la totalidad de la Junta Directiva (siempre que por lo menos uno de los directores presentes sea un Miembro de la Corporación) será necesaria y suficiente para constituir un quórum para tratar asuntos, y un acto de una mayoría de los directores presentes en cualquier reunión en la que existe quórum será un acto de la Junta Directiva, salvo disposición en contrario por ley. En cualquier reunión en la que no se haya alcanzado el quórum, una mayoría de los presentes podrá aplazar la reunión de tiempo en tiempo sin notificación adicional a un director ausente.

Sección 8. <u>Vacantes</u>: Una vacante en la Junta Directiva que ocurra durante el año por fallecimiento, discapacidad, renuncia, jubilación, destitución, descalificación u otro motivo, podrá ser cubierta para el resto del período no vencido mediante votación de la mayoría de los directores restantes que voten en cualquier reunión ordinaria o extraordinaria de los directores y el director nombrado de este modo ocupará el cargo hasta la siguiente Reunión Anual de los Miembros de la Corporación y la elección y calificación del sucesor del director nombrado. Si se aumentara el número de directores, se considerará que dicho aumento creará vacantes en la Junta Directiva en la medida del número del aumento, y dichas vacantes se cubrirán por una votación de la mayoría de los Miembros, y los nuevos directores se desempeñarán en el cargo hasta la siguiente Reunión Anual y la elección y calificación de sus sucesores.

Sección 9. <u>Facultades</u>: Todas las facultades corporativas, salvo disposición en contrario en los presentes Estatutos y en las leyes del estado de Nueva York, se conferirán y por el presente se confieren y serán ejercidas por la Junta Directiva. Todos los oficiales, empleados y agentes, además de las facultades conferidas u obligaciones impuestas a ellos por los presentes Estatutos, tendrán las atribuciones y obligaciones en la gestión de la Corporación que se determinen mediante resolución de la Junta Directiva y que no contradigan estos Estatutos ni las leyes del estado de Nueva York.

ARTÍCULO IV
OFICIALES

Sección 1. <u>Número</u>: Los Oficiales de la Corporación serán un Presidente de la Junta Directiva, un Vicepresidente de la Junta Directiva, un Presidente, un Vicepresidente, un Secretario, un Tesorero, un Secretario Adjunto y un Tesorero Adjunto, y los oficiales que, con las facultades y obligaciones que no contradigan a los presentes Estatutos, sean nombrados a través del tiempo por determinación de la Junta Directiva.

Sección 2. Elección y calificación: El Presidente de la Junta Directiva y el Presidente serán elegidos anualmente por la Junta Directiva de entre los integrantes de la Junta Directiva, y el Vicepresidente de la Junta Directiva, el Vicepresidente, el Secretario, el Tesorero, el Secretario Adjunto y el Tesorero Adjunto serán elegidos anualmente por la Junta Directiva, según la Junta Directiva considere apropiado, en la primera reunión de la Junta Directiva después de la Reunión Anual de los Miembros de la Corporación. No obstante cualquier disposición en contrario contenida en esta Sección 2, la Junta Directiva tendrá el derecho de destituir a cualquier oficial de la Corporación de su cargo con o sin motivo justificado, en cualquier momento.

Sección 3. <u>Vacantes</u>: En caso de que algún cargo en la Corporación quede vacante por fallecimiento, discapacidad, renuncia, jubilación, destitución, descalificación o cualquier otro motivo, los directores podrán elegir a un oficial para ocupar esa vacante y el oficial elegido de este modo se desempeñará en el cargo hasta la elección y calificación de un sucesor, o hasta que dicho oficial sea destituido del cargo conforme a lo dispuesto en la Sección 2 de este Artículo.

Sección 4. <u>El Presidente de la Junta Directiva</u>: El Presidente de la Junta Directiva presidirá todas las reuniones de la Junta Directiva y aprobará los órdenes del día para todas esas reuniones. El Presidente de la Junta Directiva desempeñará en general todas las funciones inherentes al cargo de Presidente de la Junta Directiva y las demás funciones que la Junta Directiva asigne al Presidente de la Junta Directiva a través del tiempo. Ningún empleado de la Corporación podrá ejercer el cargo de Presidente de la Junta Directiva.

Sección 5. <u>El Presidente</u>: El Presidente tendrá a su cargo la gestión y supervisión general de los negocios y asuntos de la Corporación, y cumplirá y desempeñará las demás funciones que la Junta Directiva asigne al Presidente a través del tiempo. El Presidente podrá, con el Presidente de la Junta Directiva, un Vicepresidente o el Secretario o el Tesorero, firmar y otorgar todos los bonos, hipotecas, contratos, cheques, instrumentos financieros u otras obligaciones autorizadas en nombre y representación de la Corporación, salvo en los casos en que la Junta Directiva o los presentes Estatutos designen la firma y el otorgamiento de los mismos expresamente a algún otro oficial o agente de la Corporación, con la salvedad, sin embargo, que ningún bono, hipoteca o contrato se otorgará sin la autorización específica de la Junta Directiva.

Sección 6. <u>El Vicepresidente de la Junta Directiva</u>: En caso de ausencia o discapacidad del Presidente de la Junta Directiva, el Vicepresidente de la Junta Directiva, en cualquier momento y a través del tiempo, desempeñará todas las funciones del Presidente de la Junta Directiva y tendrá las facultades y cumplirá las obligaciones que la Junta Directiva determine a través del tiempo, en la medida que lo autoricen las leyes.

Sección 7. <u>El Vicepresidente</u>: En caso de ausencia o discapacidad del Presidente, el Vicepresidente, en cualquier momento y a través del tiempo, desempeñará todas las funciones del Presidente y tendrá las facultades y cumplirá las obligaciones que la Junta Directiva determine a través del tiempo, en la medida que lo autoricen las leyes.

Sección 8. <u>El Secretario</u>: El Secretario asistirá y redactará las actas de todas las reuniones de la Junta Directiva y las juntas de los Miembros de la Corporación. El Secretario se ocupará del envío y la entrega de todas las notificaciones de la Corporación, y podrá firmar junto con el Presidente de la Junta Directiva, el Presidente o el Vicepresidente, en nombre y representación de la Corporación, todos los contratos o acuerdos autorizados por la Junta Directiva y, cuando lo autorice u ordene la Junta Directiva, el Secretario podrá colocar el sello de la Corporación en los mismos. El Secretario estará a cargo de los libros y documentos que la Junta Directiva determine, y tendrá la custodia del sello corporativo. Es posible que se requiera que el Secretario deposite una fianza por el fiel cumplimiento de sus obligaciones en el monto y con las garantías que requiera la Junta Directiva. En general, el Secretario desempeñará todas las funciones inherentes al cargo de Secretario, sujeto al control de la Junta Directiva, y realizará y desempeñará todos los demás deberes secretariales corporativos que la Junta Directiva le asigne a través del tiempo. Además, el Secretario también mantendrá un registro que contenga los nombres, ordenados alfabéticamente, de todas las personas que son Miembros de la Corporación, y sus domicilios legales, y dicho registro estará disponible para inspección conforme a lo prescrito por ley.

Sección 9. El Tesorero: El Tesorero tendrá la custodia de todos los fondos y valores de la Corporación, con sujeción a las normas que imponga la Junta Directiva. Cuando sea necesario o apropiado, el Tesorero podrá endosar para cobranza, en nombre de la Corporación, cheques, instrumentos financieros u otras obligaciones y los depositará a favor de la Corporación en el banco o los bancos o institución depositaria que designe la Junta Directiva. El Tesorero firmará todos los recibos y comprobantes en nombre de la Corporación, y hará los pagos que sean necesarios o apropiados hacer en nombre de la Corporación, sujeto al control de la Junta Directiva. El Tesorero asentará con regularidad en los libros de la Corporación que el Tesorero mantendrá con ese propósito, los registros completos y precisos de todos los dineros y las obligaciones que el Tesorero reciba y pague o disponga en nombre de la Corporación, y exhibirá dichos libros en todo momento que sea razonable a cualquier director a solicitud en las oficinas de la Corporación. Es posible que se requiera que el Tesorero deposite una fianza por el fiel cumplimiento de sus obligaciones en el monto y con las garantías que requiera la Junta Directiva. En general, el Tesorero desempeñará todas las funciones inherentes al cargo de Tesorero, sujeto al control de la Junta Directiva, y también presentará en cada reunión ordinaria de la Junta Directiva un informe escrito que muestre los ingresos y desembolsos de la Corporación desde la última reunión de la Junta Directiva, y el estado financiero general de la Corporación a la fecha de cada informe. El Tesorero, junto con el oficial o los oficiales que designe la Junta Directiva, firmará todos los cheques de la Corporación y todas las letras de cambio y pagarés emitidos por la Corporación, salvo en los casos en que la Junta Directiva o los presentes Estatutos designen la firma y el otorgamiento de los mismos a algún otro oficial o agente de la Corporación.

Sección 10. El Tesorero Adjunto: El Tesorero Adjunto, en ausencia o por discapacidad del Tesorero, cumplirá las obligaciones y ejercerá las facultades del Tesorero. El Tesorero Adjunto, si fuera requerido por la Junta Directiva, mantendrá vigente una fianza conforme a lo dispuesto en la Sección 9 del presente Artículo. En general, el Tesorero Adjunto desempeñará las funciones que el Tesorero o la Junta Directiva, el Presidente de la Junta Directiva o el Presidente le asignen.

Sección 11. El Secretario Adjunto: El Secretario Adjunto, en ausencia o por discapacidad del Secretario, cumplirá las obligaciones y ejercerá las facultades del Secretario. El Secretario Adjunto, si fuera requerido por la Junta Directiva, mantendrá vigente una fianza conforme a lo dispuesto en la Sección 8 del presente Artículo. En general, el Secretario Adjunto desempeñará las funciones que el Secretario o la Junta Directiva, el Presidente de la Junta Directiva o el Presidente le asignen.

ARTÍCULO V
COMITÉS

Sección 1. <u>Comités de la Junta Directiva</u>: La Junta Directiva podrá, mediante resolución aprobada por una mayoría de la totalidad de la Junta Directiva, designar de entre sus integrantes a los Comités de la Junta Directiva que esta considere apropiados a través del tiempo. Cada uno de dichos Comités de la Junta Directiva estará compuesto por un mínimo tres (3) integrantes de la Junta Directiva y, en la medida que se disponga en una resolución, tendrá las atribuciones conferidas y las limitaciones impuestas por la Junta Directiva o las leyes.

Sección 2. <u>Comités de la Corporación</u>: Los comités que no sean Comités de la Junta Directiva, ya sean creados por la Junta Directiva o por los Miembros, serán comités de la Corporación. Los integrantes de dichos comités podrán ser nombrados o elegidos de la misma manera que los oficiales de la Corporación. Las disposiciones en la NPCL aplicables a los oficiales en general serán de aplicación a los integrantes de dichos comités.

Sección 3. Atribuciones de los Miembros y de la Junta Directiva: Los comités se podrán crear, disolver, eliminar, reemplazar y sus atribuciones se podrán ampliar o limitar conforme a lo que los Miembros o la Junta Directiva determinen a través del tiempo mediante resolución apropiada, excepto que, tal como dispone la NPCL, ningún comité tendrá facultades para los asuntos siguientes:

a) presentar a los Miembros una acción que requiera la aprobación de los Miembros en virtud de la NPCL,
b) cubrir vacantes en la Junta Directiva o en cualquier comité,
c) determinar las remuneraciones de los directores por desempeñar un cargo en la Junta Directiva o en cualquier comité, según corresponda,
d) modificar o revocar los Estatutos o aprobar nuevos Estatutos,
e) modificar o revocar cualquier resolución de la Junta Directiva que, por sus términos, no admite modificación ni revocación de esta manera.

ARTÍCULO VI
INDEMNIZACIÓN

La Corporación podrá indemnizar, en la mayor medida que autorice la ley, a cualquiera de los oficiales o directores actuales o anteriores de la Corporación, o a los representantes personales de los mismos, que hayan sido incorporados o que hayan sido amenazados con ser incorporados como parte en una demanda civil o un proceso penal por el hecho de que él o ella o su testador o intestado es o fue director u oficial de la Corporación, o prestó servicios en cualquier otra corporación, sociedad, asociación en participación, fideicomiso, plan de beneficios para empleados u otro emprendimiento en cualquier capacidad a solicitud de la Corporación, contra sentencias, multas (incluidos los impuestos sobre el consumo gravados a dicha persona en relación con un servicio a un plan de beneficios para empleados), importes pagados en acuerdos judiciales y los gastos razonables, incluidos los honorarios de abogados, incurridos efectiva y necesariamente como resultado de dicha demanda o proceso o cualquier apelación de los mismos.

Los gastos (incluidos los honorarios de abogados) incurridos en la defensa en una demanda civil o proceso penal podrán, en la mayor medida autorizada por ley, ser pagados por la Corporación con anticipación a la resolución definitiva de dicha demanda o proceso tras recibir un compromiso de parte o en nombre del director u oficial afectado de que reembolsará dicha cantidad en la medida en que en última instancia se determine que la persona no tiene derecho a indemnización o, si se otorgara una indemnización, en la medida en que los gastos pagados por adelantado de esta manera por la Corporación excedan la indemnización a la cual él o ella tenga derecho.

No se considerará que el derecho a la indemnización y al pago adelantado de gastos establecido en el párrafo anterior excluye cualquier otro derecho o derechos a los que cualquier persona, su testador o intestado pueda tener derecho fuera de esta disposición, con la salvedad que no se podrá dar indemnización alguna a o en nombre de cualquier director u oficial si una sentencia o adjudicación definitiva en contra del director u oficial establece que este cometió actos de mala fe o que fueron el resultado de una deshonestidad activa e intencional y que estos fueron relevantes para la demanda o proceso respecto a la cual se ha hecho la adjudicación, o que él o ella efectivamente obtuvo personalmente una ganancia económica u otra ventaja a la cual no tenía derecho legal. Nada de lo contenido en esta disposición afectará los derechos de indemnización a los cuales los empleados corporativos que no son directores u oficiales podrán tener derecho por contrato o de otra manera por ley.

ARTÍCULO VII
CONTRATOS

La Junta Directiva, salvo disposición en contrario en los presentes Estatutos, podrá autorizar a cualquier oficial u oficiales, agente o agentes, a celebrar cualquier contrato o firmar y otorgar cualquier documento en nombre y en representación de la Corporación, y dicha facultad podrá ser general o limitada a instancias específicas; y, salvo que cuente con la autorización de la Junta Directiva o los presentes Estatutos, ningún oficial, agente o empleado tendrá la facultad o atribución para comprometer a la Corporación mediante un contrato o compromiso ni pignorar su crédito ni responsabilizarla pecuniariamente para propósito alguno o por importe alguno.

ARTÍCULO VIII
PRESUPUESTO

Antes del inicio de cada ejercicio fiscal, la Corporación preparará un presupuesto donde se consignen los ingresos y los gastos previstos de la Corporación para el siguiente ejercicio fiscal, y presentará dicho presupuesto para su aprobación en la primera reunión de los Custodios de la Junta de Servicios Generales celebrada después del 1 de enero del ejercicio fiscal de la Corporación al cual aplica el presupuesto. La Corporación elaborará procedimientos para cualquier aprobación posterior que se requiera para gastos que no estén abarcados o que excedan el presupuesto aprobado.

ARTÍCULO IX
EJERCICIO FISCAL

El ejercicio fiscal de la Corporación comenzará el 1 de enero y finalizará el 31 de diciembre de cada año.

ARTÍCULO X
AUDITOR

La Junta Directiva nombrará anualmente a un auditor cuya obligación será auditar los libros contables de la Corporación y preparar y presentar ante la Junta Directiva un informe anual por escrito en la fecha que lo solicite la Junta Directiva, y proporcionar los otros y demás informes que la Junta Directiva solicite a su discreción a través del tiempo.

ARTÍCULO X
MODIFICACIONES

Los Estatutos se podrán modificar, enmendar o revocar en cualquier reunión de los Miembros de la Corporación con el voto a favor de dos tercios de los Miembros presentes en persona o por poder, siempre que la notificación de dicha reunión contenga un aviso respecto a la modificación propuesta. La Junta Directiva no estará facultada para modificar, enmendar ni revocar los Estatutos.

Índice

A.A. World Services, Inc., S78-80; como editorial, S86, junta corporativa S79; apoyo económico, S80; literatura publicada por S88-90

actividades de área, S41-44

anonimato, acciones de la Conferencia, S60; historia, S12

aprobación por la Conferencia, S20, S70.

archivos históricos, comités de área, S42, S46; A.A. (de la O.S.G.), S86

área, definición, S37; formación de nueva, S44; cambio de región, S45

asambleas de área, programas (orden del día), típicos, S39 (electoral); S40 (no electoral); coordinador, sugerencias, S47; definición, S37; elección de oficiales, S39; finanzas, S49-50; sitio, S38; composición, S38; propósito, S37; derecho a voto, S38

Bill W., "El Legado de Servicio de A.A.", S1-13; en lo referente a la Conferencia, S60; "El liderazgo en A.A.", S55

Bob, el Dr., S3, S11

boletines, S42

Carta Constitutiva de la Conferencia, significado de, S19; original, S100; actual S107

comité de área, suplentes, S49; definición, S46; composición, S46; apoyo económico, S49; oficiales, S46-48

comités de custodios, S74-75

comités de la Conferencia, responsabilidades de, S63; comités secundarios, S65; secretarios de, S63; selección de miembros, S62; comités permanentes, S63-64

comités, Conferencia, S62-65; custodios, S74-75

Conceptos, forma corta, S118-119

Conferencia de Servicios Generales (ver Conferencia)

Conferencia, acciones de, S60-61; orden del día (agenda) S58; participación de las áreas; apoyo económico por parte de las áreas, S52; autoridad de, S19-20, S57, S60; Carta Constitutiva (original), S100, (actual) S107; comités, S62-63; composición, definición, S12; Informe Final de la Conferencia, S61; historia, S2, S12-13; proveniencia de los puntos del orden del día, S58; lenguaje (términos), S19-22; reuniones (anuales), S57; miembros de, S59; paneles, S113-115; programa, S58; informes sobre, S55; resolución, S105, S111; Smith, Bernard B., acerca de la necesidad, S21; Procedimiento del Tercer Legado, S22; votación, S59, Garantías, S57

contribuciones (del área) a la Conferencia, S52

convenciones, (de área, estado, provincia y regional), S43

copyrights, S42

custodios (ver también Junta de Servicios Generales), generales, S72; eméritos, S74; Clase A (no alcohólico), S70; Clase B (alcohólico), S70-73; elección, S68; de servicios generales, S73; requisitos, S68; regionales, S70

custodios Clase A (no alcohólico), S68

custodios Clase B (alcohólico), S69

definiciones, lenguaje de la Conferencia, S19-21

delegado antiguo, papel de, S49; reuniones de S49

delegado de área (ver delegado)

delegado, suplente, S53-54; definición, S51; responsabilidades de, S51; elección, S39; gastos, S52; historia, S12-13; proveniencia (geográfica) de, S53; paneles, S111; antiguos, S49; preparación para la Conferencia, S54; requisitos, S53; informes en sus áreas, S55; período de servicio, S52

directores, no custodios, cómo se eligen, S82

distrito, definición, S32; lingüístico, S32; reestructuración, S34; Información de distrito, S35; Formulario de cambio de información de distrito, S36

Doce Conceptos para el Servicio Mundial, S118-119

Doce Pasos, S116-117

Doce Tradiciones, y la Conferencia, S16; historia, S9-10; forma larga, S14-15; forma corta, S117-118

elecciones, delegado suplente, S40; R.S.G. suplente, S29; miembros del comité de área y delegado, S39; M.C.D., S32-34; Procedimiento del Tercer Legado, S22-23; custodios, S68-71

Estatutos de la Junta de Servicios Generales, S116

estructura, Conferencia de Servicios Generales, "El Legado de Servicio de A.A.," por Bill W., S1-13; descripción, S16-19; organigrama, S18

Fondo de Reserva (Junta de Servicios Generales), S78

Formación de nuevos distritos, S35

O.S.G. (ver Oficina de Servicios Generales)

Garantías, S57, S111

gastos, comité de área, S49; del delegado, S52

Glosario de términos de Servicios Generales, S19-22

Grapevine, Bill W y, S91; junta corporativa, S80; normas editoriales, S91-94; junta asesora editorial, S93; apoyo económico, S80; La Viña, S94; publicaciones de, S96; representantes de Grapevine, S95; artículos relacionados, S94

grupo base, S26

historia, de A.A. S1-13; del Libro Grande, S3-5; de la Conferencia, S2, S12-13; de la O.S.G., S8, S10

información de grupo, S29, formulario de cambio de información, S31; formulario de información de nuevo grupo, S30

Informe Final de la Conferencia, S61

informes sobre la Conferencia, S61

intergrupos, colaboración con comités de servicio general, S43

Junta de Servicios Generales (ver también custodios), estatutos, S116; comités de, S74-75; composición de, S67; y la Conferencia, S67; definición y funciones, S67-68, S78; fondos y propiedades, S124; constitución en sociedad, S57; jurisdicción, S109; reuniones, S119; corporaciones operativas, S78-79; responsabilidades, S103; vacantes, S121; votación, S119

junta, (ver Junta de Servicios Generales)

La Viña, S94

Legado de Servicio de A.A., por Bill W., S1-13

liderazgo en A.A., S55

literatura, aprobada por la Conferencia, S20, S60; publicada por A.A.W.S., S88-90; publicada por Grapevine, S96; instrumentos de servicio, S25

M.C.D., (ver miembro del comité de distrito)

mapa de las áreas, S98-99

mapa regional (electoral), S71

marcas registradas y logotipos, S82

material audiovisual, S25

miembro del comité de distrito (M.C.D.), inactivo, S34; suplente, S34; definición, S32; responsabilidades de, S33; elección, S33; apoyo económico, S32; requisitos, S32-33

miembros de comités locales, S35

miembros de comité nombrados, S76

oficiales de comité (de área), suplentes, S49; coordinador, S46; secretario y registrador, S47-48; tesorero, S48; otros oficiales, S48

S148

Oficina de Servicios Generales (O.S.G.), archivos históricos, S86; apoyo económico, S80; historia, S6-12; sitio, S83; publicaciones, S86; servicios, S83-86; organigrama, S84
oficinas centrales, S43
paneles, de delegados, S113-115
participación (asambleas), S38
películas (ver material audiovisual)
Procedimiento del Tercer Legado, S22; gráfico, S23
profesión médica y A.A., S10
publicaciones (A.A.), S86, S88-90
región, cambio de área, S44; cambio de límites, S45; definición, S21; mapa de los EE.UU. y Canadá, S71
Representante de Servicios Generales (R.S.G.), suplente, S29; inactivo, S29; definición, S26; responsabilidades, S27; elección, S28; requisitos, S27

Resolución, S105, S111
Reunión de Servicio Mundial, S77, delegados, S77
rotación, de los delegados, S12, S53; miembros del comité de distrito, S34; custodios, S69, S70, S72
servicios (definición), S1
servicios generales, definición, S1, S20; historia, S1-13; cómo fomentar participación en, S24
sesiones de compartimiento, S41
Smith, Bernard B., ¿por qué necesitamos una Conferencia?, S21
suplentes, oficiales de área, S49; M.C.D., S32; R.S.G., S26; papel del delegado suplente, S53-54
Tercer Legado de Servicio, S1, S22
trabajadores de servicio inactivos, S38
Viña, La, S94
voto (ver elecciones)

A continuación aparece una lista de los cambios que se han hecho en la edición 2018-2020 del *Manual de Servicio de A.A.* con indicación de la entidad que propuso el cambio.

Página	Cambio	Origen
Contenido e índice	Actualizar según sea necesario	Departamento de Publicaciones
Diversas páginas	Actualizar referencias (e.g. Ver pág.__) debido a cambios de paginación	Departamento de Publicaciones
S10-S11	Actualizar notas al pie de la página #6 y #8	Departamento de Publicaciones
S21	Añadir definición de Panel al Glosario de términos	68ª CSG
S23	Actualizar al gráfico del Tercer Legado	Departamento de Publicaciones
S29	Actualizar el título del folleto	Departamento de Publicaciones
S30, S31	Actualizar el Formulario de Grupo Nuevo y Formulario de Cambio de Información	Departamento de Publicaciones
S36	Revisar Formulario de MCD/CMCD	Departamento de Publicaciones
S43	Añadir texto acerca de sitios web de área	67ª CSG
S50, S52	Actualizar la cuota de delegado	67ª CSG
S66	Añadir texto acerca del Enunciado de Misión-Visión-Acción de la JSG	67ª CSG
S71	Actualizar calendario de elecciones regionales	Departamento de Publicaciones
S79	Añadir cuadros con texto que presentan visualmente los puestos de los miembros de las tres juntas corporativas	68ª CSG
S81	Actualizar los límites de contribuciones	68ª CSG
S82	Añadir texto acerca de "La Gente Azul"	68ª CSG
S84	Actualizar organigrama de la OSG	Gerente general de la OSG
S88	Actualizar listas de publicaciones	Departamento de Publicaciones
S93-S96	Actualizar la sección acerca de Grapevine	Junta de Grapevine
S106, S112	Añadir nota al pie de la página acerca de la palabra "registrados" en la Carta Constitutiva Original y Actual	68ª CSG
S116-S127	Actualizar los Estatutos de la JSG	Servicio General
S128, S137	Añadir como apéndices los Estatutos de A.A. World Services, Inc., y AA Grapevine, Inc	67ª CSG
Conceptos, página de copyright	Actualizar según sea necesario	Departamento de Publicaciones
31, 33	Añadir nota al pie de la página para representar fielmente la propiedad y la incorporación de las juntas de servicio	Departamento de Publicaciones
60	Actualizar nota al pie de la página para reemplazar "Necesidades Especiales" con "Accesibilidades"	Departamento de Publicaciones
60	Añadir a la nota al pie de la página los años en que A.A.W.S. y AA Grapevine fueron constituidas en sociedades	Departamento de Publicaciones
26,33,60,75	Notas al pie de las páginas actualizadas.	Departamento de Publicaciones

DOCE CONCEPTOS PARA EL SERVICIO MUNDIAL

Por Bill W.

*Como los adoptó la 12a Conferencia Anual
de Servicios Generales de Alcohólicos Anónimos
el 26 de abril de 1962*

Publicado por
LA OFICINA DE SERVICIOS GENERALES
de
ALCOHÓLICOS ANÓNIMOS

Traducción Copyright © 1986
Alcoholics Anonymous World Services, Inc.

Copyright ©1962
por Alcoholics Anonymous World Services, Inc.

Dirección Postal:
P.O. Box 459, Grand Central Station
New York, New York 10163

Todos los derechos reservados; extractos sacados de esta publicación pueden ser reproducidos con el permiso escrito del editor. Para información, diríjanse a A.A. World Services, Inc., P.O. Box 459, Grand Central Station, New York, N.Y. 10163.

Primera Impresión 1962
Primera Edición en Español 1986
29ª impresión 2018

PREFACIO

Doce Conceptos Para el Servicio Mundial fue escrito por Bill W. en 1962. En la introducción a la primera edición, que aparece a continuación de este Prefacio, Bill explica el propósito del libro, tan pertinente hoy día como lo era en aquel entonces.

Con el paso de los años, tanto el tamaño de la Comunidad como las responsabilidades de sus entidades de servicio han aumentado enormemente. Por eso, algunos detalles del texto original se han vuelto anticuados y fueron enmendados en las ediciones posteriores, y algunas adiciones fueron añadidas entre paréntesis.

De acuerdo con las recomendaciones de un comité *ad hoc* de la Junta de Servicios Generales de A.A., la Conferencia de Servicios Generales de 1985 recomendó que futuras ediciones de los Conceptos se conformen con el texto original de 1962, y que los cambios necesarios de datos se indiquen en forma de notas al final de cada capítulo. Ciertas anotaciones escritas por Bill W. en los años posteriores a la publicación original de los Conceptos constituyen la única excepción: Estas se señalan con asteriscos y aparecen en la misma página que el pasaje al que se refieren.

La Conferencia de Servicios Generales de 1971 aprobó una "forma corta" de los Conceptos y en 1974 se aprobó su inclusión en *El Manual de Servicio de A.A.* Aparece ahora incluida en los Estatutos de la Junta de Servicios Generales, publicados como parte del mismo Manual y precede a la Introducción de los Doce Conceptos.

Oficina de Servicios Generales
Septiembre de 1985.

LOS DOCE CONCEPTOS (Forma corta)

I. La responsabilidad final y la autoridad fundamental de los servicios mundiales de A.A. deben siempre residir en la conciencia colectiva de toda nuestra Comunidad.

II. La Conferencia de Servicios Generales se ha convertido, en casi todos los aspectos, en la voz activa y la conciencia efectiva de toda nuestra Comunidad en sus asuntos mundiales.

III. Para asegurar su dirección eficaz, debemos dotar a cada elemento de A.A. — la Conferencia, la Junta de Servicios Generales, y sus distintas corporaciones de servicio, personal directivo, comités y ejecutivos — de un "Derecho de Decisión" tradicional.

IV. Nosotros debemos mantener, a todos los niveles de responsabilidad, un "Derecho de Participación" tradicional, ocupándonos de que a cada clasificación o grupo de nuestros servidores mundiales les sea permitida una representación con voto, en proporción razonable a la responsabilidad que cada uno tenga que desempeñar.

V. En toda nuestra estructura de servicio mundial, un "Derecho de Apelación" tradicional debe prevalecer, asegurándonos así que se escuche la opinión de la minoría, y que las peticiones de rectificación de los agravios personales sean consideradas cuidadosamente.

VI. La Conferencia reconoce también que la principal iniciativa y la responsabilidad activa en la mayoría de estos asuntos, debe ser ejercida en primer lugar por los miembros custodios de la Conferencia, cuando ellos actúan como la Junta de Servicios Generales de Alcohólicos Anónimos.

VII. La Carta Constitutiva y los Estatutos son instrumentos legales, y los custodios están, por consiguiente, totalmente autorizados para administrar y dirigir todos los asuntos de servicios. La Carta de la Conferencia en sí misma no es un instrumento legal; se apoya en la fuerza de la tradición y en las finanzas de A.A. para su eficacia.

VIII. Los Custodios son los principales planificadores y administradores de los grandes asuntos de política y finanzas globales. Con respecto a nuestros servicios constantemente activos e incorporados separadamente, los Custodios, como síndicos fiscales, ejercen una función de supervisión administrativa, por medio de su facultad de elegir a todos los directores de estas entidades.

IX. Buenos directores de servicio en todos los niveles son indispensables para nuestro funcionamiento y seguridad en el futuro. La dirección básica del servicio mundial que una vez ejercieron los fundadores de Alcohólicos Anónimos, tiene necesariamente que ser asumida por los Custodios.

X. A cada responsabilidad de servicio, le debe corresponder una autoridad de servicio equivalente, y el alcance de tal autoridad debe estar siempre bien definido.

XI. Los Custodios deben siempre contar con los mejores comités permanentes y con directores de las corporaciones de servicio, ejecutivos, personal de oficina y consejeros bien capacitados. La composición, cualidades, procedimientos de iniciación y derechos y obligaciones serán siempre asuntos de verdadero interés.

XII. La Conferencia cumplirá con el espíritu de las Tradiciones de A.A., teniendo especial cuidado de que la Conferencia nunca se convierta en sede de peligrosa riqueza o poder; que fondos suficientes para su funcionamiento, más una reserva adecuada, sean su prudente principio financiero, que ninguno de los miembros de la Conferencia sea nunca colocado en una posición de autoridad desmedida sobre ninguno de los otros, que se llegue a todas las decisiones importantes por discusión, votación y, siempre que sea posible, por unanimidad substancial; que ninguna actuación de la Conferencia sea punitiva a personas, o una incitación a controversia pública, que la Conferencia nunca deba realizar ninguna acción de gobierno autoritaria, y que como la Sociedad de Alcohólicos Anónimos, a la cual sirve, la Conferencia en sí misma siempre permanezca democrática en pensamiento y en acción.

LOS DOCE CONCEPTOS (Forma larga)

I. La responsabilidad final y la autoridad fundamental de los servicios mundiales de A.A. debe siempre residir en la conciencia colectiva de toda nuestra Comunidad.

II. Cuando en 1955, los grupos de A.A. confirmaron la Carta Constitutiva (Estatutos o Acta Permanente) para su Conferencia de Servicios Generales, ellos por consiguiente delegaron en la Conferencia la autoridad total para el mantenimiento activo de nuestros servicios mundiales y en consecuencia convirtieron la Conferencia en la voz verdadera y en la conciencia efectiva de toda nuestra Sociedad — excepto en lo concerniente a cualquier cambio en las Doce Tradiciones o en el Artículo 12 de la Carta de la Conferencia.

III. Como una manera tradicional de crear y mantener una relación de trabajo claramente definida entre los grupos, la Conferencia, la Junta de Servicios Generales de A.A. y sus distintas corporaciones de servicio, personal directivo, comités y ejecutivos, y de este modo asegurar su dirección eficaz, se sugiere aquí que nosotros dotemos a cada uno de estos elementos de servicio mundial con un "Derecho de Decisión" tradicional.

IV. Por toda la estructura de nuestra Conferencia, nosotros debemos mantener a todos los niveles de responsabilidad, un "Derecho de Participación" tradicional, poniendo cuidado que a cada clasificación o grupo de nuestros servidores mundiales les sea permitida una representación con voto, en proporción razonable a la responsabilidad que cada uno tenga que desempeñar.

V. En toda nuestra estructura de servicio mundial, un "Derecho de Apelación" tradicional debe prevalecer, asegurándose así que se escuche la opinión de la minoría, y que las peticiones de rectificación de los agravios personales sean consideradas cuidadosamente.

VI. En nombre de A.A. como un todo, nuestra Conferencia de Servicios Generales tiene la responsabilidad principal del mantenimiento de nuestros servicios mundiales y tradicionalmente tiene la decisión final respecto a grandes asuntos de política general y finanzas. Pero la Conferencia reconoce también que la principal iniciativa y la responsabilidad activa en la mayoría de estos asuntos, deben ser ejercidas en primer lugar por los miembros Custodios de la Conferencia, cuando ellos actúan entre ellos mismos como la Junta de Servicios Generales de Alcohólicos Anónimos.

VII. La Conferencia reconoce que la Carta Constitutiva y Estatutos de la Junta de Servicios Generales son instrumentos legales: que los Custodios están por consiguiente totalmente autorizados para gobernar y dirigir todos los asuntos del servicio mundial de Alcohólicos Anónimos. Se entiende además, que la Carta Constitutiva de la Conferencia en sí no es un instrumento legal, más aún, que se apoya en la fuerza de la tradición y en las finanzas de A.A. para su efectividad en último término.

VIII. Los Custodios de la Junta de Servicios Generales actúan en dos calidades básicas: a) con respecto a los grandes asuntos de la política general y las finanzas, ellos son los que principalmente planean y administran. Ellos y sus comités primarios básicos manejan directamente estos asuntos. b) Pero en lo referente a nuestros constantemente activos servicios incorporados y separados unos de otros, los Custodios, como síndicos fiscales, ejercen una función de supervisión administrativa por medio de su facultad de elegir a todos los directores de estas entidades.

IX. Buenos directores de servicio, conjuntamente con métodos adecuados, oportunos y sólidos para escogerlos, son indispensables, a todos los niveles, para nuestro funcionamiento y seguridad en el futuro. La dirección básica de servicio mundial que una vez ejercieron los fundadores de A.A. tiene necesariamente que ser asumida por los Custodios de la Junta de Servicios Generales de Alcohólicos Anónimos.

X. A cada responsabilidad de servicio debe corresponder una autoridad de servicio igual — el alcance de tal autoridad debe ser siempre bien definido, ya sea por la tradición, por resolución, por descripción específica del trabajo, o por estatutos y reglamentos apropiados.

XI. Aunque los custodios tienen la responsabilidad final de la administración del servicio mundial de A.A., ellos siempre deberán recibir la asistencia de los mejores comités permanentes, de directores de las corporaciones de servicio, de ejecutivos, de personal de oficina y asesores — todos de la más alta competencia. Por consiguiente, la composición de estos comités fundamentales y de las juntas de servicio, las cualidades personales de sus miembros, la forma de su instalación en el servicio, los sistemas de su rotación, la manera en que se relacionan unos con otros, los derechos específicos y las obligaciones de nuestros ejecutivos, empleados y consejeros, todo esto unido con una base correcta para la remuneración financiera de los trabajadores especiales, serán siempre asuntos de verdadero interés y cuidado.

XII. Garantías generales de la Conferencia: En todos sus procedimientos, la Conferencia de Servicios Generales cumplirá con el espíritu de las Tradiciones de A.A., teniendo especial cuidado de que la Conferencia nunca se convierta en sede de peligrosa riqueza o poder; que fondos suficientes para su funcionamiento, más una reserva adecuada, sean su prudente principio financiero; que ninguno de los Miembros de la Conferencia sea nunca colocado en una posición de desmedida autoridad sobre ninguno de los otros; que se llegue a todas las decisiones importantes por discusión, votación y siempre que sea posible, por unanimidad sustancial; que ninguna acción de la Conferencia sea punitiva a personas, o una incitación a controversia pública; que, aunque la Conferencia pueda actuar al servicio de Alcohólicos Anónimos, ella nunca deberá realizar ninguna acción de gobierno, y así como la Sociedad de Alcohólicos Anónimos, a la cual sirve, la Conferencia en sí misma siempre permanecerá democrática en pensamiento y en acción.

CONTENIDO

I. La responsabilidad final de los servicios mundiales de A.A. reside en los grupos de A.A. 4

II. Los grupos de A.A. han delegado la autoridad administrativa y funcional total a su Conferencia y a sus ramas de servicio 8

III. El "Derecho de Decisión" hace posible el liderazgo eficaz 11

IV. La "Participación" es la clave de la armonía 15

V. Los derechos de "Apelación" y de "Petición" protegen a las minorías y aseguran que se escuche su voz 20

VI. La Conferencia reconoce la responsabilidad administrativa principal de los custodios 24

VII. Cómo están relacionados los derechos legales de los custodios con los derechos tradicionales de la Conferencia..................... 27

VIII. Los custodios funcionan como los gestores directos de las finanzas y la política generales; también como los guardianes pero no como los administradores directos de las corporaciones de servicio activas. 31

IX. El buen liderazgo personal a todos los niveles de la Conferencia es una necesidad primordial. En el área del servicio mundial, la Junta de Servicios Generales y sus líderes deben reemplazar necesariamente a los fundadores de A.A. Este es el problema estructural más importante que aún enfrentamos 34

X. A cada responsabilidad de servicio le debe corresponder una autoridad ejecutiva de servicio equivalente: se debe evitar cuidadosamente la "gestión a dos cabezas" 41

XI. Una descripción de los principales comités y corporaciones de servicio de la Junta de Servicios Generales: Estatus personal de los directores corporativos, ejecutivos y miembros del personal 46

XII. La base espiritual de los servicios mundiales de A.A. — "Artículo 12" de la Carta Constitutiva de la Conferencia 61

INTRODUCCIÓN

Los "Doce Conceptos para Servicio Mundial" que van a ser descritos en este manual son una interpretación de la estructura de servicio mundial de A.A. Ellos revelan la evolución con la cual han llegado a su forma actual y detallan la experiencia y el razonamiento en que se apoya nuestro funcionamiento hoy día. Estos Conceptos, por consiguiente, se dirigen a recopilar el "por qué" de nuestra estructura de servicio, de manera que la experiencia invaluable del pasado y las lecciones que hemos sacado de esa experiencia no se puedan perder ni olvidar nunca.

Con razón, cada nueva generación de servidores dentro del mundo de A.A. estarán ansiosos de hacer mejoras o reformas operacionales. Fallas imprevistas en la estructura actual aparecerán, sin duda, más tarde. Surgirán necesidades nuevas de servicio y problemas que pueden hacer necesarios los cambios estructurales. Tales alteraciones deben ciertamente ser efectuadas y estas contingencias enfrentadas firmemente.

Sin embargo, debemos tener siempre presente que el cambio no necesariamente significa progreso. Estamos seguros de que cada grupo nuevo de trabajadores en el servicio mundial estará tentado a ensayar toda clase de innovaciones, que pueden, con frecuencia, producir nada más que una dolorosa repetición de equivocaciones anteriores. Por lo tanto, será un objetivo importante de estos Conceptos, prevenir tales repeticiones, poniendo las experiencias del pasado claramente ante nosotros. Y si se toman caminos equivocados, sin embargo, estos Conceptos pueden entonces proporcionar medios expeditos para una restitución segura de un equilibrio operacional, que de otra manera puede llevar años de dificultosos tumbos para descubrir.

Se verán también en estos Conceptos, una serie de principios que han llegado a ser ya tradicionales en nuestros servicios, pero que nunca habían sido claramente articulados y puestos por escrito. Por ejemplo: el "Derecho de Decisión" le da a nuestros directores de servicio una apropiada discreción y libertad; el "Derecho de Participación" le da a cada servidor en el mundo, una posibilidad de votar, en la medida de su responsabilidad y "La Participación" garantiza aún más que cada junta de servicio o comité siempre cuente con los varios elementos, talentos y capacidad que aseguren su funcionamiento efectivo. El "Derecho de Apelación" protege y anima la opinión de la minoría; y el "Derecho de Petición" da la seguridad de que las injusticias sean oídas y solucionadas apropiadamente. Estos principios generales pueden ser, por supuesto, usados con buenos resultados por toda nuestra estructura.

En otras secciones, los Conceptos cuidadosamente describen esas importantes tradiciones, las costumbres, las conexiones y los arreglos legales que unen la Junta de Servicios Generales dentro de una armonía dinámica con sus comités básicos y con las entidades corporativas del servicio activo — "A.A. World Services, Inc." y "The Grapevine, Inc.". Esta es la naturaleza del marco estructural que gobierna la situación interna de trabajo en la sede principal de A.A. en el mundo. A través de este manual lo que se conoce hoy como A.A. General Service Office —O.S.G.— se denomina o conoce con nombres que se usaban antes como: Sede principal mundial, cuartel general, Oficina de Servicio Mundial, Oficina mundial y Sede principal de servicios.

Se ha expresado la preocupación de que el retrato detallado de nuestra estructura interna pueda llegar a convertirse en un evangelio o una tradición tan rígida que sea imposible realizar los cambios necesarios. Nada puede desviarse más allá del sentido de estos Conceptos. Los futuros defensores de cambios estructurales, únicamente necesitan exponer con fortaleza sus recomendaciones, ofrecer una exposición contundente a los custodios y a la Conferencia. Esto no va más allá de lo que se necesita para la transacción y aprobación de cualquier otro asunto importante en los quehaceres de A.A. Salvo una o dos excepciones, es de notar que la Carta Consitutiva de la Conferencia puede ser fácilmente enmendada.

Quizás se deba tener en cuenta otra preocupación adicional, cuando el cambio estructural propuesto va a ser de especial importancia. En tal caso, el cambio, por un período prudente de tiempo, debe considerarse "experimental". Al ser aprobado en definitiva, un cambio de esta naturaleza debe ser inscrito en una sección especial de este manual que se titulará "ENMIENDAS". Así quedarán íntegros los Doce Conceptos en su forma original, como constancia de nuestra experiencia. De esta manera, nuestros futuros trabajadores de servicio podrán siempre ver con claridad, exactamente lo que sucedió y por qué.

En otros capítulos se hace mucho énfasis en la necesidad de un alto grado de dirección personal, en la conveniencia de cuidadosos métodos de inducción para todo el personal que llega, y en la necesidad de las mejores relaciones posibles entre aquellos que trabajan en nuestros servicios. Los Conceptos tratan de diseñar una estructura en la cual todos puedan trabajar con buena efectividad y con un mínimo de fricción o roces. Esto se logra relacionando nuestros servidores con su trabajo y entre ellos mismos, de manera que las probabilidades de conflictos personales se minimicen.

En los servicios de A.A., nosotros hemos tenido que escoger siempre entre la estructura autoritaria donde un grupo o una persona se coloca con una autoridad desmedida sobre otros, y el concepto democrático que se basa en controlar y equilibrar, y así previene que la autoridad se desborde. El primer enfoque es del tipo autoritario o "institucionalizado". El segundo es el método "constitucional" de gobiernos y de muchas grandes empresas de negocios en sus niveles más altos.

Conociendo muy bien nuestra propensión a imponernos por la fuerza, es natural e imperativo que nuestros conceptos de servicios sean basados en el sistema de "controlar y equilibrar". Nosotros hemos tenido que afrontar el hecho de que con frecuencia tratamos de agrandar nuestra propia autoridad y prestigio cuando llevamos las riendas. Pero cuando son otros los que llevan las riendas, tenazmente resistimos cualquier administración de mano dura. Yo estoy completamente seguro de esto, porque tengo esas mismas inclinaciones.

Por consiguiente, ideas como las siguientes saturan los Conceptos: "No se debe colocar ningún grupo o individuo en condiciones de autoridad sin control sobre otros". "Operaciones diversas, grandes y activas deben ser agrupadas y administradas separadamente, cada una con su propio personal, equipo y capital de trabajo". "Debemos evitar excesiva concentración de dinero o de influencia personal en cualquier grupo o entidad de servicio". "En cada nivel de servicio la autoridad debe ser igual a la responsabilidad". "La dirección ejecutiva de dos cabezas debe ser evitada". Estas y otras estipulaciones similares definen las relaciones de trabajo y pueden ser amistosas pero además eficientes. Ellas nos refrenarán, muy especialmente en nuestra tendencia a concentrar dinero y poderío, puesto que esto es casi siempre (aunque no siempre conscientemente) el motivo básico de nuestra pasión periódica por la "consolidación" de las entidades de servicio mundial.

Debido a la gran cantidad de temas que tuvieron que ser incluidos, estos Conceptos han sido muy difíciles de organizar y escribir. Ya que cada Concepto es en realidad "un juego de principios relacionados", no ha sido posible utilizar enunciados abreviados como se usan en los Doce Pasos y en las Doce Tradiciones. Sin embargo estos Conceptos definitivamente representan la mejor recopilación que yo podría hacer después de veinte años de experiencia en la operación de nuestra estructura de servicio y en la dirección de los asuntos mundiales de A.A. Como el libro Doce Pasos y Doce Tradiciones y la Carta Constitutiva de la Conferencia, estos principios de servicio son también el resultado de largas reflexiones y extensas consultas.

Es de esperar que estos Doce Conceptos se conviertan en un bienvenido suplemento a nuestro "Manual de Servicio de A.A." y que resulten ser una guía funcional confiable para trabajar en los años que están por venir.

CONCEPTO I

La responsabilidad final y la autoridad fundamental de los servicios mundiales de A.A. debe siempre residir en la conciencia colectiva de toda nuestra Comunidad.

Los grupos de A.A. tienen actualmente la responsabilidad final y la total autoridad en nuestros servicios mundiales, o sea, aquellos elementos especiales de la actividad de servicio general que posibilitan el funcionamiento de nuestra Sociedad como un todo. Los grupos se hicieron cargo de esta responsabilidad en la Convención Internacional de St. Louis, en 1955. Allí en nombre del Dr. Bob, los custodios y los antiguos líderes de A.A., hice la transferencia de la responsabilidad de servicio mundial a toda nuestra Comunidad.

¿Por qué y con qué autoridad se hizo esto? No sólo hubo razones de apremiante necesidad, sino motivos relacionados con la estructura y tradición fundamentales de A.A.

Hacia el año de 1948, nuestras necesidades se habían vuelto muy claras. Diez años antes, en 1938, el Dr. Bob y yo, con la ayuda de nuestros buenos amigos, habíamos comenzado a trabajar con la idea de la estructura de servicio mundial. Nuestro primer paso fue la creación de una administración para A.A. como un todo. Aquella persona jurídica se llamó "The Alcoholic Fundation"; en 1954 esta entidad cambió su nombre por el de "The General Service Board of Alcoholic Anonymous" (Junta de Servicios Generales de Alcohólicos Anónimos).

Esta entidad administradora se concibió para iniciar y mantener todos aquellos servicios específicos para los A.A. como un todo, que no podrían ser manejados eficientemente por grupos o áreas individualmente. Se previó la redacción de literatura uniforme para A.A., el desarrollo de una sólida política de relaciones con el público y un medio para atender y manejar el gran número de peticiones de ayuda que podrían sobrevenir al desenvolverse la publicidad nacional e internacional. Pensamos en términos de ayudar a la formación de nuevos grupos, y suministrarles asesoría basada en la experiencia ya obtenida en grupos más antiguos y de gran éxito. Pensamos que podríamos necesitar una revista mensual, y traducciones de nuestra literatura a otros idiomas.

Para el año de 1950, casi todos aquellos sueños de servicio mundial iniciales eran ya una realidad. En los doce años después de la creación de la Fundación, el número de miembros de A.A. había crecido de 50 a 100,000. Las Tradiciones de A.A. habían sido escritas y aceptadas. Una segura unidad reemplazaba el miedo, la duda y los conflictos y desacuerdos. Nuestro servicio mundial había desempeñado, indiscutiblemente, un papel muy importante y efectivo en ese desenvolvimiento. El servicio mundial, por lo tanto, había cobrado una significación crucial para el futuro de A.A. Si estas vitales entidades fracasaran o se estancaran, nuestra unidad interior y la transmisión de nuestro mensaje a los incontables alcohólicos del exterior sufrirían serios y quizás irreparables daños. Bajo todas las circunstancias y a cualquier precio tendríamos que sostener aquellos servicios y la transfusión de sangre vital que se estaba impulsando por las arterias mundiales de nuestra comunidad. Entre los grupos de A.A., ya se había comprobado que se podía sobrevivir a las fuertes presiones y esfuerzos. ¿Pero podríamos nosotros tolerar una falla en el corazón de nuestro servicio mundial? Entonces nos preguntamos: ¿Qué precauciones adicionales debemos tomar para salvaguardarnos definitivamente contra el deterioro o el colapso? Sin embargo, el período de 1945 a 1950 fue de un éxito tan exuberante que muchos A.A. pensaron que nuestro futuro estaba totalmente garantizado. Creían que nada podía sucederle a nuestra Sociedad, porque Dios estaba con ella para protegerla. Esta actitud contrastaba extrañamente con la severa vigilancia que nuestros miembros y grupos ejercían entre ellos mismos. Ellos habían evitado prudentemente que la Providencia tuviera responsabilidad total por su propia eficacia, felicidad y sobriedad.

Cuando en la Oficina Central de Servicio de A.A. empezamos a aplicar este principio ya aprobado de "pare, mire y oiga" a todos los asuntos de A.A., se pensó que nosotros no éramos más que unos pesimistas carentes de fe. Muchos nos decían: "¿Para qué cambiar? ¡Las cosas van bien así!" "¿Para qué llamar a los delegados de todas partes del país? Esto quiere decir gastos y cuestiones políticas y a nosotros no nos conviene ninguno de los dos." Y el golpe contundente era siempre el mismo: "No compliquemos esto. Mantengámoslo sencillo."

Tales reacciones eran muy naturales. El miembro común y corriente, preocupado con su vida de grupo y con llevar a cabo su propio Paso Doce no sabía casi nada del servicio mundial de A.A. Ni uno, entre los miles de nuestros miembros, podía decir quiénes eran nuestros custodios. Ni uno, entre cien, podía decir lo que se había hecho por el bienestar general de A.A. Decenas de miles debían su oportunidad de lograr la sobriedad a la callada actividad de nuestros custodios y servicio general. Pero muy pocos se daban cuenta de esta verdad.

Entre los mismos custodios se desarrolló una profunda división de opiniones. Durante mucho tiempo, la mayor parte de ellos se opusieron fuertemente a reunir una conferencia representativa de delegados de A.A., ante la cual deberían rendir cuentas. Creían que los riesgos eran inmensos y que la política, la confusión, los gastos y las inútiles peleas serían el resultado. Era cierto que las calamidades resultantes de iniciativas mucho menores, tales como servicios locales de A.A. y clubes, habían sido en varias ocasiones, mayores. De aquí resultó ampliamente difundida la convicción de que se presentaría el desastre si se intentara reunir una conferencia representativa de todos los A.A. Estos argumentos no eran infundados; al contrario, resultaban muy difíciles de refutar.

Sin embargo, en 1948 ocurrió un suceso que produjo gran impresión entre nosotros. Se supo que el Dr. Bob padecía de una enfermedad grave. Esta infausta noticia nos hizo dar cuenta del hecho de que el Dr. Bob y yo éramos casi el único vínculo entre nuestros prácticamente desconocidos custodios y la Comunidad que servían. Los custodios siempre habían confiado fuertemente en los consejos del Dr. Bob y míos. Ellos ya tenían un control absoluto sobre los gastos, pero necesariamente pedían nuestras opiniones cada vez que se presentaban problemas de política general. En esa época, los grupos tampoco tenían demasiada confianza en los Custodios para la dirección de los asuntos de servicio; todavía recurrían al Dr Bob o a mí. De suerte que teníamos una sociedad cuyo funcionamiento

5

dependía casi totalmente del buen crédito y confianza de que en aquellos tiempos gozábamos sus fundadores.

Había que encarar el hecho de que los fundadores de A.A. eran mortales. Cuando el Dr. Bob y yo muriéramos, ¿quién iba a aconsejar a los custodios?, ¿quién iba a unir nuestra Junta de Custodios, tan escasamente conocida, y los miles de grupos que teníamos? Por primera vez pudimos ver que únicamente una conferencia representativa podía ocupar el lugar del Dr. Bob y mío. Era necesario llenar este vacío sin demora. No podía tolerarse un cabo suelto de tan peligrosa magnitud. Sin importarnos los gastos o las dificultades, teníamos que proceder a reunir una Conferencia de Servicios Generales de A.A. y entregarle el cuidado de todos nuestros servicios mundiales. No se requería mucha imaginación para observar que si no procedíamos con entereza y prontitud podríamos encontrarnos con el castigo de un colapso total. Empujados en esta forma por nuestra propia convicción, tomamos las acciones necesarias. Ahora que la Conferencia entra a su segunda década, podemos ver que nuestros miedos iniciales acerca de las dificultades que podría entrañar la Conferencia eran infundados en gran parte. Los resultados obtenidos por la Conferencia superaron nuestras esperanzas. Se ha comprobado totalmente que los grupos de A.A. pueden y podrán tener a su cargo la responsabilidad final del servicio mundial de A.A.

Hubo otras razones para este traslado básico de la responsabilidad y autoridad final de los A.A. como un todo. Tales razones están centradas en la Tradición Dos, la cual dice: "Para el objetivo de nuestro grupo sólo existe una autoridad fundamental, un Dios amoroso tal como se exprese en la conciencia de nuestro grupo. Nuestros líderes no son nada más que servidores de confianza. No gobiernan".

La Tradición Dos, como todas las demás Tradiciones de A.A., es la voz de la experiencia basada en los ensayos de miles de grupos desde nuestros primeros tiempos. Los principios fundamentales de la Tradición Dos son de una claridad cristalina: los grupos de A.A. son la suprema autoridad, y sus líderes deben estar investidos únicamente de responsabilidades delegadas.

La Tradición Dos había sido escrita en 1945, y nuestros Custodios habían aprobado su publicación en ese entonces. Pero sólo en 1951 se reunió la Primera Conferencia de Servicios Generales, todavía en forma experimental, para determinar si la Tradición Dos podía aplicarse satisfactoriamente a A.A. como un todo, incluyendo a los Custodios y a los fundadores. Debía ponerse en claro si los grupos de A.A. en virtud de esta Conferencia tendrían la capacidad y voluntad para asumir la responsabilidad final de la operación del servicio mundial. Nos demoramos cinco años más para que todos pudiéramos comprender que la Tradición Dos era para todos. Pero en St. Louis, en 1955, supimos definitivamente que la Conferencia de Servicios Generales (representante fiel de la conciencia global de A.A.) iba a servir y a trabajar permanentemente.

Tal vez muchos de nosotros estamos todavía confusos acerca de la "conciencia de grupo" de Alcohólicos Anónimos, de lo que verdaderamente es.

A través del mundo entero, hoy estamos presenciando la desintegración de la "conciencia de grupo." Las naciones democráticas siempre han albergado la esperanza de que sus ciudadanos sean lo suficientemente ilustrados, lo suficientemente morales y lo suficientemente responsables como para manejar sus propios asuntos por medio de representantes elegidos.

Pero en muchos países de gobierno autónomo, vemos el advenimiento de la ignorancia, la indolencia y la intriga por el poder de los cuerpos colegiados de los sistemas democráticos. Se están desvaneciendo las fuentes espirituales de rectos propósitos e inteligencia colectiva. Consecuentemente, muchos países se han visto tan desvalidos ante estos problemas tan desesperados, que la única respuesta ha sido la dictadura.

Felizmente para nosotros, no parece haber mucho peligro de que tal calamidad nos suceda a los A.A. La vida de cada individuo está basada en los Doce Pasos, así como la de los grupos se basa en las Doce Tradiciones. Sabemos positivamente que el castigo por desobedecer estos principios es la muerte para el individuo y la disolución para el grupo. Una fuerza aún mayor para la unidad de A.A. es el amor que tenemos por nuestros hermanos y por los principios sobre los cuales hemos basado nuestra manera de vivir.

Por ello creemos ver en nuestra Comunidad una sociedad espiritualizada, caracterizada por suficiente esclarecimiento, suficiente responsabilidad y suficiente amor para con el hombre y para con Dios, como para asegurar que nuestra democracia de servicio mundial pueda trabajar bajo todas las circunstancias. Tenemos plena confianza en nuestra dependencia de la Tradición Dos, de la conciencia de grupo y de nuestros servidores de confianza. A esto se debe que nosotros, los primeros miembros de A.A., hayamos investido a la Conferencia de Servicios Generales, con el sentimiento de mayor seguridad, la autoridad para dar forma — por medio del trabajo de sus delegados, Custodios y trabajadores de servicio — al destino que Dios, según esperamos, en su infinita sabiduría nos tenga reservado para todos nosotros.

CONCEPTO II

Cuando en 1955, los grupos de A.A. confirmaron la Carta Constitutiva de su Conferencia de Servicios Generales, ellos por consiguiente delegaron en la Conferencia la autoridad total para el mantenimiento activo de nuestros servicios mundiales y en consecuencia convirtieron la Conferencia en la voz verdadera y en la conciencia efectiva de toda nuestra Sociedad — excepto en lo concerniente a cualquier cambio en las Doce Tradiciones o en el Artículo 12 de la Carta de la Conferencia.

Es absolutamente evidente que los miles de grupos de A.A. y los muchos miles de miembros de A.A. esparcidos como están, por todo el mundo, no pueden por sí mismos manejar y dirigir realmente nuestros diferentes servicios mundiales. La conciencia de grupo está presente entre todos ellos, así como los fondos necesarios. El poder de los grupos y miembros para alterar su estructura de servicio mundial y para criticar su operación es virtualmente supremo. Ellos tienen toda la responsabilidad y autoridad finales que puedan existir; la operación es realmente de su propiedad, realmente les pertenece. Esto ha sido cierto desde cuando los grupos recibieron ese poder de los fundadores y los miembros antiguos en St. Louis, en 1955.

Pero hacer recaer en los grupos de A.A. la autoridad y responsabilidad finales de los servicios mundiales no valdría para nada. Nada podría hacerse con esta única base. Para poder conseguir una acción efectiva, los grupos tienen que delegar la autoridad operativa en representantes de servicio escogidos y facultados para hablar y actuar en su nombre. La conciencia de grupo no puede ser escuchada a menos que una conferencia debidamente seleccionada tenga plena autoridad para hablar en su nombre acerca de la mayor parte de los temas de servicio mundial. De aquí que el principio de autoridad y responsabilidad ampliamente delegadas a los "servidores de confianza", debe estar implícito a cada nivel de nuestra estructura de servicio activo. Es ésta la clara deducción de la Tradición Dos de A.A.

Aun desde el comienzo, la norma ha sido delegar ampliamente la autoridad de servicio. Tenemos que recordar que en 1937, los grupos de Akron y New York nos autorizaron al Dr. Bob y a mí para crear servicios mundiales que pudieran difundir el mensaje de A.A. por el mundo entero.

Estos grupos inexpertos nos dieron la autoridad para crear y dirigir los servicios mundiales. Conforme con esa acción, tuvimos la responsabilidad final y la autorización inmediata para hacer funcionar el proyecto y mantenerlo en operación. Pero nosotros sabíamos interiormente que era muy poco lo que podíamos hacer, de suerte que necesitábamos encontrar servidores de confianza para que nos ayudaran. A medida que el tiempo fue pasando, encontramos que teníamos que delegar en aquellos amigos una gran parte de nuestra propia autoridad y responsabilidad. El proceso de la delegación fue de esta manera:

Antes que nada, el Dr. Bob me transfirió casi toda su inmediata responsabilidad para la creación del servicio mundial. En Nueva York teníamos más probabilidades de encontrar amigos y ayuda económica, y acordamos por este motivo localizar en aquella ciudad nuestro centro de servicio mundial. Yo empecé a buscar amigos de confianza no alcohólicos que pudieran ayudarnos, y en 1938 se creó la Fundación Alcohólica como una pequeña sindicatura con miembros A.A. y amigos no alcohólicos.

Al principio, los Custodios de nuestra nueva Fundación se hicieron cargo únicamente de los aspectos monetarios. Poco a poco, sin embargo, se vieron obligados a asumir muchas otras responsabilidades, porque yo no podía personalmente desempeñarlas en forma permanente. Por este motivo, se fue añadiendo a los Custodios responsabilidad y autoridad tan pronto como fue posible.

Por ejemplo, en 1940, un año después de la publicación del libro "Alcohólicos Anónimos", todos nos dimos cuenta de que debíamos incorporar ese recurso para el beneficio de toda nuestra comunidad. Por consiguiente, la propiedad registrada de Works Publishing Inc. (una empresa editora que yo había ayudado a organizar separadamente) se entregó a la Junta de Custodios*

Casi todas las ganancias del libro eran necesarias entonces para financiar la oficina de servicio general que habíamos establecido para A.A. Los Custodios, por la tanto, tuvieron como actividad principal el manejo operativo de la oficina, porque se les había confiado el manejo de los fondos que hacían posible su sostenimiento. Consecuentemente, en lo pertinente a decisiones financieras, yo me convertí únicamente en consejero. Delegué así otra importante porción de mi autoridad original. Cuando en 1941 los grupos empezaron a enviar contribuciones a la Fundación Alcohólica para el sostenimiento de nuestra oficina de servicio general, se completó el control financiero de los servicios mundiales por parte de nuestros Custodios.

Después de algún tiempo, empezó a hacerse notorio que la política de relaciones de A.A. con el público, una tarea importantísima, no podía seguir confiándose exclusivamente en mi persona. Por consiguiente, se pidió a los grupos que dieran a los custodios de la Fundación un completo control en este crítico campo. Poco más tarde, los custodios se encargaron de la jurisdicción de nuestra revista nacional *The AA Grapevine*, la cual había sido organizada separadamente por otro grupo de voluntarios.

Y en la misma forma se procedió con cada uno de nuestros servicios. Yo todavía actuaba como consejero en la operación de nuestras oficinas centrales, pero la Junta de Custodios tenía la completa responsabilidad legal de todos nuestros asuntos. Para el Dr. Bob y para mí, al mirar hacia el futuro, era patente que la única manera posible de funcionar era delegar autoridades amplias a la Junta de Custodios.

A pesar de aquellas delegaciones, el Dr. Bob y yo sentíamos íntimamente que teníamos todavía una gran responsabilidad para con A.A. y su futuro, para organizar y estructurar

---

* Works Publishing Inc., cambió su nombre por el de A.A. Publishing Inc. Hoy en día, A.A. Publishing es una sección de A.A. World Services, Inc.

adecuadamente nuestros servicios mundiales. Si algo malo seguía dentro de ellos, sería por culpa nuestra, puesto que los grupos todavía nos tenían a nosotros como sus guías para la dirección de los asuntos mundiales, y no a los escasamente conocidos Custodios.

En el curso de este desarrollo se vio claramente la diferencia que existe entre autoridad *final* y autoridad *inmediata* de servicio.

Ya en 1945 había empezado a ser evidente que la responsabilidad y la autoridad finales del servicio de los co-fundadores nunca deberían entregarse totalmente a una Junta de Custodios. Es verdad que teníamos que dar a nuestros Custodios una gran parte de la responsabilidad activa e inmediata; pero la responsabilidad final que compartíamos el Dr. Bob y yo sencillamente no podía ser transferida a una Junta auto-nombrada, la cual era relativamente desconocida dentro de A.A. como un todo. Pero entonces ¿dónde debíamos alojar la responsabilidad final del servicio mundial? Y ¿qué pasaría con la dirección que yo ejercía en asuntos del servicio mundial? La historia de A.A. nos muestra ahora el lugar donde está esa responsabilidad. En St. Louis el Dr. Bob y yo se la entregamos a los grupos.

Pero no era suficiente que los grupos hubieran acordado aceptar su responsabilidad y autoridad finales del servicio. No importa qué autoridad tuvieran los grupos, ellos no podrían desempeñar sus responsabilidades sin delegar la mayor parte de las que tenían. Precisamente para atender esta necesidad se le dio a la Conferencia de Servicios Generales de A.A. la responsabilidad total del mantenimiento del servicio mundial de A.A. y se convirtió así en la conciencia de servicio de los A.A. como un todo.

Exactamente en la misma forma que el Dr. Bob y yo habíamos encontrado anteriormente que era necesario delegar una gran parte de nuestra autoridad activa en los custodios, así los grupos de A.A. han visto necesario delegar los mismos poderes a su Conferencia de Servicios Generales. La última palabra — la aprobación final en materias de gran importancia — no ha sido entregada únicamente a los Custodios. Por la Constitución de la Conferencia, confirmada en St. Louis, esta autoridad está ahora delegada en los grupos de A.A. y, por consiguiente, en su Conferencia, un cuerpo que es una muestra representativa de nuestra Sociedad.

Por consiguiente, la Conferencia de Servicios Generales de A.A.— más cualquier sección formada posteriormente — ha llegado a ser para todo objetivo práctico, la voz activa y la conciencia efectiva de toda nuestra sociedad en sus asuntos mundiales.

Al hacer esta trascendental entrega, nosotros los antiguos miembros profundamente esperamos haber evitado los tropiezos que han hecho fracasar, a menudo, tantas sociedades porque sus fundadores no delegaron ni repartieron oportunamente su propia autoridad, responsabilidad y dirección.

CONCEPTO III

Como una manera tradicional de crear y mantener una relación de trabajo claramente definida entre los grupos, la Conferencia, la Junta de Servicios Generales de A.A. y sus distintas corporaciones de servicio, personal directivo, comités y ejecutivos, y de este modo asegurar su dirección eficaz, se sugiere aquí que nosotros dotemos a cada uno de estos elementos de servicio mundial con un "Derecho de Decisión" tradicional.

Dentro de la estructura de sus responsabilidades generales, ya sean definidas por estatuto, resolución o costumbre, debe ser derecho tradicional de todas las juntas, comités y empleados de servicio mundial el poder de decidir qué problemas pueden ellos resolver por sí mismos y qué asuntos deberán ser sometidos a la consideración o consulta de la Comunidad. Debemos confiar a nuestros servidores estos poderes discrecionales, o de lo contrario no podrían ejercer sus funciones adecuadamente, haciendo imposible la dirección efectiva. Consideramos entonces detalladamente el porqué es imperativo un "derecho de decisión" en los cuadros directivos, y examinemos la forma en que podemos aplicar prácticamente este principio en todos los niveles de nuestra estructura de servicio mundial. Hemos visto cómo los grupos de A.A., bajo el concepto de la "conciencia de grupo," tienen actualmente la suprema autoridad y responsabilidad final de los servicios mundiales. Hemos indicado cómo, por medio del Estatuto de la Conferencia y la provisión de la Tradición Dos referente a los "servidores de confianza", los grupos han delegado en su Conferencia de Servicios Generales plena autoridad para manejar y conducir los asuntos de A.A. en el mundo.

Las Cartas y Estatutos de la Conferencia y de la Junta de Servicios Generales definen a rasgos generales la responsabilidad que tiene la Conferencia para actuar en nombre de A.A. como un todo. En estos dos documentos ha sido necesario demarcar una gran área delegada de autoridad y responsabilidad del servicio mundial. Estos instrumentos, en forma general, describen la relación entre los grupos, la Conferencia, los Custodios y las entidades de servicio activo. Estas definiciones y descripciones tan amplias son una referencia indispensable sin la cual nosotros no podríamos funcionar.

Sin embargo ha sido evidente que estos importantísimos estatutos no pueden por sí mismos asegurar un continuo funcionamiento y una eficaz dirección en los diversos niveles de aquellos servicios involucrados. Esto ha llegado a ser muy claro y no necesitamos ir muy lejos para hallar las razones.

Por ejemplo: sabiendo que poseen la autoridad suprema, los grupos se ven a veces tentados a darles instrucciones a sus delegados acerca de cómo deben votar en la Conferencia respecto a temas específicos. Ya que en los grupos reside la autoridad suprema, no hay duda de que los grupos de A.A. tienen derecho para obrar en esa forma. Si ellos insisten en esto, pueden darles órdenes a sus delegados sobre todos los asuntos relativos a A.A.

Pero una buena administración casi nunca significa el ejercicio pleno de los derechos establecidos. Por ejemplo, si los grupos llevaran al extremo sus instrucciones a los delegados, entonces estaríamos procediendo sobre la falsa teoría de que la opinión del grupo acerca de los problemas de servicio mundial es muy superior a la opinión de la Conferencia. En la práctica, esto casi nunca es verdad. Habría muy pocos asuntos en los cuales los delegados previamente "instruidos" pudieran tomar una posición activa mejor de la que podría adoptar una Conferencia, con pleno debate y conocimiento de causa. Por supuesto se entiende que siempre es aconsejable que se hagan *informes* completos de las actividades de la Conferencia, así como es deseable que se consulte con los Miembros de Comités y los Representantes de Servicios Generales. Sin embargo, el Delegado "instruido" previamente *que no puede actuar según su propia conciencia* en una votación final de la Conferencia, no es propiamente un "servidor de confianza" sino un mero mensajero.

Ahora bien, la Carta de la Conferencia no ofrece soluciones particulares para problemas típicos como el anterior. Es un documento amplio que puede interpretarse de varias maneras. Interpretándose de una manera, los grupos pueden dar a sus delegados todas las instrucciones que deseen. Bajo otra interpretación, los delegados y custodios pueden ignorar las instrucciones que les han sido dadas cuando lo consideren conveniente. ¿Cómo, entonces, podremos entender y conciliar en forma práctica tal situación?

Veamos dos ejemplos más: la Conferencia, como se demostrará posteriormente, se encuentra en un estado de casi total autoridad sobre los Custodios, a pesar de los derechos legales de la Junta. Supongamos que los delegados a la Conferencia empiecen a abusar de ese privilegio; supongamos que empiecen a dar órdenes atolondradas y precipitadas a los custodios acerca de asuntos en los cuales los custodios tienen mayores conocimientos que los delegados. ¿Qué sucedería?

Esta misma clase de problemas confusos se presentaba en las relaciones entre los custodios y las corporaciones de servicio activo de su entera propiedad, entidades que actualmente están dirigidas en parte por voluntarios no-custodios, y en parte por trabajadores pagados. Pero la Junta de Custodios continúa siendo la propietaria de esos elementos. Por consiguiente, los custodios pueden nombrar y destituir; su autoridad es suprema. Pero si los custodios ejercieran constantemente dicha autoridad total y absoluta, si trataran de manejar *detalladamente* las operaciones de tales entidades, entonces los voluntarios y el personal pagado se verían rápidamente desmoralizados, porque serían privados de responsabilidad y autoridad; su alternativa sería rebelarse y renunciar, o someterse y trabajar a desgana.

Por tal motivo, deben establecerse unos principios tradicionales y prácticos que en todos los niveles *equilibren continuamente la suprema autoridad y la responsabilidad delegada en justa relación* ¿Pero cómo vamos a lograr esto?

Hay tres actitudes posibles con respecto a estos asuntos. Podríamos, por ejemplo, poner a un lado toda clase de regulaciones, estatutos, reglamentos de trabajo, etc. De esta manera se dejaría a cada grupo de confianza la decisión de definir los límites de sus responsabilidades y derechos. Pero tal ausencia de estructura reglamentada sería absurda; no podría resultar nada más que la anarquía.

En consecuencia, la actitud contraria sería también posible, esto es, rehusar en darle a nuestros servidores un criterio discrecional significativo, y añadir a nuestros Estatutos actuales una serie tal de normas, regulaciones y reglamentos que intentarán cubrir en lo posible cualquier contingencia o acción imaginable. Sin embargo, esto sería demasiado papeleo, mucho más de lo que A.A. pudiera manejar.

La solución verdadera de A.A. a este problema debe hallarse, sin embargo, en la última parte de la Tradición Dos, en donde se habla de los "servidores de confianza". Esto significa realmente que nosotros debemos confiar en que nuestros líderes responsables *decidan* adecuadamente, dentro del marco bien comprendido de sus deberes, *cómo ellos interpretarán y aplicarán su propia autoridad y responsabilidad a cada problema o situación particular que pueda presentarse*. Esta clase de liderazgo discrecional debe ser la esencia del "Derecho de Decisión", y yo estoy seguro de que no hay que tener ni sombra de miedo al garantizar este privilegio a casi todos los niveles del servicio mundial.

Siempre habrá autoridad final suficiente para corregir la ineficiencia, la mala operación o el abuso. Si la Conferencia no funciona bien, los grupos pueden mandar mejores delegados. Si los Custodios se salen de la línea correcta, la Conferencia puede censurarlos, o aun reorganizarlos. Si la Oficina Central de servicio está fallando, los Custodios pueden elegir mejores directores y contratar un mejor personal asistente. Estos remedios son directos y de largo alcance. Pero mientras nuestro servicio mundial funcione razonablemente bien —y siempre debe haber caridad para con los errores ocasionales— nuestra consigna deberá ser "confianza", o de lo contrario nos quedaremos sin dirección.

Por estas razones, creo yo que debemos darle inmediatamente a todos nuestros elementos de servicio (organismos y personas) un "Derecho de Decisión" tradicional. En nuestra estructura de servicio mundial este "Derecho de Decisión" puede aplicarse de la siguiente manera:

A. Con excepción de las disposiciones en contra, contenidas en la Carta, la Conferencia siempre debe tener la facultad de decidir qué asuntos serán de su exclusiva y total competencia, y cuáles serán remitidos a los grupos de A.A. (o más generalmente, a los Miembros del Comité o a los R.S.G.), para pedir su opinión o consejo definitivo.

Por consiguiente, debe entenderse y acordarse claramente que nuestros delegados al actuar en la Conferencia son *primordialmente* los servidores mundiales de A.A. como un todo y que, sólo en sentido secundario representan sus áreas respectivas. Por lo tanto, en las decisiones finales ellos deben tener derecho a votar en la Conferencia de Servicios Generales de acuerdo a los mejores dictados de su propia conciencia y criterio personal en ese momento.

B. En forma similar, los custodios de la Junta de Servicios Generales (actuando, naturalmente, dentro de las disposiciones de sus propios Estatutos y Carta) deben tener derecho en todo momento a decidir cuándo actúan bajo su plena responsabilidad y cuándo se dirigen a la Conferencia para pedir orientación, aprobación o recomendación, o para que la Conferencia tome la decisión y dirección del asunto.

C. Dentro del campo de aplicación de sus posibilidades, claramente definidas o normalmente implícitas, todas las corporaciones de servicio, comités, personal directivo o ejecutivo de la Oficina Central deben tener el derecho de decidir cuándo pueden actuar totalmente por sí mismos y cuándo deben someter sus problemas a la autoridad inmediatamente superior.

Este "Derecho de Decisión" no debe utilizarse como excusa para no tener que rendir los informes que se requieren para cada acto de importancia. Nunca debe ser usado como motivo para excederse constantemente a una autoridad claramente definida, ni como excusa para dejar de consultar a quienes debe consultarse antes de tomar una decisión o acción importante.

Todo nuestro programa de A.A. descansa en el principio de la mutua confianza. Confiamos en Dios, confiamos en A.A. y confiamos los unos en los otros. Por lo mismo, no podemos menos que confiar en nuestros líderes de servicio. El "Derecho de Decisión" que les ofrecemos no es únicamente un medio práctico por el cual pueden ellos actuar y dirigir efectivamente, sino que es también el símbolo de nuestra confianza implícita.

CONCEPTO IV

Por toda la estructura de nuestra Conferencia, nosotros debemos mantener a todos los niveles de responsabilidad, un "Derecho de Participación" tradicional, poniendo cuidado que a cada clasificación o grupo de nuestros servidores mundiales les sea permitida una representación con voto, en proporción razonable a la responsabilidad que cada uno tenga que desempeñar.

El principio de "Participación" ha sido cuidadosamente incorporado dentro de la estructura de nuestra Conferencia. El Estatuto de la Conferencia establece que los Custodios, los Directores de nuestras corporaciones de servicio (A.A. World Services, Inc., y The Grapevine, Inc.) junto con sus respectivos cuadros directivos serán siempre miembros votantes de la Conferencia de Servicios Generales.

Exactamente el mismo concepto se tiene en cuenta cuando nuestra Junta de Servicios Generales elige los directores de las corporaciones de servicio activo de su entera propiedad, la A.A. World Services, Inc. y The AA Grapevine Inc. Si lo quisiera la Junta de Servicios Generales, podría elegir únicamente sus propios Custodios para los cargos directivos de aquellas entidades. Pero existe una arraigada tradición al efecto de que ese caso nunca sucederá.

Por ejemplo: la corporación Mundial de Servicio de A.A. (que también incluye la sección de publicaciones de libros y folletos de A.A.) tiene actualmente siete directores de los cuales solamente dos son custodios.[1] De los cinco directores no custodios, tres son voluntarios, expertos en administración de oficinas y de publicaciones; y dos son miembros asalariados del personal: el gerente general y su asistente. Por tradición, el gerente general es el presidente de A.A. World Services Inc. y su asistente es el vicepresidente. Para que exista una comunicación vincular, el director (editor-gerente) o un miembro del personal directivo de Grapevine, nombrado por el editor está invitado a asistir a las reuniones de la Corporación Mundial de Servicios.

Por consiguiente, la dirección activa de la Corporación Mundial de Servicios y su sección de publicaciones está compuesta de custodios cuya tarea es velar porque estos proyectos sean correctamente manejados; de expertos voluntarios que contribuyen con su consejo y experiencia profesional; y de dos empleados ejecutivos a sueldo que están encargados de que el trabajo se lleve a cabo. Se asegurará de que cada uno de los miembros de cada clasificación sea un director y por consiguiente tenga el derecho legal al voto; que cada funcionario de las entidades incorporadas tenga un título el cual, para todos los efectos prácticos y legales, denota cuáles son sus responsabilidades y su posición.

Una administración de este tipo permite fácilmente una "participación" votante de grado adecuado. Cada uno de los elementos que pueden llevar a cabo una tarea requerida se encuentra presente. Ninguna clase se encuentra en posición de autoridad absoluta sobre otra. Este es el método corporativo o de "participación" para manejar empresas, el cual se distingue del usado en estructuras tan comunes como entidades institucionales, militares o gubernamentales en las cuales una élite de personas o clases de personas se coloca en posición superior, de autoridad absoluta sobre las demás.

Debemos también hacer notar que los siete[2] directores de la revista *Grapevine* de A.A. son elegidos bajo los mismos principios que se utilizan en la Corporación Mundial de Servicios de A.A. Aquí también vemos Custodios, voluntarios expertos y personal directivo a sueldo, actuando armónicamente como administradores activos de esa operación. En todas las reuniones de la Junta Directiva de Grapevine, tanto de la Corporación como de la redacción, estará presente un miembro directivo de la O.S.G.

La Junta de Servicios Generales además, cumple rigurosamente con el principio de "Participación" cada vez que su presidente hace las asignaciones para los principales comités permanentes de la Junta. Se acostumbra escoger para estos importantes puestos a miembros no Custodios y trabajadores de servicio a sueldo. Los mismos elementos que están presentes en las corporaciones de servicios activo, también casi siempre están presentes en estos comités. Por ejemplo: representantes de la Junta de Servicios Generales, expertos no Custodios y uno o varios miembros del personal directivo que están encargados de efectuar el trabajo básico. Todos tienen voz y voto, y por consiguiente todos "participan" realmente. Cuando llega el momento de elección no hay "superiores", ni "inferiores", ni "consejeros".

A este principio tan efectivo y unificante de "Participación" en todos los niveles de responsabilidad, hay una excepción lamentable pero necesaria. Los miembros que desempeñan posiciones directivas asalariadas no pueden llegar a ser Custodios. Esto no puede permitirse porque tal práctica se opondría a la rotación cada cuatro años de los Custodios de A.A. Y si alguna vez se presentara el caso de que la Junta de Servicios Generales tuviera que ser reorganizada por la Conferencia, se tendría en los Custodios asalariados un interés muy difícil de desalojar.

De todas maneras, nuestros Custodios de hoy invitan tradicionalmente a ejecutivos asalariados, empleados directivos, contables y cualesquiera otras personas cuyos informes y consejos se requiere para que asistan a las reuniones trimestrales de la Junta de Servicios Generales. Así los Custodios se ponen en comunicación directa con todos aquellos trabajadores quienes a su vez sienten que su presencia es necesaria. Aunque ellos no tienen derecho al voto, pueden participar libremente en los debates.

La preservación del principio de "Participación" en nuestra estructura de servicio es para los que hemos entendido su aplicación y sus beneficios, un asunto de suma importancia para nuestro futuro. La experiencia sugiere, sin embargo, que en cada nueva generación de delegados y custodios habrá algunos que inevitablemente tratarán de debilitar, modificar o suprimir el principio de "Participación". Cada año unos pocos Delegados atacarán el "derecho" de los directores de las corporaciones de servicio, de su personal, y aun de los Custodios, de votar en la Conferencia. Nuevos directores voluntarios de la corporación preguntarán por qué una mujer miembro del personal es también directora y tiene por ello derecho a un voto tan valioso como el suyo propio. De vez en cuando se promoverá la idea de abolir la Corporación de Servicio Mundial y The Grapevine, Inc. Se pedirá que esas corporaciones separadas se conviertan en "departamentos" o "comités" de la Junta de Servicios Generales, principalmente manejados por Custodios. En mi opinión, es tan vital que nosotros preservemos el "Derecho de Participación" tradicional para afrontar cualquier tendencia a menospreciarlo, que deberíamos traer en este momento algunas de nuestras primeras experiencias para mejor ilustrarle.

En sus primeros tiempos, la Oficina Central de A.A. estaba manejada en forma autoritaria e institucional. En aquella época, los custodios no veían razón alguna para delegar sus facultades administrativas o para trabajar en participación votante con cualesquiera otros miembros que no fueran de su Junta. El resultado era a menudo una serie de problemas y malos entendidos, y de esas dificultades fue saliendo el principio de "Participación". Esta lección se aprendió por el camino más duro, pero se *aprendió*.

Hemos visto que el Dr. Bob y yo le dimos a la Junta de Custodios la total posesión legal de todos nuestros activos de servicio. Esto incluyó nuestra literatura, nuestros fondos, nuestras relaciones con el público y nuestra Oficina de Servicios Generales de A.A. En esta forma, nuestros primeros custodios tuvieron toda la autoridad que había en esa época. Sin embargo, la mayor parte de la responsabilidad por el manejo de la Oficina Central siguió recayendo sobre mi persona, mi asistente y su personal de ayudantes. Por un lado, teníamos Custodios con toda la autoridad posible, y por otro lado, los fundadores y gerentes de la oficina que teníamos toda la responsabilidad pero casi ninguna autoridad. Fue una especie de esquizofrenia que nos causó problemas concretos.

Era natural que los Custodios, quienes poseían toda la autoridad y todos los fondos disponibles, pensaran que era suya la obligación de administrar directamente la oficina y activamente supervisar cualquier cosa que se hiciera. Para llevar a cabo este propósito, se formaron dos comités: uno de políticas y otro de administración. Nosotros los de la oficina no pertenecíamos a ninguno de estos comités, y por consiguiente no teníamos ninguna "participación" real. Por supuesto, a mí me era permitido ir a las reuniones de los custodios lo mismo que a las reuniones de los comités, para persuadir o aconsejar. Pero mi asistente, quien tenía a su cargo la mayor parte del trabajo de la oficina, no podía asistir a las reuniones de los Custodios y era llamado a los comités únicamente para hacer sugerencias o informes, contestar preguntas y recibir órdenes. En ocasiones, aquellos comités nos dieron directrices realmente contrarias.

La situación se complicó cuando entró a operar una rueda más en el mecanismo directivo. La Junta de Custodios, por supuesto, era la dueña total de nuestra empresa editorial (en esa época Works Publishing Inc.). Con la excepción de una función importante, Works Publishing Inc. se había convertido en pura fachada. No tenía nada que ver con el manejo activo excepto en girar los cheques necesarios para cubrir los gastos de oficina y de las publicaciones. Un viejo A.A., amigo mío, y su Custodio-tesorero, firmaba los cheques. En una ocasión en que estaba de mal humor, rompió todos los cheques de pago de la nómina de nuestra oficina porque mi asistente los había girado un par de días antes de lo usual con el objeto de permitir a nuestros empleados que hicieran anticipadamente sus compras de Pascua. En ese mismo instante, empezamos a preguntarnos hasta dónde podríamos nosotros los borrachos ejercer autoridad total en asuntos de dinero y manejo de personal. Y hasta dónde los alcohólicos podíamos tolerar que se nos manejara en esa forma. De todas maneras, nos dimos cuenta de que nuestra Oficina Central no podía seguir siendo manejada por dos comités ejecutivos y una corporación totalmente inoperante, cada una con la posibilidad de emitir directivas en las cuales no participábamos los encargados de ejecutarlas.

Debemos hacer notar que ahora nosotros los borrachos podemos "darlo o aguantarlo", mejor de lo que podíamos antes. Aún así, yo no quisiera ver nuevamente establecida la forma de dirección en la cual no se permite la participación. Ahora que tenemos mucha más gente involucrada en los servicios y más dinero para manejarlos, me temo que el resultado sería igual al de antes, y posiblemente peor. Realmente no había nada excepcional con el incidente de los cheques despedazados, porque cada vez que se crea una autoridad absoluta surge la misma tendencia a dominar exageradamente en todas las cosas, grandes o pequeñas.

Tardamos mucho tiempo en darnos cuenta de que no podíamos poner nunca toda la autoridad en un grupo y virtualmente toda la responsabilidad en otro, y al mismo tiempo esperar que hubiera eficacia en la operación, o siquiera una armonía verdadera. Es claro que nadie se opone a la idea de la autoridad final. Nosotros únicamente nos oponemos a su abuso o aplicación equivocada. La "Participación" puede generalmente frenar este absurdo desmoralizador antes de que aparezca.

Examinemos ahora otro aspecto del problema de la "Participación". La autoridad final respecto a los servicios tiene que recaer sobre los grupos de A.A.; pero supongamos que los grupos, haciendo uso de este enorme poder, trataran de sobrepasarse, enviando Delegados con instrucciones irrevocables acerca de cómo deben votar en las deliberaciones, ¿les parecería a los delegados que estuvieran cumpliendo el papel de participantes, de servidores de confianza? ¡No!, se sentirían como mandaderos o recaderos.

Los Delegados, por supuesto, podían dar a los Custodios este mismo tratamiento. El poder de los Delegados es tan grande que rápidamente podrían hacer que los Custodios se sintieran como marionetas, en la misma forma en que los Custodios lo hicieron con los empleados de las oficinas, inadvertidamente, por supuesto. Si, entonces, la Conferencia en algún momento empieza a rehusar el voto de los Custodios, o si los Custodios empiezan a no querer permitir que los voluntarios de servicio en las corporaciones y los miembros del personal directivo tengan el derecho al voto al mismo nivel de su trabajo en las corporaciones y en la Conferencia, habríamos arrojado por la borda toda nuestra experiencia pasada. El principio de permitir una justa participación en las votaciones tendría que ser de nuevo dolorosamente aprendido.

Un argumento que se podrá emplear para quitarle el voto a los Custodios y los trabajadores a sueldo en la Conferencia es que habría un peligro si se permitiera a tales personas tomar parte en votaciones referentes a sus propias actividades pasadas; por ejemplo, en la aprobación de su informe anual de labores. En cierta medida, este argumento tiene mucha validez; no hay duda de que tradicionalmente los Custodios y empleados de servicio debieran abstenerse de participar en las votaciones referentes a sus propias actividades pasadas.

Pero aquellos que quisieron *eliminar por completo* los votos de los Custodios y los trabajadores de servicio en la Conferencia no se dan cuenta de que los informes de actividades pasadas, constituyen solamente un porcentaje mínimo del trabajo de aquella entidad. La Conferencia tiene mucho más que ver con las orientaciones, los planes y acciones que habrán de llevarse a cabo en el futuro. Eliminar los votos de los Custodios y los empleados de servicio sería obviamente un error. ¿Por qué motivo debe privarse nuestra Conferencia de los votos de gente que conoce tan bien todos estos problemas?

Tal vez se presente la objeción de que, en votaciones muy igualadas en la Conferencia, el voto combinado de los Custodios y los trabajadores de servicio pueden llegar a decidir una determinada cuestión. ¿Pero por qué no? Ciertamente nuestros Custodios y nuestros trabajadores de servicio no son menos conscientes, experimentados y sabios que los delegados. ¿Hay alguna razón por la cual sus votos sean indeseables? No vemos ninguna. De suerte que debemos precavernos contra alguna tendencia futura a negarle a nuestros Custodios o trabajadores de servicio el derecho a votar en la Conferencia, excepto en aquellas ocasiones en que se trate de la aprobación de actividades pasadas, evaluación de trabajos o de compensaciones monetarias, o en caso de una reorganización total de la Junta de Servicios Generales en sí, ocasionada por un deficiente funcionamiento de la Junta. Sin embargo, esto no debe constituirse en una barrera para los votos del grupo de Custodios acerca de cambios estructurales. Es también de notar que en la práctica, nuestros Custodios y personal de la Oficina Central nunca han votado "en bloque". Las diferencias de opinión que se presentan entre ellos son a veces tan pronunciadas y considerables como las que se observan entre los mismos delegados.

Hay otra buena razón para la "Participación", y tiene que ver con nuestras necesidades espirituales. Todos nosotros deseamos profundamente *pertenecer*. Queremos que la relación A.A. sea de una sociedad fraternal. Nuestro más brillante ideal es el de que la "corporación espiritual" dentro de A.A. nunca llegue a incluir miembros que puedan considerarse como de "segunda clase". En el fondo, yo creo que es lo que hemos tratado de lograr en nuestra estructura de servicio mundial. Ahí encontramos la razón principal por la cual debemos continuar asegurando la "Participación" de todos los niveles importantes. Así como no hay miembros de A.A. de segunda clase, no debe haber tampoco trabajadores de servicio de segunda clase.

El "Derecho de Participación" es por lo tanto un correctivo de la autoridad final, porque mitiga sus esperanzas y abusos. También da ánimos a aquellos de nosotros que trabajamos en A.A., para aceptar la disciplina necesaria para llevar a cabo nuestras tareas. Todo esto lo podemos hacer cuando estamos seguros de que pertenecemos, cuando el hecho de nuestra "participación" nos asegura que nosotros somos verdaderamente los "servidores de confianza" de quienes nos habla la Tradición Dos.

---

[1] Actualmente A.A.W.S. tiene nueve directores, de los cuales, cuatro son custodios.
[2] Hoy en día nueve.

CONCEPTO V

En toda nuestra estructura de servicio mundial, un "Derecho de Apelación" tradicional debe prevalecer, asegurándonos así que se escuche la opinión de la minoría, y que las peticiones de rectificación de los agravios personales serán consideradas cuidadosamente.

A la luz del principio del "Derecho de Apelación", todas las minorías que se formen — en nuestros cuadros directivos, comités, juntas de corporación o entre los Custodios — deben animarse a dejar constancia con un informe de minoría cuando ellos crean que la mayoría se encuentra en un considerable error. Y cuando una minoría considere que la cuestión es de tal importancia que si se toma una decisión equivocada, pueden verse afectados seriamente los A.A. como un todo, entonces debe de presentar un informe de minoría a la Conferencia.

Al garantizar este "Derecho de Apelación" tradicional, reconocemos que las minorías pueden tener frecuentemente la razón; que aún cuando se encuentren parcial o totalmente en el error, cumplen, sin embargo, un importante servicio cuando, haciendo uso de su "Derecho de Apelación", obligan a que se lleve a cabo una discusión exhaustiva sobre los temas importantes. Una minoría bien escuchada es, por lo tanto, nuestra principal protección contra una mayoría mal informada, precipitada o airada.

El "Derecho de Apelación" tradicional debe permitir también a cualquier persona en nuestra estructura de servicio, bien sea a sueldo o voluntaria, que haga la petición para que se repare un agravio personal, llevando su queja si lo desea, directamente a la Junta de Servicios Generales. Tal persona debe poder ejercer este derecho sin prejuicio o miedo a represalia. Aunque en la práctica este derecho será raramente ejercido, el hecho de su existencia será siempre un freno para el abuso de poder por parte de quienes lo tienen. Con toda seguridad, nuestros trabajadores aceptarán gustosamente la dirección y disciplina necesarias para sus tareas, pero todos ellos deben sentir que no necesitan soportar silenciosamente una dominación personal innecesaria e injusta.

Con respecto a la "Apelación" y a la "Petición", me agrada poder decir que en el servicio mundial de A.A. estos importantes derechos y prácticas ya han sido bien aprovechadas. Por lo tanto, los pongo por escrito únicamente para ayudar en la confirmación y la ampliación de sus aplicaciones futuras.

Los *"Derechos de Apelación"* y *"Petición"* se dirigen a proteger y hacer el mejor uso posible de los sentimientos y opiniones de la minoría. Este siempre ha sido, y es todavía, el problema central de todos los gobiernos libres y las sociedades democráticas. Dentro de Alcohólicos Anónimos la libertad individual es de enorme importancia. Por ejemplo, cualquier alcohólico es miembro de A.A. en el instante en que lo diga; no podemos arrebatarle su derecho a pertenecer. Ni podemos forzar a nuestros miembros a que crean en algo o paguen algo. Nuestro estatuto ciertamente da cabida amplia a las libertades y privilegios de la minoría.

Cuando observamos nuestros servicios mundiales, vemos que aquí también hemos ido bastante lejos en nuestra confianza en los grupos minoritarios. De acuerdo con la Tradición Dos, *la conciencia del grupo* es la autoridad final del servicio mundial de A.A. y esto siempre será cierto respecto a todos los asuntos importantes que nos afecten. Sin embargo, los grupos de A.A. han reconocido que para los propósitos de servicio mundial, la "conciencia del grupo" de A.A., *como una totalidad*, tiene ciertas limitaciones. No puede actuar directamente en muchos asuntos de servicio porque no puede estar suficientemente informada acerca de los diversos aspectos del problema. También es cierto que durante una época de gran perturbación, la conciencia del grupo no es siempre la mejor guía posible, porque temporalmente, la misma confusión puede hacer que no funcione eficiente y prudentemente. Entonces, cuando la conciencia del grupo no puede o no debe actuar directamente, *¿quién debe actuar por ella?*

La segunda parte de la Tradición Dos nos suministra la respuesta al describir los líderes dentro de A.A. como "servidores de confianza". Estos servidores tienen que estar siempre dispuestos para hacer por los grupos aquello que los grupos obviamente no puedan o no deban hacer por sí mismos. En esta forma, los servidores están obligados a usar su propia información y criterio, a veces hasta el punto de ponerse en desacuerdo con una opinión mal informada o prejuicio del grupo.

En esta forma podrá observarse que en sus operaciones de servicio mundial, A.A. frecuentemente confía a una pequeña pero verdaderamente calificada minoría —los escasos 100 miembros de su Conferencia de Servicios Generales— para actuar como la conciencia del grupo de A.A. en la mayor parte de nuestros asuntos de servicio.

Similarmente a otras sociedades libres, tenemos que confiar en nuestros servidores, sabiendo que en el caso improbable de que no cumplan sus responsabilidades, todavía tendremos amplia oportunidad para retirar y reemplazarlos.

Las consideraciones anteriores ilustran en manera general la preocupación de A.A. por la libertad y la protección de cada uno de sus miembros y del deseo de la sociedad en su totalidad de confiar en los servidores capaces y conscientes para que actúen dentro de sus respectivas capacidades en nombre de todos nosotros. Por haber sido durante mucho tiempo beneficiado con esta clase de confianza, yo estoy seguro de que muchos de los antiguos miembros de A.A. quisieran que yo registrara su gratitud junto con la mía.

En 1951, cuando la Conferencia de Servicios Generales empezó a actuar en forma experimental, estas actitudes de confianza eran ya una parte esencial de la vida A.A. Al hacer el borrador del Estatuto para nuestra Conferencia, por consiguiente, incluimos en aquel documento las características que podrían asegurar la protección y el respeto hacia las minorías. Esto se ve claramente, por ejemplo, en nuestro método del "Tercer Legado" para seleccionar los delegados. A menos que el candidato de la mayoría obtenga en la selección los dos tercios de los votos de su Asamblea estatal o provincial, tiene que colocar su nombre en un sombrero con uno o varios de los escogidos por la minoría. En esta forma los candidatos de la minoría tienen una oportunidad igual a la que tienen los de la mayoría para ser elegidos.

En realidad, una democracia opera basada en la voluntad de la mayoría, sin que importe el escaso margen que obtenga dicha mayoría. Así, al hacer concesiones especiales a los sentimientos y a la sabiduría frecuentemente demostrada de las minorías, ocasionalmente podemos contraponernos al principio favorito de las democracias de que las decisiones finales se tomen por el voto de la simple mayoría. Sin embargo, nosotros hemos encontrado realmente que nuestro método del Tercer Legado para elegir los delegados ha *fortalecido* en gran medida el *espíritu de la democracia* entre nosotros. Se ha cimentado la unidad, se ha incrementado la cooperación y cuando se escoge finalmente al delegado, no se escuchan protestas de minorías descontentas. Incrementar *el espíritu de democracia* teniendo deferencia especial por la opinión de la minoría es, creemos, mucho mejor que seguir ciegamente la regla que siempre insiste en el dominio incondicional de un voto que ha obtenido la mayoría por escaso margen.

Consideremos otro ejemplo: Nuestro respeto hacia la posición de la minoría, más el deseo de la unidad y la seguridad, a menudo lleva a la Conferencia de Servicio General de A.A. a discutir ampliamente los problemas importantes de política general, siempre y cuando no haya necesidad de una decisión inmediata. En muchas ocasiones la Conferencia ha insistido en que la discusión se continúe aun en casos en que hubiera podido obtenerse fácilmente los dos tercios de los votos. Una práctica tradicional voluntaria de esta clase es la evidencia de que existe una prudencia verdadera y una deferencia cordial a los puntos de vista de la minoría. A menos que haya sido absolutamente inevitable, la Conferencia ha rehusado, generalmente, tomar decisiones importantes basadas en votaciones menores de las dos terceras partes.

Una preocupación por la posición de la minoría se encuentra en la disposición del Estatuto, que dice que ningún voto de la Conferencia puede considerarse obligatorio para los Custodios de la Junta de Servicio General si no han sido logrados los dos tercios del quórum de la Conferencia. Esto da a los Custodios un poder de veto en los casos en que la mayoría no sea muy amplia. Por medio de esta disposición, los Custodios pueden, si lo desean, insistir en que se haga una discusión más amplia para poder confrontar cualquier tendencia de precipitación o emocionalismo. En la práctica, los Custodios ejercen esta facultad muy raramente, en la mayor parte de los casos ellos se conforman con la sencilla mayoría de los delegados, especialmente cuando se requiere claramente una pronta acción en asuntos que no son de gran importancia. Pero aún así, los Custodios tienen la facultad de elegir si vetan una decisión de simple mayoría o actúan conforme a ella. Aquí también hay un reconocimiento del valor constructivo de una minoría confiable.

Si a tan generoso reconocimiento de los privilegios de la minoría añadimos ahora los Derechos tradicionales de "Apelación" y "Petición", creo que habremos garantizado a todas las minorías, ya sean de los grupos o individuales, los medios para que desempeñen sus deberes de servicio mundial en forma confiada y efectiva.

Hace más de un siglo, un noble francés llamado De Tocqueville vino a los Estados Unidos de América a mirar la nueva república. Aunque muchos de sus amigos habían perdido sus vidas y fortunas en la Revolución Francesa, De Tocqueville era un entusiasta admirador de la democracia. Sus escritos acerca del gobierno por el pueblo y para el pueblo son clásicos y nunca se han estudiado más cuidadosamente que en la época presente.

En toda su especulación política, De Tocqueville insistió que el mayor peligro que la democracia podría confrontar sería la "tiranía" de las mayorías apáticas, egoístas, mal informadas o airadas. Solamente una ciudadanía verdaderamente dedicada y deseosa de proteger y conservar los derechos y opiniones de la minoría, podría garantizar la existencia de una sociedad libre y democrática. En todas partes del mundo hoy en día, somos testigos de la tiranía de las mayorías y la aun peor tiranía de las pequeñas minorías investidas de poder absoluto. De Tocqueville nunca hubiera estado de acuerdo con esto, y nosotros los A.A. estamos de todo corazón de acuerdo con él.

Creemos que el espíritu de la democracia en nuestra Comunidad y en nuestra estructura de servicio mundial siempre habrá de sobrevivir, a pesar de las fuerzas contrarias que, sin duda, habrán de continuar golpeándonos. Afortunadamente, no estamos obligados a mantener un gobierno que asegure la obediencia por medio de castigos represivos. Lo único que necesitamos mantener es una estructura de servicio que mantenga en alto nuestras Tradiciones, que forme y ejecute nuestras políticas de aquí en adelante de acuerdo con esas mismas Tradiciones y en esa manera lleve permanentemente nuestro mensaje a aquellos que sufren.

Por ello creemos que nunca estaremos sujetos a la tiranía ya sea de las mayorías o de las minorías, siempre y cuando definamos cuidadosamente las relaciones entre ellas y sigamos el camino del servicio mundial en el espíritu de nuestros Doce Pasos, nuestras Doce Tradiciones y nuestra Carta de la Conferencia — en la cual yo confío que algún día podamos inscribir estos Derechos tradicionales de "Apelación" y "Petición".

CONCEPTO VI

En nombre de A.A. como un todo, nuestra Conferencia de Servicios Generales tiene la responsabilidad principal del mantenimiento de nuestros servicios mundiales y tradicionalmente tiene la decisión final respecto a grandes asuntos de política general y finanzas. Pero la Conferencia reconoce también que la principal iniciativa y la responsabilidad activa en la mayoría de estos asuntos, deben ser ejercidas en primer lugar por los miembros Custodios de la Conferencia, cuando ellos actúan entre ellos mismos como la Junta de Servicios Generales de Alcohólicos Anónimos.

En la misma forma que los grupos de A.A. reconocen que por sí mismos son incapaces de actuar en forma decisiva con respecto a asuntos de servicio mundial, a menos que deleguen en su Conferencia una gran cantidad de responsabilidad y autoridad, así mismo debe la Conferencia delegar una amplia autoridad administrativa a la Junta de Servicios Generales, a fin de que sus Custodios puedan actuar libre y eficientemente en ausencia de la Conferencia misma.

Esta crítica necesidad de libertad de acción para los Custodios nos plantea muchas cuestiones importantes.* Con excepción de la Conferencia, la Junta de Custodios debe ser el grupo de servidores mundiales de mayor influencia que tengamos, y por consiguiente tendremos que considerar cuidadosamente la clase y el grado de autoridad, responsabilidad, liderazgo y posición legal que los Custodios deben poseer para que funcionen con la máxima efectividad durante los años venideros. Es probable que tengamos que revisar y tal vez enmendar un poco nuestros métodos actuales de selección de Custodios.

Tendremos que definir claramente las diferentes clases de habilidades profesionales y financieras que serán requeridas para obtener así una administración fiduciaria equilibrada. De esta manera podremos asegurar permanentemente la capacidad de la Junta para dirigir nuestras actividades en el futuro.

Para evitar una continua confusión, también será necesario mostrar exactamente cómo los Custodios deben estar relacionados con la Conferencia y cómo, a su vez, deben relacionarse ellos mismos con sus corporaciones de servicio activo, la Corporación de Servicios Mundiales de A.A. (incluyendo su división de publicaciones de A.A.) y *The AA Grapevine*, nuestra revista mensual. En forma general, estas relaciones ya han sido discuti-

---
* Ver Concepto VIII para una definición de los poderes y actividades de los Custodios.

das con alguna extensión en las páginas anteriores. Sin embargo, aún subsiste la necesidad de interpretarlas y detallarlas. Por supuesto que no se desea congelar estas relaciones en un esquema rígido. Aunque nuestra organización actual parezca satisfactoria y apropiada, en el futuro pueden aparecer fallas que nosotros todavía no hemos previsto. Las nuevas situaciones pueden requerir refinamientos y aun cambios considerables. Por esta razón, nuestro Estatuto de servicios, en la mayoría de sus aspectos, puede ser modificado por la Conferencia misma.

Debe hacerse notar, sin embargo, que toda nuestra organización actual, incluyendo la posición de los Custodios de A.A., se basa en una gran cantidad de experiencia, la cual estamos tratando de describir y aclarar en este libro. Cuando esto se haga, no nos estorbará en el futuro, una falta de comprensión tal que nos haga sentirnos tentados de efectuar correcciones imprudentes o precipitadas. Aun en el caso de que algún día efectuemos cambios que no produzcan buen resultado, la experiencia del pasado no se habrá perdido. En tal caso, puede confiarse en estos artículos y tenerlos como un punto de regreso seguro.

Entonces hagamos un examen más específico de la necesidad de una libertad administrativa de amplia magnitud para los Custodios de la Junta de Servicios Generales.

Como hemos visto, la Carta de la Conferencia (y también la de la Junta de S.G. y sus Estatutos) ha demarcado ya una gran área de libertad de acción para nuestros Custodios. Y hemos reforzado estas disposiciones estatutarias al garantizar a todos los cuerpos de servicio mundial, incluyendo, lógicamente, a nuestros Custodios, los derechos tradicionales de "Decisión", "Participación" y "Apelación". Una revisión cuidadosa de estos derechos legales y tradicionales pone muy en claro lo que son las responsabilidades administrativas de los Custodios y es indudable el hecho de que su autoridad en esta área es realmente bastante grande.

¿Por qué razón debe dársele a nuestros Custodios tan amplia libertad de criterio y acción? La respuesta es que nosotros los A.A. los estamos haciendo a ellos responsables de todas nuestras actividades de servicio: La Corporación de Servicio Mundial de A.A. (incluyendo la división de publicaciones) y el AA Grapevine Inc., nuestra revista mensual. Estas entidades (en 1960) tienen entradas que combinadas llegan al medio millón de dólares anualmente.[1]

Nuestros Custodios también son responsables de las relaciones con el público a escala mundial. Se espera que actúen en la formulación de la política de A.A. y vigilen su adecuada ejecución. Ellos son los guardianes activos de nuestras Doce Tradiciones. Los Custodios son los banqueros de A.A. Son totalmente responsables de la inversión y el uso de nuestros fondos sustanciales de reserva. El amplio ámbito de sus actividades será más ampliamente descrito en el "Concepto XI", donde se describe el trabajo que cumplen sus cinco[2] comités permanentes.

Si bien es cierto que los Custodios deben trabajar siempre bajo la estrecha vigilancia, orientación y, en ocasiones, dirección de la Conferencia, también es cierto que únicamente los Custodios y las corporaciones de servicio de su propiedad pueden tener el juicio y el manejo del gran número de transacciones que se involucran hoy día en nuestra operación total de Servicio Mundial. Teniendo en cuenta esta gran responsabilidad, debe dárseles consecuentemente una gran dosis de autoridad y liderazgo para poder ejercerla. Debemos entender también que la situación de nuestro servicio mundial es primordialmente un asunto de políticas y negocios. Es verdad que nuestro objetivo siempre es espiritual, pero esta meta de servicio sólo puede alcanzarse por medio de una efectiva operación administrativa de negocios. Nuestros Custodios tienen que funcionar casi exactamente como los directivos de una gran empresa comercial. Tienen que tener amplia autoridad para poder realmente manejar y dirigir los negocios de A.A.

Este es el concepto básico de corporación en el cual se apoya toda nuestra estructura de servicio mundial. Hemos escogido deliberadamente la forma corporativa en vez de la institucional o gubernamental, porque sabemos perfectamente que la corporación es muy superior cuando se trata de administrar aspectos de orientaciones y negocios.

De arriba abajo, nuestra estructura de servicio semeja ciertamente a la de una gran empresa comercial. Los grupos de A.A. son los accionistas; los delegados son sus representantes ante la "Asamblea General"; nuestra Junta de Servicios Generales representa a la Junta directiva de la Compañía y esta Junta directiva, posee y controla las compañías "subsidiarias" que llevan a cabo nuestro servicio mundial en forma activa.

Esta analogía tan certera hace aún más claro el hecho de que, en forma similar a la de cualquier junta directiva, deben dársele a nuestros Custodios grandes poderes si se quiere que ellos manejen efectivamente los asuntos principales y mundiales de Alcohólicos Anónimos.

---

[1] En 2017, los ingresos de la Junta de Servicios Generales, A.A.W.S., Inc. y AA Grapevine, Inc. ascendieron a unos 25 millones.

[2] Hoy en día hay once comités permanentes.

CONCEPTO VII

La Conferencia reconoce que la Carta Constitutiva y Estatutos de la Junta de Servicios Generales son instrumentos legales: que los Custodios están por consiguiente totalmente autorizados para gobernar y dirigir todos los asuntos del servicio mundial de Alcohólicos Anónimos. Se entiende además, que la Carta de la Conferencia en sí no es un instrumento legal; más aún, que se apoya en la fuerza de la tradición y en las finanzas de A.A. para su efectividad en último término.

Este Concepto puede parecer contradictorio, casi como el enfrentamiento de una fuerza irresistible con un objeto inamovible. Por un lado vemos una Junta de Custodios investida con el poder legal total sobre los fondos y servicios de A.A., y por otro lado vemos que la Conferencia de Servicios Generales de A.A. conserva tal influencia tradicional y esa fuerza financiera que, de ser necesario, puede sobreponerse a los derechos legales de la Junta de Custodios. En realidad puede dar orientaciones generales a los Custodios y procurar su cumplimiento.

Lo anterior significa que el poder práctico de la Conferencia casi siempre será superior al poder legal de los Custodios. Este poder supremo de la Conferencia proviene de la enorme influencia tradicional de la Carta misma. Se deriva de la amplia mayoría de Delegados escogidos por los grupos en la Conferencia, y finalmente, en casos extremos estará basado en la indiscutible capacidad que tienen los Delegados para negarle a la Junta de Servicios Generales, los fondos que ella necesite para operar, los cuales provienen de las contribuciones voluntarias de los mismos grupos de A.A. Teóricamente, la Conferencia no es más que un cuerpo asesor, pero en la práctica tiene todos los derechos y controles finales que pueda necesitar.

Cuando reflexionamos que nuestros Custodios no tienen un interés salarial financiero en sus puestos, podemos estar totalmente seguros de que una Junta en tales condiciones nunca pensaría en oponerse legalmente al deseo claro y sostenido de los delegados de la Conferencia y las áreas de A.A. que representan. Si algún día se nos presentaran grandes dificultades, en ningún caso podría resultar en un estancamiento. La Conferencia siempre tendría el control total de la situación. Siendo la conciencia de A.A., los delegados se sentirían con la suprema autoridad sobre nuestra Junta de Servicios Generales y sobre sus filiales incorporadas de servicio mundial.

La historia de este desarrollo es muy interesante e importante. Cuando se estaba proyectando la Carta de la Conferencia, en 1950, se presentó como problema vital el decidir quién habría de tener la autoridad final, si la Conferencia o los Custodios. En ese entonces, nosotros ya dábamos por seguro que la autoridad total y final sobre nuestros fondos y servicios no podría continuar residiendo en una aislada Junta de Custodios que tuviera un derecho inapropiado de elegir sus propios sucesores. Esto hubiera sido abandonar los servicios mundiales de A.A. en las manos de un grupo paternalista, lo cual es totalmente contrario al concepto de "conciencia de grupo" de la Tradición Dos. Si los Custodios iban a ser nuestros administradores permanentes de servicios y los guardianes de las Doce Tradiciones de A.A., evidentemente deberíamos colocarlos en una posición en la cual necesariamente tuvieran que ajustarse a las Tradiciones y a los deseos de nuestra Asociación.

Para cumplir este objetivo se consideraron toda clase de organizaciones. Pensamos en incorporar a la Conferencia misma, colocándola así en posición de autoridad legal sobre la Junta. Esto hubiera significado que todos los miembros de la Conferencia deberían cumplir también requisitos legales. Esto hubiera sido demasiado complicado, ya que hubiera implicado también la incorporación real de toda nuestra Asociación, una idea que la Conferencia misma repudió posteriormente.

También estudiamos la idea de organizar elecciones en todo el país para nombrar a todos nuestros Custodios. Pero este procedimiento hubiera producido confusiones políticas, y no hubiéramos obtenido la gente con la calidad administrativa que la Junta requería. Por estas razones se abandonó esta idea.

Entonces nos preguntamos si sería posible que la Conferencia misma postulara y eligiera directamente a nuestros Custodios. Pero ¿cómo podrían tantos delegados llevar a cabo esta idea? Ellos provendrían de todas partes del país y por consiguiente no se conocerían suficientemente unos a otros. Sus períodos serían cortos y las reuniones muy breves. ¿En qué forma entonces le sería posible a un cuerpo integrado en esta forma postular y elegir Custodios alcohólicos y no alcohólicos de alto calibre administrativo? Evidentemente no encontrábamos un método adecuado para que esta idea funcionara. Por lo tanto, muy a nuestro pesar, tuvimos que desechar esta idea.

En esta forma llegó a ser obvio que la selección de nuevos Custodios —sujetos a la aprobación de la Conferencia— tendría que provenir necesariamente de los mismos Custodios. Solamente ellos tendrían la capacidad para comprender las necesidades de la Junta. Salvo en períodos de reorganización, este método de selección tendría que continuar, al menos, para la mayor parte de la composición de los miembros de la Junta. De otra manera no se podría responsabilizar a la Junta por los resultados de su administración. Resultaríamos sin administración de ninguna clase. Por esta razón, se le dio a la Conferencia el derecho de rechazar pero no de elegir a los nuevos candidatos a Custodios.[1]

Como resultado de todas estas ideas, se desarrolló nuestra actual Carta de la Conferencia, una estructura que claramente le da a la Conferencia una autoridad final y suprema pero la cual, sin embargo, preserva legalmente el derecho de los Custodios para funcionar en forma libre y adecuada, de la misma manera que debe funcionar cualquier junta directiva de una empresa. Este esquema se conforma estrictamente a la Tradición Dos en lo referente a los "servidores de confianza". Dicha Tradición establece que nuestros servidores, dentro del alcance de sus deberes, deben gozar de nuestra confianza para poder utilizar su experiencia y criterio. Se espera que todos los servidores de confianza de A.A. en todos los niveles ejerciten su liderazgo, y el liderazgo no es sencillamente una cuestión de un sumiso quehacer doméstico. Por supuesto, el liderazgo tampoco puede funcionar si está constantemente sometido a una barrera de órdenes superiores.

Toda nuestra experiencia, hasta la fecha, nos muestra que ese equilibrio de poderes entre los Custodios y la Conferencia funciona magníficamente. No hemos escamoteado esfuerzos para otorgarle a la Conferencia una autoridad final por vías prácticas y tradicionales. A través de métodos legales, hemos delegado una amplia autoridad de funcionamiento y poder discrecional a los Custodios. Creemos que este equilibrio puede mantenerse indefinidamente porque un poder está protegido por la tradición y el otro por la ley.

Hablemos ahora de otro aspecto interesante que muy frecuentemente es puesto en discusión por los nuevos Custodios. Ellos dicen: "Nosotros los Custodios tenemos ciertos derechos y deberes establecidos legalmente por nuestra Carta. Cuando aceptamos órdenes u opiniones de la Conferencia, ¿no estamos violando la Carta? Debemos tener el derecho legal total para decir 'no' a cualquier deseo de la Conferencia."

Es verdad que nuestros Custodios tienen esta autoridad legal absoluta, pero no hay nada en la Carta que los *obligue* a hacer uso de toda autoridad en *todo* momento. Ellos tienen toda la libertad para aceptar consejos y aun dirección de cualquier persona. Y pueden, sencillamente, abstenerse de usar su derecho legal para decir "no" cuando resulta mucho más sabio, considerando todos los aspectos, el decir "sí". De la misma manera que la Conferencia debe evitar el abuso de su autoridad tradicional, debieran los Custodios evitar el abuso de sus derechos legales. El Presidente de los Estados Unidos, por ejemplo, tiene un derecho legal absoluto para vetar la legislación aprobada por el Congreso. Sin embargo, él no lo usa en el 99% de las ocasiones porque: a) está de acuerdo con la legislación, o b) aunque no está de acuerdo con la legislación cree que un veto sería poco aconsejable o que sería imposible sostenerlo. Las circunstancias en cada caso particular determinan si utiliza o no su poder de veto. De la misma manera sucede con los Custodios de la Junta de A.A.

Claramente entonces nuestra Junta de Custodios se reserva un poder de veto sobre cualquier acción de la Conferencia. Esto es legalmente necesario y en principio es lo correcto, pero el veto será usado muy ocasionalmente. Sin embargo, habrá ocasiones en que el veto de los Custodios tendría un uso muy importante y constructivo.

A continuación daremos tres ejemplos típicos en los cuales es deber de los Custodios vetar la acción de la Conferencia:

1. Si por causa de prisa o presión, la Conferencia llegase a tomar una acción o dirigir una orden a los Custodios violando patentemente su propia Carta o la de la Junta de Servicios Generales; o si la Conferencia aprobara una medida tan inconsulta o tan peligrosa como para perjudicar seriamente, a juicio de los Custodios, las relaciones de A.A. con el público o a la Comunidad considerada en su totalidad, entonces los Custodios tendrían el deber de pedir a la Conferencia que vuelva a considerar la medida que se pretende aprobar. En el caso de que la Conferencia rehusara tal reconsideración, los Custodios podrían entonces usar su derecho legal de veto. Y, si les parece aconsejable, podrían apelar directamente a los mismos grupos de A.A.

2. Aunque por tradición los Custodios nunca deben excederse substancialmente en su presupuesto aprobado por la Conferencia, sin haber consultado a la Conferencia

misma, ellos deben *sentirse totalmente libres para reducir la cifra presupuestal de la Conferencia* durante cualquier año fiscal, aunque dicha acción pueda restringir o cancelar planes especiales o proyectos iniciados o dirigidos por la Conferencia misma.

3. Si, por causa de situaciones imprevistas, un proyecto o resolución particular de la Conferencia llega a ser desaconsejable o irrealizable durante el año fiscal, los Custodios, sin prejuicio, deben poder usar su derecho de veto y cancelación.

En consecuencia, si en los próximos años la Conferencia siempre tiene en cuenta los derechos, deberes, responsabilidades y el estado legal de la Junta, y si los custodios en sus deliberaciones siempre se dan de cuenta de que la autoridad final de servicios reside en la Conferencia, ninguno de los dos se verá tentado de hacer caso omiso del otro. De esta manera, podemos esperar que los asuntos importantes siempre serán resueltos y que la regla general será una armoniosa cooperación.

---

[1] Hoy día se celebran las elecciones de los custodios regionales y generales durante la semana de la Conferencia; en esa medida la Conferencia ahora elige los custodios de acuerdo con el procedimiento descrito en el "Manual de Servicio".

CONCEPTO VIII

Los Custodios de la Junta de Servicios Generales actúan en dos calidades básicas: a) con respecto a los grandes asuntos de la política general y las finanzas, ellos son los que principalmente planean y administran. Ellos y sus comités primarios básicos manejan directamente estos asuntos. b) Pero en lo referente a nuestros constantemente activos servicios incorporados y separados unos de otros, los Custodios, como síndicos fiscales, ejercen una función de supervisión administrativa por medio de su facultad de elegir a todos los directores de estas entidades.

Puesto que nuestros Custodios tienen la responsabilidad fundamental del buen funcionamiento de todos nuestros asuntos de servicio mundial, la discusión en este capítulo trata de los conceptos y métodos básicos por medio de los cuales estos pueden desempeñar en la mejor manera posible sus serias obligaciones. Ha sido probado por una larga experiencia que nuestra Junta, como un todo, tiene que dedicarse casi exclusivamente a los problemas mayores y más serios de política general, finanzas, relaciones del grupo, relaciones con el público y liderazgo que confronta continuamente. En *estos asuntos más críticos*, la Junta tiene que funcionar, por supuesto, con un gran cuidado y reflexión y se espera de ella una *planificación, dirección y ejecución* expertas.

Por consiguiente, no debe distraerse o interferirse la atención de la Junta, la cual debe resolver problemas de gran magnitud. Nuestros Custodios, actuando en forma colegiada, no pueden molestarse en tratar acerca de minucias; no deben preocuparse de las preguntas y dificultades interminables que se presentan diariamente en el manejo rutinario de la Oficina de Servicio Mundial y nuestras empresas editoras. En estas áreas, la Junta no puede dirigir y manejar los detalles y tiene que delegar entonces su función ejecutiva. La actitud de la Junta debe ser de supervisión administrativa y no de ejecución directa.

De aquí que los Custodios sean los responsables del buen manejo de la Corporación de Servicios Mundiales de A.A. y de la Corporación de Grapevine.[1] Ellos desempeñan su obligación de Custodios al elegir los directivos de estos servicios, parte de los cuales deben ser siempre Custodios. Por este medio se asegura que la dirección ejecutiva de estas empresas radique en las corporaciones de servicio activo por sí mismas y no en la Junta de Servicios Generales. Cada entidad de servicio incorporada debiera poseer su propia carta, su propio capital de trabajo, su propio director, sus propios empleados, oficina y equipo. En lo que se refiere a las operaciones rutinarias de servicio, la Junta raramente necesitará hacer algo más que intervenir en situaciones difíciles y ver que las corporaciones de servicio operen dentro de los presupuestos fijados y de acuerdo con las orientaciones generales de A.A. y de su sede.

Estas disposiciones están de acuerdo con la práctica moderna de las empresas de negocios. La Junta de Servicios Generales es, en efecto, una compañía matriz a cargo de la supervisión y custodia de las subsidiarias de su propiedad que están incorporadas separadamente, cada una de las cuales tiene una administración separada para efectos de su operación. Hemos demostrado para nuestra satisfacción que esta base de operación en forma incorporada es superior a cualquier otra.

Esta lección, como lo hemos anotado anteriormente, se aprendió arduamente. Cuando discutíamos la "Participación" en el Concepto IV, vimos que nuestras intenciones iniciales de manejar la oficina de Servicio General de A.A., y la Compañía Editora A.A., por medio de una multiplicidad de comités de Custodios, no nos dieron resultado. Estos fueron realmente esfuerzos para que nuestros servicios formaran parte de la antigua Fundación Alcohólica (ahora la Junta de Servicios Generales). Nos fue difícil definir los poderes de los diferentes comités de servicio de los Custodios con respecto a los demás y con respecto al trabajo por ejecutar. La responsabilidad y la autoridad raramente pudieron equilibrarse. Las órdenes categóricas fueron la regla general, y no las decisiones compartidas. En aquellos comités nadie tenía títulos que indicaran claramente las responsabilidades individuales de los cargos respectivos; naturalmente quienes controlaban el dinero y firmaban los cheques se convirtieron en las mayores *autoridades*. El control del dinero, por consiguiente, con demasiada frecuencia determinó la política de A.A., sin tener en cuenta los puntos de vista de los trabajadores y voluntarios en la oficina, los cuales a menudo tenían un concepto mucho mejor en tales asuntos.

Pero desde el momento en que consolidamos las funciones de nuestra Oficina de Servicios en una estructura incorporada sencilla y permanente en la cual los empleados y directores tenían definidos legalmente sus títulos, sus deberes y responsabilidades — desde el momento en que tal corporación fue provista de sus propios fondos de trabajo, empleados y equipos — desde el momento en que sus directores pudieron votar legalmente en proporción a sus responsabilidades reales — desde ese mismo momento empezamos a ver un inmenso mejoramiento. El manejo armonioso y efectivo de todas nuestras operaciones ha sido el resultado desde aquel entonces.

Aprendimos finalmente lo que el mundo de los negocios conoce bien: que no podíamos, al nivel de alta gerencia, manejar una entidad de negocios grande, activa y desarrollada, por medio de comités y departamentos totalmente desunidos. Por ejemplo, ¿cómo podría funcionar nuestra Junta de Custodios en el día de hoy si la hubiéramos convertido en un mero "comité" o "departamento" de la Conferencia de Servicios Generales, en vez del cuerpo legalmente reglamentado y cuidadosamente definido que necesariamente es en la actualidad?

Tampoco podemos convertir nuestra Junta de Servicios Generales en una corporación operativa. Cualquier corporación que dirija un negocio grande y activo debe tener siempre únicamente una cabeza ejecutiva familiarizada con cada departamento, que permanezca en su trabajo la mayor parte del tiempo y que pueda, por ello, coordinar directamente los diversos departamentos y mediar en sus diferencias. Esto significaría (si lo intentáramos) que las "divisiones" de la Junta de Servicios Generales tuvieran que depender del presidente de ella, quien actuaría como jefe ejecutivo. Pero a menos que dicha persona fuera un *ejecutivo de hecho*, y permaneciera en disponibilidad constante para ello, ¿en qué forma se podría lograr? Por la misma naturaleza particular de nuestra institución, el presidente de la junta no puede ser un ejecutivo en este sentido. El es usualmente una persona no-alcohólica y no podría dedicarnos todo su tiempo. Ni siendo Custodio le podríamos pagar un sueldo por el trabajo que le exigiría su condición de director ejecutivo de todos nuestros servicios.

Supongamos, sin embargo, que los Custodios contraten un gerente de jornada completa para hacerse cargo del manejo activo de nuestras tres empresas de servicio, como departamentos de la Junta. Se presentaría una dificultad inmediata — la de que tal persona nunca podría ser un Custodio, y por consiguiente nunca podría actuar como presidente de la Junta de Servicios Generales. En esta forma él nunca podría tener una posición verdadera. Se convertiría en factótum bajo una dirección ausente del presidente de la Junta. Consideremos también el hecho de que la mitad de nuestra Junta de Custodios vive normalmente en otras ciudades[2] y el hecho adicional de que no podríamos exigirle a los custodios no alcohólicos mantener una continua y cuidadosa supervisión de todos nuestros servicios activos. Por todas estas razones de peso, yo creo que nunca debemos convertir nuestra Junta de Servicios Generales en una gran corporación subsidiaria de servicio, poseída totalmente por la Junta de Servicios Generales y diseñada para agrupar bajo una directiva única todos nuestros servicios, incluyendo Grapevine. Este plan también crearía dificultades de dirección porque concentraría excesivamente la autoridad ejecutiva. Y finalmente, un director con las diferentes experiencias y capacidades que se le exigiría, sería muy difícil de encontrar y de reemplazar.

Una consideración adicional es que siempre hemos rigurosamente evitado cualquier concentración excesiva de dinero o poder, al colocar nuestros fondos de reserva al cuidado de los Custodios, y al dividir nuestro capital de trabajo entre la Corporación Mundial de Servicios y Grapevine, cada uno con su propio ejecutivo. Siempre hay una poderosa conexión entre el dinero y la autoridad. Cuando el dinero se concentre, inevitablemente estaremos creando la tentación para el abuso de la autoridad, una condición indeseable para nosotros. Por consiguiente, debemos esforzarnos por evitar que se coloque demasiado dinero o demasiada autoridad en cualquiera de aquellas entidades de servicio. Estas son razones poderosas para mantener cada uno de nuestros servicios activos bajo una organización incorporada separada.

Sin embargo, una experiencia que proviene de nuestros primeros tiempos nos sugiere fuertemente que los futuros Custodios y empleados de servicio, buscando sencillez en la contabilidad, ahorro en los impuestos o una mejor eficacia, se verán periódicamente tentados a organizar concentraciones y consolidaciones de una u otra clase. En caso de que se intente hacer de nuevo, sabemos que el riesgo de que se presente una desorganización administrativa total será muy grande.

Estas observaciones no pretenden oponerse a los cambios que se muestren necesarios en el futuro. Sólo enfatizamos la necesidad de evitar las repeticiones innecesarias de aquellas penosas experiencias y errores del pasado que resultaron de la concentración excesiva del poder y del dinero. Sólo podemos hacer constar que todavía no vemos ninguna manera factible de convertir a la Junta de Custodios en una corporación de servicio activa para todo uso.

---

[1] A.A. World Services, Inc. y AA Grapevine, Inc. ahora son corporaciones compuestas por miembros: sus miembros son los custodios. A.A World Services fue constituida en sociedad sin fines de lucro en 1963; AA Grapevine fue constituida en sociedad sin fines de lucro en 1971.

[2] En 2018, el 90% de los custodios viven "fuera de la ciudad".

CONCEPTO IX

Buenos directores de servicio, conjuntamente con métodos adecuados, oportunos y sólidos para escogerlos, son indispensables, a todos los niveles, para nuestro funcionamiento y seguridad en el futuro. La dirección básica de servicio mundial que una vez ejercieron los fundadores de A.A. tiene necesariamente que ser asumida por los Custodios de la Junta de Servicios Generales de Alcohólicos Anónimos.

Por muy cuidadosos que seamos al diseñar la estructura de principios y relaciones de nuestro servicio, por muy bien equilibradas que queden la autoridad y la responsabilidad, los resultados operativos de nuestra estructura no pueden ser mejores que la labor personal de aquellos que tienen que trabajarla y hacerla funcionar. El buen liderazgo no puede funcionar bien dentro de una estructura mal concebida. El liderazgo débil puede muy difícilmente funcionar, aun en la mejor de las estructuras. Una vez que hayamos creado una estructura básicamente sólida, este trabajo inicial se acaba, excepto para mejoras ocasionales.

Con el *liderazgo* tendremos un problema continuo. Podremos tener unos buenos líderes hoy, y mañana no tenerlos. Proporcionar a nuestra estructura de servicio trabajadores capacitados y de buena voluntad será una actividad continua. Por eso es un problema que por su misma naturaleza no podrá ser resuelto permanentemente. Tenemos que encontrar continuamente la gente adecuada para desempeñar nuestras muchas tareas de servicio. Puesto que nuestra futura efectividad tiene que depender de siempre renovadas generaciones de líderes, parece deseable que procedamos a definir las características de un buen líder de servicio; que indiquemos cuidadosamente, para cada nivel de servicio, especialmente en nuestra Junta de Custodios, las habilidades especiales que siempre habrán de requerirse; y que revisemos nuestros métodos actuales para buscar y escoger estos líderes.

Recordemos primero que la base de nuestra estructura de servicio reposa en la dedicación y habilidad de varios miles de Representantes de Servicios Generales (R.S.G.), varios centenares de Miembros de Comités de Áreas, y casi una centena de Delegados. Ellos son los agentes directos de los grupos de A.A.; constituyen la conexión indispensable entre nuestra Comunidad y su servicio mundial; son los representantes fundamentales de la conciencia de grupo de A.A. Sin su apoyo y actividad no podríamos funcionar permanentemente.

Al elegir sus R.S.G., los grupos de A.A. debieran tener en cuenta tales hechos. Debe recordarse que *únicamente* los R.S.G. pueden, en las reuniones de la Asamblea de Grupo, designar los Miembros de Comité y finalmente escoger los Delegados. Por ello los grupos deben tener gran cuidado al escoger estos Representantes. Los tanteos deben evitarse. A los grupos que no tienen R.S.G., debemos animarlos a elegirlo. En este aspecto, cierta debilidad tiene la tendencia de persistir. El desarrollo que necesitamos en este campo parece ser un asunto de mayor cuidado, responsabilidad y educación.

Cuando los R.S.G. se reúnen en sus Asambleas para escoger a los Delegados, será necesario ejercer un cuidado y dedicación mucho mayores. Deberán hacerse a un lado todas las ambiciones personales, y olvidarse de polémicas y controversias. Este deberá ser el pensamiento de todos: "¿Quiénes son las personas mejor capacitadas que podemos nombrar?"

Hasta ahora nuestro método enunciado en el Tercer Legado para elegir los delegados por mayoría de ⅔ o por sorteo, ha resultado ser altamente satisfactorio. Este sistema de selección ha reducido grandemente la fricción política; ha hecho sentir a cada Delegado que es verdaderamente un servidor mundial más bien que el ganador de un concurso. En la misma forma, nuestros métodos del Tercer Legado han producido generalmente gente de un alto nivel de dedicación y competencia en lo que respecta tanto a Miembros de Comité como a los Delegados. Nuestras Asambleas de Áreas necesitan únicamente continuar actuando con cuidado y con buen espíritu desinteresado.

Es de notar que algunos miembros mantienen la duda acerca de las elecciones por sorteo. Ellos dicen que no siempre gana la mejor persona. A eso tenemos que responder que cada vez que hemos abandonado el sistema de votación "por mayoría de ⅔ o por sorteo" para elegir a los delegados, se ha producido una sensación de derrota y de disgusto en la minoría, nunca compensada por la supuesta ventaja de escoger a la mejor persona. En realidad, la segunda opción como candidato puede a menudo muy bien ser tan buen Delegado como la primera opción de la Asamblea; y puede que resulte todavía mejor Delegado.

Y llegamos al tema principal de este Concepto particular: ¿cómo podemos fortalecer mejor la composición y el liderazgo de las Juntas de Custodios futuras, la Junta que en los próximos años habrá de ejercer el liderazgo primordial de A.A. en la administración de servicio mundial, el cuerpo administrativo que tendrá que asumir la mayor parte de mis deberes y responsabilidades pasadas en conexión con los servicios mundiales de A.A.?

Como se mencionó previamente, la transferencia real de autoridad y responsabilidad de mi parte a los Custodios se ha venido llevando a cabo durante largo tiempo. Yo todavía tengo alguna participación como asesor, y próximamente estaré terminando algunas pocas tareas (por ejemplo, la redacción de estos Conceptos) que me fueron asignadas por la Convención de 1955, en St. Louis. Pero ya se acerca el tiempo en que yo tenga que retirarme de la mayor parte de las actividades del servicio mundial. A esto se debe mi interés en hacer todo lo posible para fortalecer la composición administrativa y el liderazgo de nuestra Junta de Servicios Generales, en forma tal que los futuros Custodios tengan la facilidad para resolver mejor los problemas y afrontar los peligros que indudablemente se presentarán con el tiempo.

No tiene límites mi admiración por todo lo que han hecho por nosotros los Custodios alcohólicos y no alcohólicos. Durante las épocas de nuestra infancia y adolescencia, nada hubiera podido ser mejor estructurada que la organización que tuvimos. Mirando estos hechos, muchos A.A. pueden naturalmente sentir que aquello que fue bueno en el pasado muy seguramente será bueno en el futuro; que cualquier cambio en los métodos de instalación, en la proporción relativa de Custodios alcohólicos a los no alcohólicos, o en la composición actual de nuestra junta puede resultar ser más peligrosa que benéfica.

Pero los cambios nos han estado presionando, y lo siguen haciendo. Por ejemplo, nuestra Junta operó todos los años entre 1938 y 1951 sin el apoyo de una Conferencia. Pero al final nos dimos cuenta, aunque con reservas, de que esta junta, relativamente invisible y desconocida, no podría continuar sin una conexión permanente con A.A., algo que el Dr. Bob y yo no podríamos seguir proporcionando eternamente. Con cierto reparo, reconocimos la urgencia de este cambio, pero tuvimos que reconocerla. La junta administrativa tenía que unirse a la Comunidad de A.A.; de no hacerlo, se derrumbaría. La Conferencia *tenía que crearse* sencillamente.

Este cambio alteró profundamente la posición de los Custodios. Su autoridad anterior se modificó; fueron firmemente unidos a A.A. y por ello se hicieron directamente responsables ante nuestra Comunidad. Nadie discute hoy en día la sabiduría de este oportuno cambio, porque todos pueden ver ahora que ha provisto una protección esencial para la efectividad del servicio y la seguridad futura de A.A. La experiencia ha refutado la idea de que los cambios que se vuelven indispensables para adaptarse a las situaciones diferentes, son necesariamente desaconsejables.

Ahora estamos abocados a otro cambio de gran importancia. Aunque hemos resuelto ya el problema de la autoridad de los Custodios, su responsabilidad y su vínculo con A.A., *no hemos resuelto todavía, en mi opinión, el papel futuro de la Junta en el liderazgo del servicio.* Por ello tengo la profunda convicción de que la fuerza administrativa y el liderazgo en A.A. de la Junta, deben ser considerablemente incrementados; que éstas y otras mejoras podrán colocarla en una posición mucho mejor, práctica y psicológicamente; que tales cambios son realmente necesarios para afrontar las condiciones que con toda seguridad habrán de presentarse cuando termine mi propio liderazgo en el servicio mundial.

Los estudiantes de historia reconocen que la transferencia del liderazgo original de una sociedad a los sucesores, siempre es un punto crítico. Tenemos que afrontar entonces el difícil asunto de la transferencia del liderazgo.

* * *

Consideremos finalmente las características personales específicas que deben tener los líderes de servicio mundial. Para el uso que quieran darle las futuras generaciones de nuestros servidores de confianza, ofrezco a continuación la discusión sobre este tema que se publicó en la revista *"Grapevine"* en 1959.

LIDERAZGO DENTRO DE A.A.: SIEMPRE UNA NECESIDAD VITAL

Ninguna sociedad puede funcionar bien si no cuenta con líderes competentes a todo nivel, y A.A. no puede considerarse una excepción. No obstante, es necesario mencionar que los A.A. a veces abrigamos la idea de que podemos prescindir de todo liderazgo. Tenemos la tendencia a tergiversar el concepto tradicional de "anteponer los principios a las personalidades" a tal punto que no hubiera en el liderazgo personalidad alguna. Esta idea supondría unos autómatas sin cara que se esforzaran por complacerles a todos, sin importar de lo que se tratara.

En otras ocasiones, nos damos con igual vigor a la tendencia a exigir que los líderes de A.A. sean gente del más fino criterio, de moralidad impecable e inspiración sublime — gente de gran energía y acción, excelsos ejemplos para todos, y casi infalibles.

El verdadero liderazgo, por supuesto, tiene que seguir un rumbo medio entre estos extremos totalmente utópicos de deseada excelencia. En A.A, sin duda, no hay ningún líder sin cara, ni tampoco que sea perfecto. Afortunadamente, nuestra Sociedad se ve dotada de una cantidad suficiente de *verdadero* liderazgo — la gente activa de hoy y, según nos llegan en tropel los de cada nueva generación, los posibles líderes futuros. Contamos con una abundancia de hombres y mujeres que tienen la dedicación, la estabilidad, la amplitud de visión y los talentos especiales que les hacen competentes para encargarse de toda tarea de servicio imaginable. Lo único que tenemos que hacer es buscar a esta gente y confiar en que nos sirvan bien.

En algún título de nuestra literatura se encuentra una frase que dice: "Nuestros líderes no nos impulsan por mandatos, nos dirigen con su ejemplo." En efecto, les decimos: "Trabajen para nosotros, pero no nos manden."

Un líder en A.A. es, por lo tanto, un hombre (o mujer) que puede personalmente poner en efecto principios, planes y políticas de una manera tan dedicada y eficaz que los demás queremos apoyarlo y ayudarle a realizar su trabajo. Cuando un líder intenta obstinadamente imponernos sus deseos, nos rebelamos; pero si con exagerada docilidad se convierte en un mero recadero sin nunca ejercer su propio criterio — pues, no es en realidad un líder.

El buen liderazgo toma la iniciativa en formular planes, políticas e ideas para el mejoramiento de nuestra Comunidad y de sus servicios. No obstante, en cuanto a nuevas e importantes cuestiones, siempre consulta ampliamente antes de tomar decisiones y ejecutar acciones. El buen liderazgo también tendrá presente el hecho de que un plan o una idea excelentes puede proponerse por cualquiera, de cualquier parte. Por consecuencia, el buen liderazgo con frecuencia descarta sus propios planes predilectos para adoptar otros mejores, y atribuye el mérito a quien le corresponde.

El buen liderazgo nunca esquiva la responsabilidad. Una vez que se siente convencido de tener, o de poder obtener, suficiente apoyo, libremente toma sus decisiones y las lleva a cabo sin dudar, siempre que las acciones estén dentro del marco de su autoridad y responsabilidad definida.

Un "politicastro" es una persona que siempre está tratando de "conseguir para la gente lo que la gente quiera." Un estadista es un individuo que puede diferenciar entre las ocasiones en que sea apropiado y *no sea apropiado* hacerlo. Se da cuenta de que incluso las grandes mayorías, si sufren de grandes trastornos o si no están bien informadas, a veces pueden equivocarse totalmente. Cuando se le presenta una situación así, y algo muy importante está en juego, es siempre la responsabilidad del liderazgo, aun cuando se encuentra una pequeña minoría, resistir a la tempestad — valiéndose de todos sus talentos de persuasión y autoridad para efectuar un cambio.

No obstante, no hay nada que sea más perjudicial para el liderazgo que la oposición por el mero hecho de oponerse. Nunca se debe decir, "Lo hacemos a nuestra manera o no lo hacemos de ninguna manera." Esta clase de oposición a menudo está motivada por un orgullo ciego o algún rencor que nos lleva a poner obstáculos a algo o a alguien. También existe la clase de oposición que deposita su voto diciendo, "No, esto no nos gusta." No explican nunca sus motivos. Esto no sirve. Cuando se le pida hacerlo, el liderazgo siempre debe explicar sus motivos, y más vale que sean buenos.

Además, un líder debe darse cuenta de que incluso la gente soberbia o airada a veces tienen razón, mientras que los más serenos y humildes pueden estar totalmente equivocados.

Estas observaciones sirven para ilustrar de forma práctica el cuidadoso discernimiento y sincera reflexión que el verdadero liderazgo siempre debe tratar de ejercer.

Otro requisito para ser líder es el de "dar y tomar" — la capacidad para transigir de buena gana cuando un arreglo apropiado pueda hacer progresar una situación en lo que parezca ser la dirección correcta. La transigencia nos resulta difícil a nosotros, los borrachos de "todo o nada." No obstante nunca debemos perder de vista el hecho de que el progreso está casi siempre caracterizado por una serie *de acuerdos encaminados a conseguir mejoras.* No obstante, no siempre podemos llegar a un acuerdo. De vez en cuando, es verdaderamente necesario aferrarnos categóricamente a nuestra convicción con respecto a una situación hasta que se llegue a una decisión final. Estas son situaciones que requieren que se sepa aprovechar el momento oportuno y se haga una evaluación cuidadosa sobre el camino que se debe seguir.

El liderazgo a menudo se ve sometido a una crítica severa y a veces muy prolongada. Esta es un prueba decisiva. Siempre hay críticos constructivos, son nuestros verdaderos amigos. Siempre debemos escucharles con cuidadosa atención. Debemos estar dispuestos a dejar que modifiquen nuestras opiniones o que las cambien por completo. Sin embargo, a menudo tendremos que estar en desacuerdo y mantenernos firmes sin perder su amistad. Luego tenemos aquellos a quienes solemos llamar críticos destructivos. Tratan de imponer sus punto de vista, son "politiqueros," hacen acusaciones. Tal vez son violentos, maliciosos. Hacen correr rumores, chismorreos y habladurías para lograr sus fines — todo, por supuesto, por el bien de A.A. Pero, dentro de A.A. al menos, nos hemos dado cuenta de que estos individuos, que posiblemente estén un poco más enfermos que el resto de nosotros, no son necesariamente destructivos; todo depende de cómo nos relacionemos con ellos.

Para empezar, debemos escuchar cuidadosamente lo que dicen. A veces dicen toda la verdad; otras veces, un poco de la verdad. Sin embargo, más a menudo están tratando de convencerse a sí mismos de cosas sin sentido. Si se dirigen a nosotros, tanto la pura verdad como la verdad a medias, o incluso algo muy lejos de la verdad nos pueden herir igualmente. Por eso tenemos que escuchar tan cuidadosamente. Si están diciendo la pura verdad o incluso parte de la verdad, más vale que se lo agradezcamos y sigamos haciendo nuestro propio inventario, y admitamos que estábamos equivocados. Si se trata de cosas absurdas, podemos ignorarlos. O podemos poner las cartas boca arriba y tratar de persuadirlos. Si no lo logramos, podemos lamentar que estén tan enfermos que no nos pueden escuchar y podemos tratar de olvidar el asunto. Para llegar a conocernos a nosotros mismos y cultivar una paciencia auténtica, hay pocas cosas mejores que esas pruebas a las que nos someten estos compañeros, normalmente bien intencionados pero, no obstante, equivocados. Esto es siempre una ardua tarea y, algunas veces, no llegaremos a cumplirla. Pero debemos seguir tratando.

Pasemos ahora a considerar el importantísimo atributo de la visión. La visión es, según creo yo, la capacidad para hacer buenas evaluaciones, tanto para el futuro inmediato como para el futuro lejano. Algunos pueden considerar esta clase de empeño como una especie de herejía, ya que los A.A. estamos constantemente diciéndonos, "Un día a la vez." Pero esta preciada máxima realmente se refiere a nuestra vida emocional, y sólo significa que no debemos afligirnos por el pasado ni fantasear o soñar despiertos sobre nuestro futuro.

Como individuos y como Comunidad, sin duda sufriremos si le dejamos toda la tarea de planificar para el día de mañana a una Providencia benigna. Dios nos ha dotado a nosotros los seres humanos con una considerable capacidad de prever, y evidentemente espera que la usemos. Por lo tanto, tenemos que distinguir entre soñar ansiosamente con un mañana feliz y valernos hoy de nuestra facultad para hacer evaluaciones metódicas y prudentes — evaluaciones que, confiamos, nos conducirán al progreso futuro y no al infortunio imprevisto.

Por lo tanto, la visión es la esencia misma de la prudencia — sin duda una virtud fundamental. Huelga decir que a menudo vamos a equivocarnos total o parcialmente en nuestras evaluaciones del futuro. No obstante, esto será preferible a negarnos completamente a pensar.

El hacer evaluaciones tiene varios aspectos. Consideramos la experiencia pasada y actual para determinar su significado. De esto, podemos sacar una idea o política tentativas. Al considerar en primer lugar el futuro cercano, nos preguntamos cómo funcionaría nuestra idea o plan de acción. Luego, nos preguntamos cómo funcionarían nuestras ideas o planes de acción bajo las diferentes circunstancias que puedan surgir en un futuro más lejano. Si una idea nos parece bastante acertada, la ponemos en práctica — siempre a título de prueba, cuando sea posible. Más tarde, volvemos a considerar la situación para determinar si nuestro plan está dando los resultados deseados o pronto los dará.

En esta etapa, tal vez tengamos que tomar una decisión crucial. Tal vez tengamos una norma o un plan que todavía parece acertado y aparentemente funciona bien. No obstante, debemos considerar cuidadosamente el efecto que tendrá a la larga, ¿Se convertirán las ventajas inmediatas de hoy en grandes desventajas en el futuro? Siempre nos veremos tentados a obtener los beneficios inmediatos y olvidarnos completamente de los peligrosos precedentes que estamos sentando y de las peligrosas consecuencias que puedan entrañar.

Estas no son teorías estrafalarias. Nos hemos dado cuenta de que debemos utilizar constantemente estos principios evaluatorios, especialmente al nivel de servicio mundial donde los riesgos son muy grandes. Por ejemplo, en nuestras relaciones públicas, tenemos que tratar de prever la reacción tanto de los grupos de A.A. como del público en general, a corto y a largo plazo. Esto mismo se aplica a nuestra literatura. En cuanto a las finanzas, tenemos que hacer cálculos y elaborar presupuestos. Tenemos que analizar nuestras necesidades de servicios en relación a las circunstancias económicas generales, y a la capacidad y la buena voluntad de los grupos para contribuir. Con respecto a muchos problemas parecidos, a menudo debemos tratar de pensar con muchos meses o incluso años de anticipación.

En realidad, al principio todas las Tradiciones de A.A. tenían que ver con la previsión y la visión del futuro. Hace años, por ejemplo, fuimos desarrollando lentamente la idea de que A.A. fuera automantenida. Se habían tenido dificultades aquí y allá con respecto a aportaciones ajenas. Luego surgieron dificultades aun mayores. En consecuencia, empezamos a formular una política de no aceptar contribuciones ajenas. Empezamos a sospechar que grandes sumas de dinero podrían hacernos irresponsables y desviarnos de nuestro objetivo primordial. Finalmente, vimos que a la larga aceptar dinero de afuera podría arruinarnos completamente. En este punto, lo que había sido una idea o una norma general se convirtió en una Tradición de A.A. bien arraigada. Nos dimos cuenta de que teníamos que sacrificar el beneficio rápido e inmediato para obtener la seguridad a largo plazo.

Pasamos por este mismo proceso en cuanto al anonimato. Nos parecía que unas pocas rupturas de anonimato a nivel público habían causado un buen efecto. Pero finalmente vimos que muchas de estas rupturas podrían causar estragos entre nosotros. El proceso se desenvolvió así: primero, una idea tentativa, luego una política experimental, después una política firme, y finalmente una profunda convicción — una visión para mañana.

Esta es nuestra forma de prever el futuro. Nuestros líderes responsables a escala mundial siempre tienen que ser sumamente competentes en esta actividad vital. Esta es una capacidad esencial, especialmente para nuestros custodios, y creo que en la mayoría de los casos, a la hora de elegirlos debemos basar nuestra decisión en una aptitud de previsión ya demostrada en el desempeño de sus carreras de negocios o profesionales

Siempre tendremos que contar con que nuestros líderes, en todos los niveles de servicio, estén dotados de muchos de estos mismos atributos. Estos principios de liderazgo serán prácticamente los mismos, no importa cuál sea el tamaño de la operación.

A primera vista, esta discusión sobre el liderazgo puede parecer un intento de definir una clase superior de miembros de A.A. con privilegios especiales; pero realmente no es así. Simplemente reconocemos el hecho de que hay una gran variedad de talentos. El director de una orquesta no tiene que ser habilidoso en cuestiones financieras o de previsión. Y es aun menos probable que un excelente banquero tenga gran éxito musical. Por lo tanto, cuando hablamos sobre líderes en A.A., sólo decimos que debemos seleccionar a estos líderes con miras a obtener los mejores talentos que podamos encontrar, asegurándonos de colocar estos talentos, cualesquiera que sean, donde nos vayan a ser de la mayor utilidad.

Aunque este artículo se concibió originalmente en relación a nuestro liderazgo de servicio mundial, es muy posible que muchas de estas sugerencias sean útiles a cualquier persona que participe activamente en nuestra Sociedad.

Esto es especialmente cierto en el trabajo de Paso Doce — un trabajo al que casi todos nosotros nos dedicamos afanosamente. Todo padrino es necesariamente un líder. Es enorme lo que está en juego: la vida de un ser humano y, a menudo, la felicidad de toda una familia. Lo que el padrino dice y hace, su capacidad para prever las reacciones del posible miembro, la forma en que presenta sus argumentos y su talento para escoger el momento oportuno, su forma de reaccionar ante las criticas, y el ejemplo personal y espiritual que da al principiante para guiarle — estos atributos del liderazgo pueden tener una significación decisiva, y a menudo pueden suponer la diferencia ente la vida y la muerte.

Gracias a Dios que Alcohólicos Anónimos cuenta con tantos líderes competentes en todos y cada uno de sus importantes asuntos.

CONCEPTO X

A cada responsabilidad de servicio debe corresponder una autoridad de servicio igual — el alcance de tal autoridad debe ser siempre bien definido, ya sea por la tradición, por resolución, por descripción específica del trabajo, o por estatutos y reglamentos apropiados.

Casi todas las sociedades y gobiernos de la actualidad muestran notorias desviaciones del sabio principio de que *cada responsabilidad operativa* tiene que proporcionársele *la correspondiente autoridad* para llevarla a cabo.

Por eso hemos sido tan extensos en las discusiones de los capítulos anteriores, tratando de describir y definir en detalle las diferentes autoridades y responsabilidades de los grupos A.A., la Conferencia, los Custodios y nuestras corporaciones de servicio activo. Hemos tratado de asegurarnos de que la autoridad en cada uno de estos niveles equivale a la responsabilidad. Luego hemos tratado de relacionar todos los niveles entre sí de tal manera que este principio siempre tenga cumplimiento.

Una característica sobresaliente que tienen todas las estructuras operativas de buen funcionamiento es la de garantizar la armonía y efectividad de sus labores interrelacionando sus diferentes partes y personal, de tal manera que ninguno tenga la menor duda acerca de cuáles son realmente sus respectivas responsabilidades y sus correspondientes autoridades. A menos que tales atributos queden bien definidos; a menos que aquellos que tengan la responsabilidad final se muestren con buena voluntad y sean capaces de mantener una autoridad operativa adecuada; a menos que aquellos en quienes se delega tal autoridad se sientan capacitados y deseosos de usar la autoridad que les ha sido conferida como a servidores de confianza; a menos que existan métodos definidos de interpretar y decidir situaciones confusas — serán inevitables los choques personales, la confusión y la inefectividad.

Este aspecto de la responsabilidad y su autoridad necesaria y paralela es de tal importancia que nos parece aconsejable recapitular todo lo que se ha dicho hasta ahora, y tratar de echar una mirada global a toda nuestra estructura para apreciar mejor la forma en que este principio tiene que aplicarse en cada una de nuestras actividades y actitudes.

La primera característica que tiene que tener toda estructura funcional es un punto o una serie de puntos donde se localiza la responsabilidad y por consiguiente una autoridad final. Hemos visto ya cómo, en lo que se relaciona al servicio mundial de A.A., esta clase de responsabilidad y autoridad finales residen en los grupos de A.A., los cuales, a su vez, han asignado parte de su autoridad final a la Conferencia y a los Custodios.

Hemos visto cómo los Delegados de la Conferencia, al representar directamente a los grupos, se encuentran colocados en una posición de autoridad sobre los Custodios. Hemos visto también que los Custodios como Junta de Servicios Generales tienen autoridad sobre las entidades de servicios de su propiedad — la Corporación de Servicio Mundial y el "AA Grapevine". También sabemos que los directores de estas corporaciones tienen una autoridad definitiva sobre los empleados asistentes, los cuales, a su vez, tienen autoridad sobre el personal subalterno.

El principio de autoridad final se manifiesta claramente a través de toda nuestra estructura. Esto es muy necesario, porque todos nuestros asuntos y actividades de servicio deben poder dirigirse hacia un lugar de responsabilidad final. También es muy necesario que cada empleado o cada clasificación de servidores sepa quién es la persona que tiene la autoridad final, y dónde encontrarla.

Si a pesar de todo, la suprema autoridad no está limitada por la autoridad cuidadosamente delegada, el resultado que se obtendrá puede llegar a ser contraproducente. Si no hubiera una autoridad delegada, los grupos tendrían que dar orientación constante a sus delegados acerca de las votaciones importantes; los delegados convertirían a la Junta de Custodios en un tímido comité, que recibiría órdenes precisas para cualquier asunto; los Custodios entonces se instalarían como directores únicos de las entidades de servicio y empezarían a gobernarlas por medio de mandatos. Los directores ejecutivos de las corporaciones se convertirían en pequeños dictadores al mando del personal de servicio. En resumen, un mal uso de esa autoridad fundamental se convertiría en una dictadura donde casi toda la clasificación de servidores de A.A. tendría grandes responsabilidades pero ninguna autoridad real y precisa, y en consecuencia ninguna capacidad para tomar decisiones efectivas ni asumir el liderazgo necesario para el funcionamiento. El resultado inevitable serían las grandes o pequeñas tiranías, y la evasión de responsabilidades.

De todo esto se deduce claramente que la autoridad es algo que no puede usarse indiscriminadamente, y, aún mejor, que la autoridad final nunca debiera usarse totalmente, salvo en una emergencia. Tal emergencia puede presentarse cuando la autoridad delegada se sale del rumbo señalado, cuando se hace necesario reorganizarla porque se ha vuelto ineficaz, o porque constantemente excede los alcances y objetivos previamente definidos. Por ejemplo, si los grupos se sienten insatisfechos con la Conferencia, pueden elegir mejores delegados o suprimir la ayuda económica. Si es necesario, los delegados pueden censurar o reorganizar a los Custodios. Estos pueden hacer lo mismo con las corporaciones de servicio. Si una corporación no está de acuerdo con las operaciones del personal directivo, puede perfectamente despedir a cualquier ejecutivo o a todos los empleados.

Estos son usos *adecuados de autoridad suprema*, porque correctamente se basan en una responsabilidad final. La *influencia* de la autoridad final debe hacerse sentir constantemente, pero hay que notar que *cuando la autoridad delegada está funcionando bien no debe sufrir interferencia continua*. De otra manera, quienes tienen a su cargo la responsabilidad operativa se sentirían desmoralizados, ya que su autoridad para ejecutar sus labores estaría sujeta a invasiones arbitrarias, y porque a la larga sus responsabilidades serían más grandes que sus atribuciones de autoridad real.

¿De qué manera hemos tratado de refrenar en nuestra estructura, la tendencia natural y humana de quienes tienen el poder para usurpar y apoderarse de la autoridad delegada u operativa necesarias? Esta ha sido una labor difícil, y se han requerido varios esquemas estructurales para lograrlo. Démosles una breve descripción observando sus aplicaciones particulares.

En nuestra organización hemos tratado de crear en cada nivel definiciones precisas de la autoridad y la responsabilidad. Hemos hecho esto, a) por medios legales, b) por medios tradicionales, y c) por principios bajo los cuales pueden interpretarse y resolverse prontamente situaciones dudosas o realmente conflictivas.

Tenemos, por ejemplo, la Carta de la Conferencia. No es un instrumento legal, pero en la práctica es sustancialmente un contrato entre los grupos de A.A. y su Conferencia. La Carta establece claramente en forma general, que los grupos A.A. han delegado parte de su autoridad final y toda la autoridad operativa necesaria a la Conferencia, la cual incluye a los Custodios y a los servicios activos. Se sugiere adicionalmente en este documento, que cada miembro de la Conferencia debe sentirse libre de votar de acuerdo a los dictados de su propia conciencia en las decisiones finales; que debe garantizarse a la Conferencia, de acuerdo con el "Derecho de Decisión" tradicional; el privilegio de escoger los asuntos que deben someterse a su decisión y los asuntos que deben referirse a los grupos para su discusión, consejo o dirección. Por medio de estas definiciones tradicionales se puede controlar la tendencia natural de los grupos a instruir exageradamente a sus delegados. Esto le da a la Conferencia una autoridad igual a su responsabilidad verdadera.

Veamos ahora la situación de los Custodios. En los artículos anteriores hemos dejado en claro que aunque la Conferencia tiene la autoridad final, los Custodios tienen que insistir siempre en su derecho legal de administrar activamente nuestros asuntos de servicio. Sus derechos legales han sido fortalecidos y su uso animado por el "Derecho de Decisión" tradicional. En estos artículos, también reconocemos que los Custodios tienen un derecho legal de "veto" sobre la Conferencia en los casos excepcionales en que ellos consideren que deban ejercerlo. En esta forma le hemos garantizado a los Custodios una autoridad administrativa igual a su responsabilidad real. Esto ha sido hecho, por supuesto, sin negar en forma alguna la autoridad final de la Conferencia, o de los Delegados, en caso de que sean realmente necesarios, para dar a los Custodios orientaciones, o censuras, o para reorganizar la junta. Debemos hacer notar que la posición de los Custodios se fortalece aún más por su "participación en la votación" dentro de la Conferencia y por el reconocimiento de que ellos son los principales administradores del servicio mundial de A.A.

Se ha tenido también mucho cuidado de garantizar a los directores de servicios mundiales una amplia autoridad operativa que iguala completamente a su responsabilidad por el manejo de nuestros servicios activos Las provisiones estatutarias de sus corporaciones protegen legalmente sus derechos; la tradición de que los Custodios tienen que elegir expertos no custodios para estas juntas, los fortalece adicionalmente. Además, el "Derecho de Decisión" tradicional, les añade más prestancia a su posición. Se ha enfatizado también en estos Conceptos, el peligro que existiría si se convirtiera a la Junta de Servicios Generales en una corporación de departamentos.

Las anteriores son precauciones extraordinarias que hemos tomado para mantener la autoridad operativa y la integridad misma de los servicios activos. Estas salvaguardias son necesarias porque estas corporaciones pertenecen a la Junta de Servicios Generales. Por consiguiente, la autoridad de los Custodios sobre ellas no solamente es la final, sino que es absoluta en el momento en que los Custodios así lo quieran. Ellos pueden elegir nuevas juntas directivas o empleados en cualquier momento; pueden controlar los presupuestos de funcionamiento; pueden retener los fondos operativos. Todos estos poderes son necesarios y correctos. Sin embargo, mientras las cosas vayan bien, es de suma importancia que los Custodios ni usurpen ni interfieran innecesariamente con la autoridad operativa de estas entidades. De ahí el cuidado que hemos tenido al crear estas definiciones de autoridad delegada.

Los comités permanentes de la Junta de Servicios Generales: políticas, finanzas, información pública, etc. tienen en grado considerable una amplitud similar. Basado en el principio del "Derecho de Decisión", cada comité principal puede escoger los asuntos acerca de los cuales puede tomar decisiones, y los asuntos que deben remitir a la Junta. La posición de estos comités también se fortifica por el nombramiento de una gran proporción de miembros no custodios. Aquí también hemos tratado de que la autoridad de estos comités iguale a su responsabilidad.[1]

Llegamos ahora al asunto de las autoridades conflictivas y a la manera en que tales conflictos deben resolverse. La mayor parte de los conflictos más comunes en el servicio activo se resuelven fácilmente, porque hemos provisto una efectiva comunicación entre todas las corporaciones de servicios y los comités de la Junta de Servicios Generales. Por ejemplo: En cada reunión de la Junta de la revista *Grapevine* o de su personal, se hace presente un representante de la corporación de servicios mundiales de A.A., y viceversa. El Comité de Política General tiene uno o más miembros del Comité de Finanzas, y viceversa. Siempre este entrecruzamiento produce una fácil comunicación. Cada una de las empresas sabe lo que las demás están haciendo. Con estas disposiciones prácticas se resuelven muchos conflictos de autoridad — pero no todos.

Supongamos, por ejemplo, que se esté planeando la proyección y ejecución de una política importante de A.A. En tal caso, el Comité de Política General asume la jurisdicción principal, encargándose del trabajo de planificación y de hacer las recomendaciones pertinentes a la Junta de Custodios.

Supongamos, sin embargo, que el proyecto necesitara una considerable cantidad de dinero. En tal caso, el plan deberá someterse también al Comité de Finanzas y Presupuesto. Si este comité está de acuerdo en que los gastos estén justificados y de acuerdo con el presupuesto global, autoriza al Comité de Política para adelantar el plan, y hacer sus recomendaciones a los Custodios. Pero si el Comité de Finanzas y Presupuesto lo niega, tienen que someter sus objeciones a los Custodios, quienes se encargarán de resolver el caso. O si lo creen necesario los Custodios, el asunto puede ser llevado a la Conferencia.

El principio de que existe jurisdicción primaria y secundaria también funciona en el sentido inverso. Si el Comité de Finanzas, por ejemplo, propone una erogación cuantiosa que podría afectar fuertemente la planificación general de A.A. o sus sentimientos, tiene que estar seguro de hacer revisar o estudiar su plan con el Comité de Planificación, aunque la jurisdicción primaria continúa perteneciendo a los miembros del Comité de Finanzas y Presupuesto.

En todos los asuntos de autoridad conjunta o conflictiva, debe establecerse una jurisdicción superior. La jurisdicción secundaria tiene que oírse y —sin tener en cuenta el problema de que se trate— tiene que haber un punto definido donde puede obtenerse la decisión final. Se entiende que no hay que llevar a los Custodios asuntos conflictivos de menor importancia. Pero siempre debe tenerse claramente establecido *el punto donde se localiza la decisión final*.

Una situación que tiene que evitarse de todas maneras es la dirección o planificación administrativa bicéfala. La autoridad nunca puede dividirse en dos partes iguales. En ningún sitio la autoridad dividida o la dirección bicéfala es tan fatal para una estructura, como lo es en sus departamentos ejecutivos. La necesidad vital de evitar la dirección ejecutiva bicéfala se comenta ampliamente en el Concepto XI.

Además de los métodos que usamos para que la autoridad delegada sea igual a la responsabilidad delegada, tenemos dos garantías — el "Derecho de Apelación" y el "Derecho de Petición". Como sabemos, una mayoría escasa puede constituirse a sí misma en una autoridad seudo-final en muchas ocasiones cuando no debiera serlo. En forma similar, los ejecutivos pueden a veces gobernar exageradamente a sus ayudantes. Por ello usamos los conceptos de apelación y de petición para asegurar que cada minoría y cada empleado tenga una autoridad y una posición acordes con la responsabilidad que conllevan.

Resumiendo: asegurémonos que siempre exista abundante autoridad final o total para corregir y para reorganizar; pero en igual forma asegurémonos de que todos nuestros servidores de confianza, tengan claramente definida una adecuada autoridad para hacer su trabajo rutinario y llevar a cabo sus claras responsabilidades.

Todo esto está implícito totalmente en la Tradición Dos de A.A. En ella vemos cómo la "conciencia del grupo" es la autoridad final y los "servidores de confianza" son la autoridad *delegada*. La una no puede funcionar sin la otra. Sabemos muy bien que únicamente por medio de las definiciones cuidadosas y el mutuo respeto podemos mantener un equilibrio de trabajo adecuado y armonioso.

---

[1] Durante los años después de que Bill escribió acerca del Comité de Política General se ha alterado su función de manera significativa (ver también pág. 52). Se conoce hoy por el nombre de "Sesión de Compartimiento General" y se reúne tres veces al año durante unas dos horas el sábado antes de la reunión de la Junta de Servicio General. Se someten para su consideración los proyectos a largo plazo de los comités de la junta, así como otras cuestiones especiales de interés inmediato. Está compuesto de todos los custodios, los directores y personal de A.A.W.S. y de Grapevine, y los miembros nombrados de los comités de la junta.

CONCEPTO XI

Aunque los Custodios tienen la responsabilidad final de la administración del servicio mundial de A.A., ellos siempre deberán recibir la asistencia de los mejores comités permanentes, de directores de las corporaciones de servicio, de ejecutivos, de personal de oficina y asesores — todos de la más alta competencia. Por consiguiente, la composición de estos comités fundamentales y de las juntas de servicio, las cualidades personales de sus miembros, la forma de su instalación en el servicio, los sistemas de su rotación, la manera en que se relacionan unos con otros, los derechos específicos y las obligaciones de nuestros ejecutivos, empleados y consejeros, todo esto unido con una base correcta para la remuneración financiera de los trabajadores especiales, serán siempre asuntos de verdadero interés y cuidado.

El éxito duradero de nuestra Junta de Servicios Generales no dependerá únicamente de las capacidades de los Custodios en sí; dependerá igualmente de la dirección competente y la asociación armoniosa de aquellos miembros no Custodios de los comités, los directores de la corporación de servicio, los jefes y los miembros del personal que deben llevar a cabo activamente los servicios mundiales de A.A. Sus cualidades y dedicación, o la falta de ellas, significarán el éxito o la ruina para nuestra estructura de servicio. Siempre dependeremos de ellos en forma muy importante.

Mucho más que la mayoría de los Custodios, estos servidores estarán en contacto directo con A.A. a escala mundial y su rendimiento estará constantemente a la vista. Ellos realizarán la mayor parte del trabajo de rutina. Llevarán a cabo la mayoría de nuestros servicios. Viajarán mucho y recibirán la mayoría de los visitantes en la Oficina de Servicios Generales. Crearán, a menudo, nuevos planes y políticas. Algunos de ellos eventualmente llegarán a ser Custodios. Como este grupo formará una imagen visible del servicio mundial, la mayoría de los A.A. medirá el valor de nuestro servicio a través de lo que se vea y se sienta en ellos. Los miembros de este grupo no sólo *apoyarán* el liderazgo mundial de los Custodios; en realidad estarán obligados a *compartir* con ellos la dirección mundial.

Afortunadamente ya tenemos una firme estructura interna de servicio en la cual está trabajando un grupo muy competente de servidores no Custodios. Se necesitarán solamente unos pocos mejoramientos y cambios en la Corporación Mundial de Servicios de A.A. y en la corporación Grapevine, siendo esta última relativamente nueva en nuestro panorama de servicio. Los rasgos principales de esta estructura fundamental ya están definidos, y la efectividad de su disposición ha sido comprobada. ¿En qué entonces consiste nuestra estructura fundamental de servicio?

Se compone de los siguientes elementos: Los cinco[1] comités permanentes de la Junta de Servicios Generales, más nuestras dos corporaciones de servicio activo: la Corporación Mundial de Servicios (que incluye la división de publicaciones de A.A.) y el AA Grapevine, Inc. Demos una mirada a cada una de estas entidades.

Los comités permanentes de la Junta de Servicios Generales son: Nominaciones, Finanzas y Presupuesto, Información Pública, Literatura y Política General — en los títulos se nota claramente cuáles son las responsabilidades administrativas directas de la Junta de Servicios Generales. Estos comités son nombrados anualmente por el Coordinador de la Junta de Servicios Generales y cada comité, como hemos visto, incluye una adecuada proporción de Custodios, no Custodios, que son expertos en el trabajo por realizar, un ejecutivo de la O.S.G. y un miembro del personal directivo.

El *Comité de Nominaciones*: Este comité ayuda a los Custodios a realizar su principal obligación de vigilar que todas las vacantes —ya sea entre ellos mismos, o entre los directores de servicios claves, directores y miembros del personal directivo— sean adecuadamente cubiertas por personal de la más alta competencia, estabilidad y diligencia posibles.

Las recomendaciones de este comité determinarán en gran parte el éxito permanente de nuestros servicios. Sus miembros llevarán la voz principal en la selección de nuestros trabajadores Custodios y no Custodios. Las principales actitudes y actividades del comité tendrán que ser: entrevistas e investigaciones detalladas, cuidadosas deliberaciones, rechazo a aceptar recomendaciones informales, y preparación previa de lista de candidatos adecuados. Por ello deberá negarse siempre a toda tentación de hacer juicios apresurados.

Otro problema que los futuros comités deberán afrontar es la sutil tendencia hacia la disminución en la calidad del personal debido a la tendencia natural y generalmente inconsciente de aquellos que les sugieren a los candidatos a elegir a individuos un tanto menos capaces o experimentados que ellos mismos. Por ejemplo: ¿Qué ejecutivo recomendaría como asistente a alguien mucho más capacitado que él mismo? ¿Qué grupo de los miembros directivos recomendaría como empleado nuevo a una persona cuyas capacidades están por encima del promedio de sus propias capacidades? Al contrario, frecuentemente sucede el peligro que señalamos. Las oficinas de gobierno, las agencias y muchas empresas comerciales sufren este engañoso desmejoramiento. Hasta ahora no lo hemos experimentado, pero asegurémonos de que esto nunca ocurra. Todos nosotros necesitamos estar en guardia contra esta ruinosa inclinación, especialmente el Comité de Nominaciones, cuyo primero y último deber es escoger únicamente lo mejor que se pueda obtener para cada puesto vacante.

Comité de Finanzas y Presupuesto: Su principal responsabilidad es asegurarse de que no lleguemos a estar cortos de fondos y quebrarnos. Este es el lugar donde el dinero y la espiritualidad sí tienen que mezclarse, y justamente en la correcta proporción.

Aquí es donde necesitamos miembros firmes con mucha experiencia financiera. Todos deben ser realistas y uno o dos pesimistas pueden ser útiles. La tendencia general del mundo de hoy es gastar más de lo que se tiene o se espera tener. Por consiguiente, muchos de nosotros estamos contagiados con esta filosofía color de rosa. Cuando un proyecto de servicios de A.A. nuevo y prometedor se pone en discusión, nos sentimos inclinados a gritar: "hagámoslo, el dinero no importa". Aquí es donde se espera que los encargados del presupuesto digan: "Un momento — paren, miren y escuchen". En este momento preciso los "ahorradores" entran en saludable y constructivo desacuerdo con los "derrochadores". La función primordial de este comité es, por consiguiente, ver que la operación de nuestra Oficina de Servicio sea siempre solvente y que se mantenga así, en los tiempos buenos y malos.

Este comité tiene que estimar en forma conservadora los ingresos de cada año. Necesita desarrollar planes para aumentar estos ingresos. Conservará una mirada fría y alerta sobre los costos innecesarios, el desperdicio y la duplicación. Examinará minuciosamente los presupuestos de entradas y gastos sometidos a su aprobación por la Corporación de Servicios Mundiales y Grapevine. Recomendará enmendar los cálculos cuando sea necesario. A mitad del año solicitará revisiones al presupuesto si los cálculos hechos originalmente estuvieran desacertados. Examinará cada gasto nuevo y considerable y preguntará: "¿es necesario o deseable en este momento? Teniendo todo en cuenta, ¿tenemos los medios para hacerlo?"

Este comité, en los buenos tiempos, insistirá en que continuemos aportando sumas considerables a nuestro Fondo de Reserva. Planeará una política de inversión en ese fondo que garantizará la disponibilidad inmediata de por lo menos dos tercios de él en cualquier momento, sin que haya ninguna pérdida, permitiendo en esta forma afrontar los malos tiempos o aun las calamidades.

Esto no significa que nuestro comité de Finanzas y Presupuesto tenga que decir constantemente "no" y acumule temerosamente nuestro dinero. Yo recuerdo los primeros tiempos cuando estábamos tan dedicados a formar el Fondo de Reserva con las ganancias del libro que dejamos deteriorarse totalmente los servicios de la oficina, por falta de ayuda suficiente para hacer frente a nuestro rápido crecimiento. Con esto los grupos fueron perdiendo la confianza en la oficina y las contribuciones menguaron severamente, bajaron en varios miles de dólares al año. Al ser reorganizada la oficina y reestablecida la confianza ya habíamos utilizado todas nuestras ganancias de los libros y adicionalmente una gran parte de nuestro Fondo de Reserva. Esta clase de economía falsa y sin perspectivas puede resultar muy costosa en espíritu, en servicio y en dinero.

Por estos motivos, los futuros comités tendrán que adoptar una posición intermedia para que resulte una verdadera prudencia (la cual no significa miedo ni acumulación excesiva de fondos y que puede afrontar ocasionalmente déficits temporales) y no esa clase de descuido persistente que podría algún día ocasionar una seria reducción o la quiebra total de nuestros servicios vitales.

El camino seguro será el justo medio que radica generalmente entre el descuidado recorte de presupuesto y el gasto imprudente.

El Comité de Información Pública: Este también es de gran importancia. Es claro que la mayor parte de sus miembros deben ser expertos en el campo de relaciones públicas. Pero hay que recalcar el hecho de que una experiencia comercial no es suficiente. Debido al conservatismo tradicional de A.A., expresado en la máxima "atracción más bien que promoción", es evidente que los miembros profesionales del comité deben poder adaptar su experiencia comercial a las necesidades de A.A. Por ejemplo, las técnicas que se usan para vender una gran personalidad o una nueva loción para el cabello no podrían ser aplicadas en A.A. El comité deberá incluir siempre un cierto número de miembros de A.A. con larga experiencia y que realmente tengan el "sentimiento de A.A.", esto es, una amplia visión del panorama de lo que deben ser las relaciones públicas.

Pero no dejemos de lado la necesidad de una alta experiencia profesional. Tratar con el complejo mundo de las comunicaciones públicas de hoy en día no es un trabajo para aficionados. La habilidad en este campo implica mucha experiencia técnica, diplomacia y un sentido de lo que es peligroso y de lo que no es, el valor para correr riesgos calculados y la facilidad para hacer compromisos sabios que estén de acuerdo con las tradiciones. Estas son las aptitudes expertas que habremos de necesitar siempre.

Estamos tratando de hacer lo mejor posible para llegar más a aquellos 25 millones de alcohólicos que habitan en el mundo. Tenemos que llegar a ellos directa o indirectamente. Para poder lograrlo será necesario que se comprenda A.A. y que la aceptación del público hacia A.A siga aumentando en todas partes. Es necesario tener muy buenas relaciones con la medicina, la religión, empresarios, gobiernos, tribunales, prisiones, hospitales mentales y todos aquellos que tengan algo que ver con el alcoholismo. Necesitamos incrementar la confianza de los editores, escritores, periodistas y gente de radio y televisión. Estos canales de publicidad locales, nacionales e internacionales deben abrirse cada vez más ampliamente, sin que nos metamos con la publicidad agresiva. A través de todas estas fuentes, tenemos que tratar de llevar el mensaje de A.A. a aquellos que sufren de alcoholismo y sus consecuencias.

Todo esto indica lo importante que es para nosotros el trabajo y las recomendaciones del comité de información pública. Es una labor crítica. Sólo un error, bastante grande, a nivel público podría costar muchas vidas y acarrear muchos sufrimientos, porque no dejaría llegar a nosotros a muchas personas necesitadas. Inversamente, cada éxito en nuestras relaciones públicas traerá alcohólicos en nuestra dirección.

El Comité de Literatura: Es la entidad encargada de la revisión de los libros y folletos existentes, y de la creación de material actualizado para satisfacer nuevas necesidades o estar al día con las situaciones cambiantes. En el sentido general, su misión es asegurar que una visión adecuada y comprensiva de A.A. en todos sus aspectos, sea presentada por escrito a nuestros miembros, a nuestros amigos y a todo el mundo. Nuestra literatura es un vehículo esencial por medio del cual proporcionamos nosotros los A.A. nuestra recuperación, unidad y servicio. Cada año se despachaban toneladas de libros y folletos; la influencia de este material es incalculable. Mantener nuestra literatura al corriente de nuestro progreso es, por lo tanto, urgente y vital.

Este Comité de Literatura constantemente tendrá que resolver nuevos problemas de diseño, forma y contenido. Aquí nuestra política es aspirar sólo a lo mejor posible. Creemos firmemente que una presentación pobre, ediciones baratas y literatura pobremente concebida no le conviene a A.A. desde ningún punto de vista, ni para su efectividad ni para su economía ni para nada.

Al igual que los otros comités de la Junta de Servicios Generales, éste tiene que ser experto en el trabajo que desempeñará. Una figura clave en su actividad será necesariamente un escritor y asesor a sueldo. El trabajo creativo —o sea el borrador original y el desarrollo final de nuevas iniciativas— estará a cargo de este especialista. El papel de los otros miembros del comité consistirá en criticar constructivamente y enmendar lo presentado por el asesor. Aquí también cabe recordar que el comité tiene que incluir a personas con amplia experiencia dentro de A.A., ya que es totalmente crucial que todos nuestros escritos logren el "sentimiento de A.A." Lo que nosotros decimos tan bien por medio de la palabra hablada, tiene que comunicarse también por escrito.

Por consiguiente, el Comité de Literatura considerará aconsejable probar cuidadosamente cada nueva creación, solicitando a varios A.As. que sean sensibles al espíritu y a las reacciones de A.A., para que la critiquen y den sugerencias para mejorarla. Si el nuevo material va a afectar el mundo no alcohólico, especialmente los campos de la medicina y la religión, deberá pedirse la opinión de aquellos Custodios no alcohólicos u otros amigos calificados que tengan conocimientos de estas materias.

El Comité de Política General: Es probable que éste sea el más importante de todos los comités de la Junta de Servicios Generales, y se cataloga como el principal. Bajo su jurisdicción se encuentran prácticamente todos los problemas o proyectos que se relacionan con las políticas de A.A., la información al público, o con las tradiciones de A.A., que puedan surgir en los otros comités o corporaciones de servicio.[2]

Hace algunos años, se puso bien en claro el hecho de que los asuntos que se sometían a la consideración de los Custodios en sus reuniones trimestrales habían llegado a ser demasiado numerosos para poder ser tratados con el cuidado suficiente. Por lo tanto, teníamos que formar un comité que pudiera actuar como un filtro, despachando los asuntos de menor importancia o complejidad, y examinando detalladamente los de mayor significación. La intención era eliminar los obstáculos en las reuniones de los Custodios, y presentar a la Junta recomendaciones cuidadosamente consideradas, incluyendo un informe de la minoría, referentes a los asuntos más cruciales. De esta manera, la Junta podría concentrarse en lo verdaderamente esencial. Este comité, al disponer de suficiente tiempo, podría también fortalecer nuestros procedimientos de planificación y elaboración de política. Podría evitar tanto los grandes como los pequeños errores que se originan en decisiones apresuradas y precipitadas.

Esa fue nuestra intención original, y nos ha dado muy buenos resultados. Debido a que este Comité ha sido formado de tal manera que sea muy sensible a la opinión y las reacciones de A.A. se compone de (a) los Custodios de "fuera de la ciudad," uno de los cuales tradicionalmente es nombrado coordinador; (b) dos miembros del personal de la Oficina de Servicio Mundial, (c) el presidente de A.A.W.S., Inc., quien es también gerente general de la Oficina Mundial; (d) el presidente de AA Grapevine, Inc., quien es editor de la revista; y (e) aquellos Custodios y directores de servicio que tienen una amplia experiencia en nuestra Comunidad.

Se invitan también a los demás Custodios, los miembros de comité y directores y los miembros del personal a asistir a las reuniones — los Custodios porque pueden prever así las cuestiones que tendrán que confrontar en su propia reunión — los miembros de los comités y directores porque, en esta forma, pueden formarse un concepto panorámico de lo que las demás entidades de la Sede han estado haciendo.

Este comité es grande y funciona como una sesión de compartimiento abierta, requiriendo por lo general de cuatro a seis horas de la tarde del domingo anterior a las deliberaciones trimestrales de la Junta de Servicios Generales. Siempre se prepara con anticipación una elaborada agenda; el comité entrega a los Custodios un completo informe de sus recomendaciones, junto con cualquier punto de vista de la minoría. En dicho informe también se mencionan las soluciones dadas a problemas de menor importancia.

El Comité de Política General ha fortalecido enormemente la unidad de nuestra Oficina de Servicios. Todos los participantes sienten que son miembros del "equipo". El tamaño del Comité no es obstáculo. Muchas mentes, abundancia de tiempo y una verdadera sensibilidad hacia A.A., aseguran la notable efectividad de la planificación y de las políticas.

Nuevamente hacemos énfasis en el hecho de que ninguno de estos comités de la Junta de Servicios Generales tiene carácter ejecutivo. Ellos no gobiernan ni dirigen los asuntos activos de las corporaciones de servicio. Sin embargo pueden hacer sus recomendaciones a las corporaciones mismas o a los Custodios. Es digno de mencionar que el Comité de Política General siempre examina los informes trimestrales de los servicios corporativos y cualquier otro informe que esté disponible para su reunión. El comité puede comentar sobre estos informes y hacer recomendaciones al respecto.

Pasemos a describir entonces nuestras corporaciones de servicio activo, A.A. World Services Inc. (la Corporación de Servicios Mundiales de A.A.) y The AA Grapevine (La Corporación Grapevine de A.A.) Sus actividades representan probablemente el noventa por ciento del esfuerzo directo de nuestra Oficina de Servicio.

La Junta de Servicios Generales es dueña de las acciones de estas entidades.[3] Los Custodios eligen anualmente a todos sus directores (siete en la actualidad) en cada corporación. Esto significa que en lo que respecta a la dirección de rutina de nuestros servicios establecidos, los Custodios han delegado plenamente su función ejecutiva en estas áreas de servicio constantemente activas.

La junta directiva de A.A.W.S., Inc. (inclusive el Departamento de Publicaciones de A.A.) está tradicionalmente compuesta de dos Custodios encargados de la supervisión administrativa, tres individuos no custodios expertos en el trabajo en cuestión, y dos ejecutivos, el gerente general de la Oficina Mundial y su asistente, quienes son respectivamente el presidente y el vicepresidente. Usualmente, los dos directores Custodios han servido como miembros de la junta en calidad de expertos no-Custodios, y de costumbre se nombra a uno de éstos, Tesorero. Por consiguiente, los directores de A.A. son aquellos que tienen una amplia experiencia en estas operaciones.[4]

La junta directiva de Grapevine está estructurada de forma parecida, con dos excepciones. Los directores Custodios de Grapevine son (1) un ex editor de Grapevine, y (2) una persona experta en finanzas quien ha servido como miembro de la Junta de Grapevine. Tradicionalmente, este último es nombrado coordinador y preside las reuniones de la corporación. Así lo dispone porque ni el editor, quien es tradicionalmente el presidente de Grapevine, ni el director miembro del personal, el vicepresidente, tendrán usualmente la experiencia en negocios necesaria para presidir la junta corporativa de Grapevine. Esta disposición también coloca al presidente en buena posición para mediar en los casos en que los departamentos editorial y de negocios de la empresa estén en desacuerdo. El Grapevine tiene también una Junta Editorial que nombra a sus propios sucesores, sujeta a la aprobación de la Junta corporativa.[5]

La Junta Editorial ayuda al editor y a su personal a determinar las normas editoriales, así como el enfoque y el contenido de la revista. Libera al editor (hasta la fecha ha sido un voluntario) de una parte de su carga de trabajo. El editor examina el material publicitario de Grapevine que se envía a los grupos, y hace recomendaciones al respecto. Contribuye a que nuestros artistas, redactores, escritores y compaginadores trabajen juntos de forma organizada y consecuente. Y sirve como un "campo de instrucción" para nuestros editores futuros. Por tanto, nuestra Junta Editorial es la garantía principal de la alta calidad de la revista y de su coherencia y continuidad editorial.

Cada nueva generación de trabajadores hace ciertas preguntas acerca de las juntas de estas dos corporaciones: "¿Por qué no se fusionan en una sola entidad, como parte de la Junta de Servicios Generales?" "¿Por qué no se fusiona Grapevine con la Corporación de Servicios Mundiales de A.A. colocando así todas las operaciones activas de las Oficinas Centrales bajo una sola administración?" Estas preguntas ya se han discutido en los Conceptos anteriores. Hemos concluido que la Junta de Servicios Generales no es un instrumento adecuado para una corporación operante o activa; que, puesto que Grapevine es una operación tan disímil, y que no debemos concentrar demasiado dinero y poder ejecutivo en una sola entidad, no debiera haber fusión entre la Corporación de Servicios Mundiales de A.A. y Grapevine de A.A. En cuanto a estas cuestiones parece que todos estamos de acuerdo, al menos por ahora.

Pero también se presentan variaciones interesantes a estas preguntas. Seguramente habrá de inquirir: "Si es deseable incorporar separadamente a las empresas disímiles, entonces ¿por qué no incorporar separadamente a la División de Publicaciones de la Corporación de Servicios Mundiales de A.A., para que tenga una junta directiva familiarizada con las tareas de publicaciones de libros y folletos?" A primera vista, este razonamiento parece lógico.

Hoy en día, sin embargo, la División de Publicaciones, principalmente, tiene operaciones mercantiles. A diferencia de las editoriales comerciales, nosotros no tenemos que asegurarnos de seleccionar, escribir y publicar una gran cantidad de libros nuevos anualmente. La mayor parte de los libros de A.A. ya están escritos, y no es probable que sean muchos los que publiquemos posteriormente. Claro es que tendremos que editar ocasionalmente nuevos folletos, y que habrá necesidad de revisar el material de las publicaciones antiguas. Pero éste es relativamente un trabajo creativo de poco volumen, y puede ser manejado con facilidad por el Comité de Literatura. Por ello, la operación de la división de publicaciones adscrita a la Corporación de Servicios Mundiales de A.A. es actualmente un trabajo de edición, distribución, contabilidad y finanzas. Para propósitos directivos, no hay necesidad de formar una corporación separada; sólo se necesita llevar una contabilidad aparte para esta división de publicaciones. Unicamente en el evento muy improbable de que entremos en gran escala en el negocio de publicación de nuevos libros, habría necesidad de formar una corporación totalmente separada.

Otra pregunta sería ésta: "¿Por qué no unimos la División de Publicaciones de A.A. con Grapevine colocando así toda nuestra literatura bajo una administración unificada?" La respuesta aquí se basa en la disimilitud total entre las dos empresas. El Grapevine tiene que producir una revista totalmente nueva mensualmente, mientras que el éxito de la División de Publicaciones de la Corporación de Servicios Mundiales de A.A. depende de lo que ya ha sido escrito.

La actividad principal de Grapevine es enteramente creativa. Requiere varios miembros de personal administrativo a sueldo, y la ayuda constante de una gran cantidad de voluntarios especializados sin cuya cooperación no podría funcionar. No parece razonable entonces recargar a esta gente con una gran cantidad de negocios comerciales. Es obvio que no debemos.

Otra pregunta que se hace frecuentemente es: "¿Por qué no hacer que A.A. World Services Inc. se haga cargo de *todo* lo relativo a la contabilidad, finanzas, promoción y distribución de Grapevine? ¿No sería más eficiente y económico consolidar los asuntos de personal, finanzas y manejo? ¿No se descargaría en esta forma Grapevine de todos sus problemas de negocios?"

En primera instancia, este plan también parece razonable. Sin embargo, la probabilidad de que funcione satisfactoriamente es muy remota, porque tiene serios defectos estructurales. Violaría el principio básico de administración de que el que tenga la responsabilidad de una determinada tarea debe tener también la autoridad, los fondos, el personal y el equipo necesario para llevarla a cabo. La entidad llamada la Corporación de Grapevine de A.A., tiene indudablemente la plena responsabilidad de su propia solvencia, promoción, política, y de la dirección de la circulación de la revista. Debe tener cuatro directores de negocios, expertos en estos aspectos de una empresa editorial. La Conferencia y la Junta de Servicios Generales siempre les considerará responsables. Pero, ¿qué pasaría si una gran parte del total de negocios de Grapevine se transfiere a una corporación con dirección absolutamente diferente, sobre la cual Grapevine no tiene ninguna autoridad? Esto sería verdaderamente una dirección bicéfala y una fuente de conflictos continuos. De esta manera, la Junta de Grapevine llegaría a perder casi todo su poder.

Tal situación también tendería a desmoralizar al editor, a su personal administrativo y a la Junta Editorial, todos ellos voluntarios especializados. Este grupo tiene en la actualidad una representación de tres directores en la Junta de Grapevine. En una junta compuesta en esa forma, es posible conciliar los deseos de los editores de lograr una excelente publicación, con las realidades de la situación financiera de Grapevine. Pero si la gestión comercial se transfiriera a la Corporación de Servicios Mundiales de A.A., se anularían casi totalmente la importancia y la influencia de la gente de Grapevine. Los directores de servicio mundial se preocuparían casi exclusivamente por asuntos de eficiencia y solvencia en los negocios, mientras que los representantes de la revista buscarían la calidad y el mejoramiento de la publicación. No habría forma práctica de conciliar estas diferencias. Los directores de los negocios de la Corporación de Servicios Mundiales de A.A., dominarían a los trabajadores editoriales y, por consiguiente, dictarían la política editorial. Este último grupo hallaría, a su vez, que se había convertido en un simple comité para ejecutar las órdenes provenientes de la Corporación Mundial de Servicio de A.A. "El que paga al músico pide la canción", llegaría a ser el lema de trabajo de una organización semejante. Habiendo dividido por mitades la dirección de la revista en tal forma y habiendo abandonado el principio de "participación", es de dudar que pudiera ponerse a trabajar semejante organización especialmente cuando se trata de un trabajo voluntario. Probablemente ahorraríamos algún dinero, pero no salvaríamos la revista.

No se excluyen del todo los arreglos conjuntos de Grapevine y de A.A. World Services Inc. para efectuar conjuntamente trabajos de rutina, tales como facturación, despacho de correspondencia, etc., aunque pueden esperarse, en menor grado, las fricciones ya descritas, a menos que claramente quede definido "quién controla, qué y cuándo".

Todos los que actualmente trabajamos en la Oficina de Servicios de A.A. estamos totalmente de acuerdo con las operaciones detalladas anteriormente. Se han descrito minuciosamente para cualquier beneficio que surja en el futuro. Sinceramente nos damos cuenta de que debemos estar en guardia contra los remiendos de nuestra estructura de servicio que tengan como único objetivo el ahorrar algunos centavos. Estas desviaciones a menudo pueden conducir a un estado de gran confusión y por consiguiente de inefectividad, que en la realidad no ahorra nada, y a la larga resulta con frecuencia una verdadera pérdida.

Una descripción detallada de la parte operativa de los comités de la Junta de Servicios Generales y las corporaciones de servicio activo sería demasiado larga para incluirla en este escrito. Pero es importante hacer notar varios principios y problemas que son comunes al Grapevine de A A. y a la Corporación Mundial de Servicios de A.A.

1. *Posición de los ejecutivos — distinción entre dirección ejecutiva y formación de las políticas*: Ningún servicio activo puede funcionar adecuadamente mientras no tenga una dirección ejecutiva permanente y capacitada. Esta deberá ser encabezada por una sola persona, con la ayuda de todos los asistentes que sean necesarios. Ninguna junta o comité puede tener, en ningún momento, un manejo activo en un sentido ejecutivo continuado. Esta función tiene que ser delegada a una sola persona, la cual debe tener amplia autoridad y libertad para realizar su trabajo, y no debe encontrar interferencias mientras esté haciendo su labor en buena forma.

La verdadera habilidad ejecutiva no es algo que se encuentra a la vuelta de la esquina, sino que es rara y difícil de hallar. Se requiere una combinación especial de cualidades. El ejecutivo hábil debe inspirar por su energía y su ejemplo, asegurándose así la cooperación entusiástica de los demás. Si tal cooperación no se presenta, debe saber cuando actuar con firmeza. Debe actuar sin favoritismo ni parcialidades. Debe emprender y llevar a la práctica grandes asuntos, pero sin olvidar ni menospreciar los pequeños. Debe tomar frecuentemente la iniciativa para elaborar planes y proyectos.

El uso de tales habilidades ejecutivas implica que haya un buen entendimiento, tanto de parte del ejecutivo mismo como de las personas que trabajan con él porque de otra manera pueden presentarse malentendidos. A causa de su energía natural y disposición de mando, los ejecutivos a veces no alcanzan a discernir entre la práctica rutinaria de planes y políticas establecidas, y la elaboración de nuevos planes. En esta área, ellos tienden a hacer planes nuevos y ponerlos en práctica sin consultar suficientemente a aquellos cuyo trabajo va a ser afectado, o a aquellos cuya experiencia o conocimientos se necesita consultar.

Un buen ejecutivo es necesariamente un buen vendedor. Pero a menudo él quiere una venta rápida y resultados inmediatos en ocasiones en que sería más aconsejable y prudente pedir la opinión de muchas personas. Sin embargo esto es mucho mejor que la demora tímida y las constantes peticiones de que se le aconseje sobre esto o aquello. El ejecutivo que se excede en su función puede ser controlado por medio de una situación estructural, y de definiciones claras del alcance de su función, mientras que el ejecutivo débil y temeroso es de muy escasa utilidad en cualquier época.

Por esto es deber de todo buen ejecutivo el *aprender a discernir* cuándo debe actuar por su propia cuenta, cuándo debe consultar a otras personas y cuándo debe pedir sugerencias y definiciones específicas. Este discernimiento es de él. El privilegio que tiene para hacer tal elección está garantizado estructuralmente por el "Derecho de Decisión". El siempre podrá ser censurado *después* de actuar, raramente antes.

Actualmente estamos resolviendo otros dos problemas en nuestros servicios mundiales. Uno ha sido la falta de dinero para emplear ejecutivos de altas calificaciones para que trabajen de jornada completa para A.A. World Services, Inc., y para Grapevine. En nuestra Oficina de Servicios Generales, podemos pagar ahora a un gerente que trabaja a media jornada.[6] *El Grapevine* tiene que contar con un voluntario para dirigir la redacción.[7]* Estos dos ejecutivos tienen, por supuesto, sus asistentes asalariados. No obstante, el hecho de que uno de ellos se ve en la posibilidad de dedicar solamente la mitad de su tiempo a su puesto, y el otro aún menos, nos crea una situación que no es nada ideal.

Efectivamente, un ejecutivo debe ocupar un puesto de plena dedicación, y los nuestros no pueden. Puede que algún día podamos corregir este defecto. Sin embargo, siendo ése el caso, debemos evitar el error de emplear a ejecutivos que, faltándoles la experiencia o habilidad, están dispuestos a trabajar a sueldo bajo. No se podría cometer un error más costoso. Sería mejor optar por voluntarios o ejecutivos a media jornada de habilidad excepcional.

La segunda dificultad ejecutiva es inherente a nuestra situación A.A. La gente clave de nuestra Oficina de Servicios son miembros de A.A. y tienen que serlo. Por ello los ejecutivos y sus asistentes son amigos en Alcohólicos Anónimos. De ello resulta que, en ocasiones, es difícil para un ejecutivo el tener mano fuerte y para sus amigos es difícil aceptarla. Nuestros ejecutivos saben muy bien que ellos no

---
* Por haber mejorado mucho las finanzas de GV, se contrató a un editor a tiempo parcial a principios de 1962.

solamente deben manejar un negocio, sino que también tienen que conservar sus amigos. A su vez, aquellos que trabajan bajo sus directivas tienen que darse cuenta de que tenemos que dirigir seriamente un negocio, que a la vez es una empresa de cooperación espiritual que se debe nutrir. Por tal motivo, es necesario que exista una cantidad razonable de disciplina y buen orden. Aquellos que no lo acepten o no lo quieran poner en práctica no son aptos para trabajar en nuestra Oficina de Servicios. Aunque debe rechazarse todo intento de ejercer la autoridad en forma tajante y férrea, nadie debe quejarse si hay una dirección firme pero amable. Estos problemas no son insolubles; estamos y seguiremos resolviéndolos, aplicando los principios de A.A.

Ocasionalmente salen a relucir problemas de esta índole, pero la Oficina de Servicios Generales no está abrumada por ellos. Debido a la dedicación excepcional de nuestra gente, prevalece una armonía y efectividad que muy raras veces se encuentra en otras empresas.

2. *Trabajadores a sueldo, manera de remunerarlos*: Creemos que cada ejecutivo, trabajador de servicio o consejero debe ser remunerado en relación razonable con el valor de su trabajo en el mundo comercial.

Esta política a menudo es mal interpretada. Muchos de los miembros A.A. consideran los servicios mundiales como una caridad necesaria por la cual hay que pagar algo. Se olvidan de que nuestra caridad especial es tan benéfica para nosotros como para el recién llegado, y que muchos de nuestros servicios se han diseñado para el bienestar general y la protección de todos nosotros. Nosotros no somos potentados altruistas que ayudamos a los pobres y enfermos. Nosotros ayudamos a los demás porque en esa forma nos ayudamos a nosotros mismos.

Otra idea equivocada es que nuestros trabajadores deben tener sueldos bajos, así como los trabajadores de las instituciones de caridad que hay en todas partes. Al ser adoptado, este concepto condenaría a nuestros trabajadores a sueldo a hacer sacrificios económicos inusitados, sacrificios que nosotros no exigiríamos a otros miembros de A.A. En tal evento nosotros A.As. estaríamos diciéndole a cada trabajador "cada uno de nosotros envía tres dólares a la Oficina de Servicios Generales. Pero sería magnífico que usted nos trabajara en A.A. por $2,000 menos de lo que le pagarían en cualquier otra parte". Si la consideramos desde este punto de vista, la teoría de los sueldos bajos nos parece tan absurda como lo es realmente, en especial cuando recordamos que los gastos de administración del servicio mundial de A.A. están entre los más bajos per cápita entre las sociedades del mundo. La diferencia entre un buen sueldo y un mal sueldo para nuestros empleados en la Sede Mundial es cuestión de unos pocos centavos para cada uno de nosotros anualmente.

Debemos considerar también el hecho bien conocido de que un trabajador que se considera mal remunerado tienda a sentirse inseguro y a ser ineficiente, lo cual resulta muy costoso a la larga. Esto no es buena espiritualidad ni un buen negocio. Si existe disponibilidad de dinero para los servicios, debemos pagar bien a nuestros trabajadores.

3. *Rotación entre los miembros a sueldo del personal administrativo*:[8] En la Oficina de Servicios Generales de A.A., la mayor parte de los miembros del personal directivo

cambian de sus cargos anualmente. Al ser contratado, cada miembro se supone que tiene la habilidad de ejecutar o aprender cualquier trabajo de la oficina, excepto la administración de la oficina, la cual, por las habilidades especiales que requiere, no permite en ocasiones la rotación sino entre un reducido grupo del personal directivo de A.A. Pero la base para remunerar a todos los miembros del personal es idéntica. Los aumentos de sueldo se basan sólo en la duración del servicio.

En el mundo comercial una organización similar no podría funcionar. Prácticamente garantizará la indiferencia y la mediocridad porque harían falta los incentivos ordinarios de dinero y de prestigio. En toda nuestra estructura ésta es la única diferencia importante que existe con las corporaciones de negocios. Consecuentemente, debe haber razones probadas y poderosas para que tal herejía comercial se haya puesto en vigencia, y las tenemos.

Nuestra razón fundamental para adoptar la rotación y la paga igual para todo el personal directivo fue la seguridad y la continuidad de la oficina. En alguna ocasión tuvimos el sistema de emplear a un ejecutivo con un sueldo altísimo, y asistentes con sueldos más bajos. Estos se contrataban principalmente a solicitud de la misma persona. En forma inconsciente, estoy seguro, ella contrató gente que no creía que pudieran hacerle competencia posteriormente. Mientras tanto mantuvo firmemente las riendas de la dirección de todos los asuntos de alguna importancia en la oficina, y en esa forma logró llevar a cabo una gran cantidad de trabajo. Pero, de repente, se desplomó y muy poco después uno de los asistentes también tuvo que retirarse, quedando nosotros solamente con uno de los ayudantes entrenado muy parcialmente y quien no sabía casi nada acerca de la dirección global del trabajo de la oficina.

Afortunadamente para nosotros, uno de mis amigos de A.A., quien es muy buen organizador, se hizo cargo de la situación y nos ayudó a poner en orden la oficina. Nos dimos cuenta de que deberíamos tener un personal a sueldo que nos garantizara que la oficina no fracasaría nuevamente. Probablemente la próxima vez que sucediera un colapso parecido, no habría nadie que pudiera darnos el tiempo necesario para sacarnos del atolladero. Además, este fracaso nos costó la pérdida de mucha confianza entre nuestros grupos, y por ese motivo dejamos de recibir casi cincuenta mil dólares en tres años de contribuciones.

A partir de aquel entonces se instaló el principio de la rotación en un número mayor de personas de la administración. Aunque se han presentado varios casos de fracaso entre el personal de A.A., cada uno de los cuales hubiera bastado para desmoralizar a la oficina de haberse continuado con la organización que teníamos originalmente, como ya cada uno de los restantes miembros conoce muy bien las tareas necesarias, no se han experimentado mayores dificultades. Bajo este nuevo esquema de funcionamiento, los reemplazos se pueden escoger cuidadosamente y se pueden entrenar en forma adecuada. Adicionalmente, se disipa la tendencia natural de escoger a personas menos aptas en los cargos subalternos.

Al colocar a todos los miembros del personal directivo en posición de igualdad, y remover en esta forma los incentivos comunes de dinero y de prestigio, no nos ha hecho ningún daño. Nosotros los A.A. tenemos algo de que carece el mundo comercial: un deseo dedicado de servir, el cual reemplaza las motivaciones egoístas usuales. Al mismo tiempo se han eliminado muchas de las tentaciones para establecer la competencia destructiva y la "politiquería" entre los miembros. El buen ánimo de la Oficina de Servicios se ha incrementado enormemente y se ha transmitido a toda nuestra Comunidad.

En el futuro, cuando el sistema de rotación no esté funcionando satisfactoriamente, habrá la tendencia natural de suprimirlo en aras de una supuesta eficacia. Nuestros sucesores tienen ciertamente la libertad para intentarlo, pero la experiencia del pasado nos indica con seguridad que sería ir de mal en peor.

Hay otro aspecto de la rotación: el tiempo de servicio. Ya sabemos que a una mayor responsabilidad de trabajo debe corresponder un tiempo de servicio más largo, si deseamos que haya efectividad. Por ejemplo, un secretario de grupo puede cambiarse cada seis meses, pero un miembro de un comité intergrupal debiera poder actuar durante un año. Para que pueda adelantar alguna labor que valga la pena, un delegado a la Conferencia debe servir durante dos años, y un Custodio durante cuatro años.

En la Oficina de Servicios Mundiales hemos encontrado que no es práctico ni justo establecer un término fijo para los empleados. Un miembro del personal directivo debe tener un entrenamiento de varios años. ¿Debemos entonces despedirlo, en el momento en que ha adquirido gran competencia? Y si llega a saber que su trabajo no era sino para un determinado tiempo, ¿hubiéramos podido contratarlo inicialmente? Probablemente no. Estos puestos son muy difíciles de llenar porque requieren grandes dosis de personalidad, habilidad, estabilidad, competencia administrativa y experiencia en A.A. Si insistiéramos en fijar términos para el servicio, nos veríamos obligados a emplear A.As. no muy capacitados. Esto sería a la vez contraproducente y perjudicial, así como injusto.

Pero no debemos sentir temor de tener demasiados miembros del personal que se están volviendo "viejos en el servicio". El ajetreo emocional de tener "A.A. a todas horas", es demasiado fuerte para que haya muchas personas que lo soporten durante un gran período de tiempo. Hoy la gente va y viene por múltiples razones personales, además de la mencionada. Dentro de lo que es razonable, la mayor parte de ellos pueden y tienen que rotar de tarea en tarea; pero no debemos intentar que haya más rotación que la que queda explicada.

Debido a la clase de pericia especializada que se requiere para el personal de Grapevine, la rotación entre éstos es más difícil. Si algún día podemos contratar a un editor de plena dedicación, quien pueda insistir en que se adiestre al personal asistente y ayudar a hacerlo, esto tal vez se realice. Sin embargo, a diferencia de la situación en la Oficina Mundial, nunca se logrará la seguridad por tener muchos asistentes. El personal de Grapevine de hoy, compuesto de dos personas, puede servir para una circulación mucho más grande que la actual.

4. *Es muy importante la "Participación" total de los trabajadores a sueldo*: Ya hemos comentado la necesidad de dar al personal directivo una representación votante en nuestros comités y juntas de corporación.[9] Hemos visto que ellos deberían gozar

de una posición compatible con sus responsabilidades, en la misma forma como la tienen los trabajadores voluntarios. Pero la plena participación de los trabajadores a sueldo no puede quedar garantizada únicamente por el derecho al voto. Hay otros factores especiales que afectan el alcance de su participación. Veamos cuáles son, y lo que podemos hacer para mejorarlos.

El primero es el hecho del trabajo por dinero, o sea la relación de patrón a empleado. En los asuntos humanos, la autoridad y el dinero van íntimamente ligados. La posesión o el control del dinero conlleva el control de la gente. Usado en forma imprudente, como generalmente lo es, este control puede resultar en un tipo de división muy desafortunado, que coloca a los "ricos" a un lado y a los "pobres" a otro. No puede haber reconciliación ni armonía mientras no se rompa una parte de la línea divisoria. Sólo entonces podrán aunarse la autoridad y el responsable deseo de adelantar el trabajo.

Por eso debemos darle a nuestros trabajadores empleados en nuestra estructura de servicio algo más que un sitio en la mesa de las deliberaciones de A.A. Debemos también tratarlos en todos los aspectos como lo hacemos con los voluntarios, que son nuestros amigos y colaboradores. Mientras trabajen bien, el hecho de que dependen del sueldo que reciben no debería, consciente o inconscientemente, usarse como una ofensa contra ellos. Debemos hacerlos sentir que forman parte del equipo. Si al contrario, no pueden o no quieren hacer su trabajo, eso es algo diferente. En ese caso, debemos y podemos dejar que se marchen.

Las empleadas presentan otro problema adicional. Nuestra Oficina de Servicios está conformada como un mundo bastante masculino. Algunos hombres pueden llegar a sentir inconscientemente que son superiores a las mujeres, produciendo así una reacción lógica en el elemento femenino. Luego existe también el hecho de que algunos de nosotros hemos sido lesionados emocionalmente en el área de nuestras relaciones de hombre a mujer. Nuestra bebida nos hizo depender equivocadamente de nuestros cónyuges, los convertimos en nuestros propios "papis" o "mamis" y luego hemos resentido profundamente tal situación. Tal vez habremos tenido desajustes emocionales que nos han causado una resaca de hostilidad que proyectamos a todas nuestras relaciones con las personas del otro sexo.

Es posible que dichas fuerzas actúen contra nuestros deseos de establecer buen compañerismo de trabajo. Pero si nos damos cuenta total de esas tendencias, podremos sobreponernos a ellas más fácilmente, y disculparlas. Debemos también tener muy presente que las relaciones de trabajo entre hombres y mujeres adultos deben tener el carácter de una sociedad, en la que no existe competencia, pero en la cual se busca que una parte complemente a la otra. No es una cuestión de superioridad o inferioridad. Los hombres, por ejemplo, por el hecho de ser hombres, tienden a tener un mejor sentido de los negocios. Pero supongamos que reemplazamos a nuestros seis miembros femeninos del personal de administración con seis hombres. En estas condiciones, ¿podríamos lograr que éstos se relacionaran en forma tan integral y efectiva con nuestra Comunidad como lo hacen las mujeres? Por supuesto que no. Las mujeres pueden cumplir esta labor mucho mejor, por el solo hecho de *ser* mujeres.[10]

Tales son los asuntos que tenemos que recalcar diariamente en nuestra vida de trabajo. Añádese a lo anterior el pensamiento de que no hay ninguna estructura que garantice a nuestra Oficina de Servicios el estar exenta de los perjuicios que puedan derivarse de las disputas entre personalidades — que sólo la buena voluntad de practicar continuamente los principios espirituales en todos nuestros actos puede lograrlo, y no tendremos nunca preocupaciones por nuestra futura armonía.

---

[1] En el curso de los años posteriores a la redacción de este libro, se añadieron seis comités especializados: Cooperación con la Comunidad Profesional, Tratamiento y Accesibilidades, Conferencia de Servicios Generales, Archivos Históricos, Convención Internacional/Foros Regionales, Instituciones Carcelarias, e Internacional.

[2] El Comité de Política se conoce hoy con el nombre de Sesión de Compartimiento General. Su composición y función también han cambiado, como se explica en una nota al pie de la página 55.

[3] Tanto la Corporación de Servicios Generales de A.A. como la de Grapevine son en la actualidad *corporaciones de socios*; sus miembros-socios son los custodios. A.A. World Services fue constituida en sociedad no lucrativa en 1962; AA Grapevine fue constituida en sociedad no lucrativa en 1971.

[4] Hoy en día, la dirección de A.A. World Services, Inc. está compuesta de nueve directores: el gerente general de la O.S.G., quien es presidente de A.A.W.S.; un miembro del personal de la O.S.G. quien es vicepresidente; dos custodios regionales; dos custodios de servicio general; dos directores no-custodios. El coordinador que sirve en plan rotativo es un custodio.

[5] Hoy en día, Grapevine tiene nueve directores. La Junta Corporativa está compuesta por: la directora/editora ejecutiva de la revista; el coordinador de la junta es presidente. Dos miembros de la junta son custodios de servicio general; dos son custodios regionales; uno es un custodio no-alcohólico; tres son directores no-custodios. Los miembros asalariados del personal que trabajan a plena dedicación están encargados de la producción y dirección de la revista. La Junta Editorial hoy se conoce como la Junta Asesora Editorial. Para más información, ver el Capítulo 12 de *El Manual de Servicio de A.A.*

[6] A partir de 1960 la O.S.G. ha contado con un gerente general de plena dedicación.

[7] Actualmente, Grapevine tiene una redacción compuesta de tres personas que trabajan la jornada completa y dos asistentes de la redacción a tiempo parcial.

[8] A fin de responder a las circunstancias que han cambiado desde que esta sección fue redactada originalmente, A.A.W.S., Inc., con la aprobación de la Junta de Servicios Generales, ha efectuado un sistema de rotación bienal de trabajo para la mayoría de los miembros del personal.

[9] Como uno de los directores de la Junta de A.A.W.S., el miembro del personal que sirve como coordinador del personal tiene un voto.

[10] Conforme con una Acción Recomendable de la 66ª Conferencia de Servicios Generales, se han eliminado dos párrafos de la versión originalmente publicada del XI Concepto. No obstante, estos párrafos están disponibles, a petición, en los Archivos Históricos de la O.S.G.

CONCEPTO XII

Garantías generales de la Conferencia: En todos sus procedimientos, la Conferencia de Servicios Generales cumplirá con el espíritu de las Tradiciones de A.A., teniendo especial cuidado de que la conferencia nunca se convierta en sede de peligrosa riqueza o poder; que fondos suficientes para su funcionamiento, más una reserva adecuada, sean su prudente principio financiero; que ninguno de los Miembros de la Conferencia sea nunca colocado en una posición de desmedida autoridad sobre ninguno de los otros; que se llegue a todas las decisiones importantes por discusión, votación y siempre que sea posible, por unanimidad sustancial, que ninguna acción de la Conferencia sea punitiva a personas, o una incitación a controversia pública; que, aunque la Conferencia pueda actuar al servicio de Alcohólicos Anónimos, ella nunca deberá realizar ninguna acción de gobierno, y así como la Sociedad de Alcohólicos Anónimos, a la cual sirve, la Conferencia en sí misma siempre permanecerá democrática en pensamiento y en acción.

El Concepto enunciado corresponde literalmente al Artículo 12 de la Carta Constitutiva de la Conferencia. Hay buenas razones para incluirlo en este contexto.

Considerada en su totalidad, la Carta Constitutiva de la Conferencia es la substancia de un acuerdo informal que se hizo entre los grupos de A.A. y los Custodios en 1955. Es la base convenida de acuerdo, sobre la que funciona la Conferencia de Servicios Generales. En parte, la Carta es un documento flexible; sus once primeros artículos pueden ser enmendados por la misma Conferencia en cualquier momento.

Pero el Artículo 12 forma una clase aparte. Para poder enmendar o anular alguna de sus vitales Garantías, se requiere el consentimiento escrito de las tres cuartas partes de los grupos de A.A. que figuren en el directorio, grupos que efectivamente voten sobre cualquiera de tales propuestas; y se ha dejado un margen de seis meses para que se le dé al asunto la más cuidadosa deliberación. Aunque en esta forma se ha hecho difícil efectuar cambios en las Garantías del Artículo 12, no se ha hecho de tal forma que sea imposible.

Es claro que todas estas Garantías tienen alta y permanente importancia para el bienestar general de A.A. Por este motivo, creemos que solamente debiéramos permitir cambios en ellas bajo la positiva evidencia de sus defectos, y entonces solamente por el consentimiento de los grupos de A.A. Por consiguiente, las hemos catalogado con las Doce Tradiciones, pues creemos que son tan importantes para los servicios mundiales como lo son las Tradiciones para A.A. como un todo.

Las Garantías del Artículo 12 forman una serie de compromisos solemnes para asegurar que la Conferencia siempre estará en conformidad con las Doce Tradiciones de A.A.; que la Conferencia nunca se asentará en una gran riqueza o un gran poder; que su política fiscal siempre será prudente; que nunca se creará una autoridad absoluta; que siempre se observará el principio de unanimidad sustancial; que nunca se tomará ninguna acción punitiva; que nunca se incitará a la controversia pública; que únicamente estará al servicio de A.A.; y que siempre será democrática en espíritu. Estas Garantías indican las cualidades de prudencia y espiritualidad que siempre deberá poseer la Conferencia de Servicios Generales. Dejando a un lado cualquier defecto imprevisto, estos son los vehículos permanentes que mantienen a la Conferencia atada al movimiento al cual sirve.

Hay algunos aspectos importantes en estas Garantías que merecen considerarse. Nótese, por ejemplo, que todos ellos son consejos de *prudencia* — prudencia en las relaciones personales, prudencia en asuntos de dinero, prudencia en nuestras relaciones con el mundo que nos rodea. Para nosotros, la prudencia es un efectivo término medio, un canal de salida entre los obstáculos del temor a un lado y la temeridad por el otro. La prudencia crea en la práctica un clima definido, el único clima en el cual pueden lograrse la armonía, la eficacia y el permanente progreso espiritual. Las Garantías del Artículo 12 expresan la sabiduría de prever el futuro basándose en las lecciones del pasado. Son la suma total de nuestra protección contra los errores innecesarios y contra nuestras tendencias naturales de adquirir poder, dinero, prestigio y cosas afines.

El Artículo 12 se abre con esta declaración general: "En todas sus actuaciones, la Conferencia de Servicios Generales deberá observar el espíritu de la Tradición de A.A…" De todos los cuerpos y grupos de Alcohólicos Anónimos, la Conferencia es la que mayormente debiera considerarse obligada a acatar la Tradición. Por algo ha sido llamada "guardián de las Tradiciones de Alcohólicos Anónimos". En esas mismas Tradiciones están delineados los principios generales para la mejor dirección de nuestros servicios, y en ellas se expresan las bases y actitudes de prudencia que conforman nuestra armonía. Por consiguiente las Doce Tradiciones de A.A. afirman el derrotero de la unidad y de la función que debiera representar nuestra conferencia de Servicios Generales al más alto grado posible.

Las Garantías del Artículo 12 son las siguientes:

Primera Garantía: "En la Conferencia nunca se presentará una acumulación peligrosa de dinero o poder". ¿Qué se entiende por "dinero o poder peligrosos"? ¿Significa esto que la Conferencia no debe tener virtualmente dinero o poder? Obviamente no. Tal condición sería peligrosa y absurda. Lo único que podría resultar sería una inefectiva anarquía. Nosotros debemos usar *algún* dinero, y debe haber *alguna* autoridad para servir. Pero, ¿en qué cantidad? ¿En qué punto debemos marcar los límites?

La principal protección contra el exagerado amontonamiento de dinero o de autoridad en las manos de la Conferencia se encuentra en las mismas Tradiciones de A.A. Mientras nuestra Junta de Servicios Generales rehuse aceptar contribuciones de fuentes ajenas, y las donaciones de cada individuo a la oficina de servicios se mantengan en niveles módicos, podemos estar seguros de que no se presentará acumulación de riqueza en ningún sentido peligroso. Tampoco es probable que habrá un gran exceso en las contribuciones de los grupos sobre los gastos adecuados de funcionamiento. Afortunadamente, los grupos de A.A. tienen una saludable renuencia a la creación de servicios innecesarios que sólo ocasionarían costosos gastos burocráticos en nuestro medio. Es verdad que la principal dificultad que seguirá presentándose durante mucho tiempo será la de informar efectivamente a los grupos de A.A. acerca de las necesidades financieras reales de los servicios mundiales. Ya que sabemos que por medio de las contribuciones de los grupos nunca se presentará una riqueza indebida, sólo necesitamos evitar la tentación de aceptar dinero del mundo exterior.

En cuanto darle a los Delegados, Custodios y personal administrativo la suficiente autoridad, es muy poco el riesgo que puede haber. Una larga experiencia, consignada ahora en estos Conceptos, sugiere que es muy improbable que se encuentren problemas de demasiada autoridad en los servicios. Al contrario, parece que nuestra dificultad será la de mantener suficiente autoridad. Debemos recordar que estamos protegidos contra las calamidades del exceso de autoridad por la rotación, la participación votante y la cuidadosa formación de estatutos. Sin embargo, se nos previene acerca del riesgo de que se levante un dictador en la Conferencia o en la Oficina de Servicio. A mi entender, esta preocupación no tiene sentido, puesto que con la organización que tenemos actualmente, tal aspirante no alcanzaría a durar ni un año. Y durante el breve tiempo que lograse permanecer, ¿de dónde sacaría dinero? Nuestros Delegados, que representan directamente a los grupos, controlan todas las entregas de fondos de servicio. En esta forma ellos constituyen un control contra el riesgo de que se alcance demasiada autoridad personal. Considerándolos como conjunto, estos factores parecen ser una salvaguardia confiable contra los excesos de autoridad o de dinero.

Hemos visto por qué la Conferencia nunca podrá tener un alto grado de poder humano, pero no debemos desestimar el hecho de que exista otra clase de autoridad y de poder que no se puede suprimir: el poder espiritual que emana de las acciones y actitudes verdaderamente humildes, desinteresadas y dedicadas de los servidores de A.A. Este es el poder real que hace funcionar a nuestra Conferencia. Ha sido bien dicho de nuestros servidores que "Ellos no nos gobiernan por mandato, sino que nos conducen por el ejemplo". Dado que nos hemos asegurado de que nunca nos gobernarán, tengo la plena confianza en que siempre serán para nosotros una fuente creciente de inspiración, a medida que continúen conduciéndonos por el ejemplo.

Segunda Garantía: "El criterio financiero prudente debe ser el tener suficientes fondos de operación, más una reserva adecuada."

A este respecto, debemos extendernos un poco para revisar nuestras actitudes en relación con el dinero y sus relaciones con los esfuerzos de servicio.

Nuestra actitud acerca de ofrecer gratuitamente nuestro tiempo presenta una marcada diferencia con nuestra actitud hacia la donación de nuestro dinero. Por supuesto nosotros damos una gran cantidad de nuestro tiempo a las actividades de A.A. para nuestra propia protección y crecimiento. Pero también nos comprometemos en sacrificios reales para el bien de nuestro grupo, nuestras áreas y A.A. como un todo.

Sobre todo, nosotros nos dedicamos al recién llegado y es éste nuestro principal trabajo del Paso Doce. En esta actividad frecuentemente nos tomamos grandes cantidades de tiempo de nuestras horas de trabajo. Si los consideramos en términos económicos, estos sacrificios colectivos llegan a valer una buena suma. Pero a nosotros no nos parece nada extraordinario. Recordamos que en alguna ocasión la gente nos dio todo su tiempo mientras nosotros estábamos en nuestra lucha por la sobriedad. Sabemos también que casi todo el total de los ingresos individuales de los A.A., que suman muchos miles de millones de dólares, ha sido el resultado directo de la actividad de los Alcohólicos Anónimos. Si nadie se hubiera recuperado, no habría habido este ingreso para ninguno de nosotros.

Pero cuando se trata de gastar dinero en efectivo, particularmente para pagar los gastos de funcionamiento de los servicios mundiales, muchos de nosotros nos volvemos un poco avaros. Nos ponemos a pensar en todo aquel dinero que perdimos en nuestros días de bebedores, todas aquellas sumas que debimos haber ahorrado para emergencias o para la educación de nuestros hijos. Encontramos también que cuando dejamos caer unos centavos en el sombrero de las reuniones, no hacemos tanto ruido como cuando hablamos horas enteras con un recién llegado. No hay nada de romántico en pagar el arriendo. A veces nos excusamos cuando se nos pide que sufraguemos los gastos de congresos regionales o intergrupales. En cuanto a los servicios mundiales, puede que hasta lleguemos a decir: "Bien, esas actividades son muy lejanas, y nuestro grupo realmente no las necesita. Es quizás que nadie las necesite". Estas reacciones son muy naturales, comprensibles y muy fáciles de justificar. Podemos decir: "No dañemos a A.A. con cuestiones de dinero y la organización de servicio. Separemos lo material de lo espiritual. En esa forma lo mantenemos todo sencillo".

Pero en los años recientes, estas actitudes han ido declinando, y desaparecen tan pronto se muestra claramente la necesidad real de proporcionar un servicio de A.A. Hacer patente tal necesidad es simplemente una cuestión de información y educación. Esto lo vemos continuamente en el trabajo que están adelantando con tanto éxito para nuestros servicios mundiales los Delegados, los Miembros de Comités y los Representantes de Servicios Generales. Ellos están aprendiendo que pedir dinero bajo la presión de exhortaciones, es molesto e innecesario para A.A. Sencillamente hacen ver lo que el dinero de servicio realmente logra, en términos de atraer a los alcohólicos a A.A. y en términos de nuestra efectividad y unidad como asociación. Hecho esto, las anheladas contribuciones empiezan a llegar. Los donantes muy raras veces pueden conocer el resultado exacto, pero saben muy bien que un número incontable de otros alcohólicos y sus familias con certeza serán ayudados.

Cuando veamos de esta manera las contribuciones, verdaderamente anónimas, y a medida que se van ganando una mayor comprensión de su permanente necesidad, estoy seguro de que las contribuciones voluntarias de los grupos A.A. suplementadas por numerosas pero modestas donaciones de individuos miembros de A.A., servirán para pagar los gastos de nuestros servicios mundiales en los próximos años o, por lo menos, en los prósperos.

Podemos también sentirnos confortados por el hecho de que no tenemos que mantener un grande y costoso cuadro de trabajadores a sueldo en nuestra Oficina Mundial. En relación con el permanente crecimiento de A.A., el número de trabajadores de servicio ha disminuido. En sus comienzos, nuestra Oficina de Servicio Mundial tenía un trabajador a sueldo por cada mil miembros de A.A. Diez años más tarde, la relación era de un trabajador por cada tres mil alcohólicos recuperados. Hoy en día la proporción es de uno a siete mil.[1] El costo actual de nuestros servicios mundiales ($200,000 por año en 1960) se considera una suma muy modesta en relación con el alcance que tiene nuestra Comunidad. Tal vez no haya otra sociedad de nuestro tamaño y actividad que tenga costos de administración tan bajos.

Pero estas consideraciones no deben considerarse un motivo para abandonar la política de prudencia financiera.

El hecho y el símbolo más potente de nuestro sentido común en materias fiscales lo tenemos en el Fondo de Reserva de nuestra Junta de Servicios Generales. Actualmente asciende a un poco más de US$200,000 — o sea, aproximadamente el costo de un año de operación de Servicio Mundial.[2] Esto es lo que hemos ahorrado durante veinte años, provenientes principalmente de la venta de nuestros libros. Este es el fondo que repetidamente ha prevenido la severa escasez y el colapso total de nuestros servicios mundiales.

Durante casi la mitad de los últimos veinte años, las contribuciones de los grupos de A.A. no han alcanzado a financiar los gastos de nuestras necesidades de servicio mundial. Pero el Fondo de Reserva, constantemente renovado por la venta de los libros, ha podido compensar estos déficits y, además, ahorrar algún dinero. Nadie puede imaginarse lo que esto ha significado para la vida de incontables alcohólicos que, de no haber existido o no estar operando bien nuestros servicios mundiales, no hubieran podido alcanzar nuestro programa. La prudencia financiera ha rendido sus frutos en vidas salvadas.

Deben quedar bien claros estos hechos de nuestro Fondo de Reserva. Por pura falta de comprensión, se dice frecuentemente que: 1. El Fondo de Reserva ya no se necesita; 2. Si el Fondo de Reserva continúa creciendo, vamos a tener una peligrosa acumulación de dinero; 3. La existencia del Fondo desanima a las contribuciones de los grupos; 4. No acabamos el Fondo porque nos hace falta fe; 5. Nuestros libros de A.A. debían venderse al costo para que los puedan adquirir los compradores con menos dinero; 6. El lucro en nuestra literatura básica se opone a una espiritualidad sólida. Aunque estos puntos de vista no son generales, sí son muy típicos. Por ello tal vez sea necesario analizarlos y responder a las preguntas que suscitan.

Tratemos entonces de probarlas. ¿Representan estos puntos de vista una verdadera prudencia? ¿Carecemos de fe cuando insistimos prudentemente en la solvencia?

Al vender libros baratos, ¿nos vamos a comprometer, como asociación, en esta clase de caridad financiera? ¿No debería esta forma de donación ser asumida más bien individualmente? ¿Es el ingreso de la venta de libros verdaderamente una ganancia para la Sede?

En 1960, justo en el momento en que esto se escribe, en la operación de nuestra Sede, los ingresos logran cubrir los gastos. Las contribuciones de los grupos exceden a las necesidades de servicios en un 5%. El Grapevine de AA sigue operando con déficit. Esta situación comparada con la de los primeros días, es estupenda. Sin embargo, esta es nuestra situación económica en la época de la mayor prosperidad que han experimentado los EE.UU. Si así nos encontramos en tiempos prósperos, ¿qué se puede esperar de los tiempos difíciles? Supongamos que una crisis económica redujera los ingresos de la O.S.G. en un 25%, o que, a causa de la inflación, los gastos aumentaran en un 25%. En cuanto al dinero en efectivo, ¿qué significará esto?

La Oficina de Servicio Mundial experimentaría un déficit anual de US$50,000, añadiéndose a esto un déficit de $20,000 experimentado por Grapevine. Nos enfrentaríamos con un déficit total de $70,000 cada doce meses. De surgir una emergencia así, si no tuviéramos un Fondo de Reserva ni pudiéramos contar con los ingresos de la venta de libros, pronto tendríamos que despedir a una tercera parte de nuestros treinta trabajadores asalariados y miembros del personal de A.A. Muchas cartas quedarían sin respuesta, muchas solicitudes de información y ayuda no serían atendidas. Tendríamos que suspender la publicación de Grapevine, o se convertiría ésta en una revista de segunda clase. Tendríamos que reducir en forma drástica el número de Delegados que asisten a nuestra Conferencia de Servicios Generales Anual. Este sería el precio en términos prácticos y espirituales, si disipáramos nuestro Fondo de Reserva y sus ingresos provenientes de la venta de libros.

Afortunadamente, no tenemos que enfrentarnos con una reducción así. Nuestro Fondo de Reservas y los ingresos de la venta de literatura nos podrían sostener durante varios años de dificultad económica, sin la menor disminución de la calidad o la cantidad de nuestros esfuerzos mundiales.

Está de moda la creencia de que en los Estados Unidos no se volverán a tener más trastornos económicos graves. Ciertamente así lo esperamos y rezamos porque así suceda. Pero, ¿estará bien hecho si nosotros los A.A. corremos el riesgo de disipar todos nuestros activos en la seguridad de que nunca tendremos una crisis? ¿No sería mucho mejor para nosotros si, por el contrario, tratáramos de incrementar nuestros ahorros en este período en que todo el mundo a nuestro alrededor ha tomado en préstamo probablemente mucho más dinero del que podrá pagar?

Examinemos ahora la aseveración de que la existencia de un Fondo de Reserva desanima las contribuciones de los grupos. Se dice que se crea la impresión de que la Oficina de Servicios de A.A. ya está financiada y por lo tanto no hay necesidad de contribuir con más dinero. Esto no es, sin embargo, una actitud general y probablemente su efecto en la cuantía de las contribuciones es muy pequeño.

Luego viene la cuestión de si A.A. como un todo debiera ponerse en lo que constituye una caridad en dinero para con los recién llegados y sus padrinos, al venderles nuestros libros a un precio rebajado. Hasta ahora, los A.A. hemos creído firmemente que la caridad personal con los miembros de nuestra asociación no debe ser ejercida por los grupos o por A.A. como un todo. Por ejemplo: cuando un padrino se hace cargo de un recién llegado, no espera, en ningún momento, que su grupo le pague gastos en que incurra para hacer el trabajo de Paso Doce. El padrino puede regalarle a su ahijado un nuevo traje, o conseguirle trabajo, o regalarle uno de los libros editados por nosotros. Esta clase de situaciones suceden frecuentemente, y es magnífico que sucedan. Pero esta caridad es la responsabilidad del padrino y no del grupo de A.A. mismo. Si el padrino no puede regalar o prestar un libro, puede hallarlos en la biblioteca. Muchos grupos venden libros a plazos. No hay escasez de libros de A.A.: más de medio millón están circulando actualmente. De aquí que no aparezca una buena razón por la cual, los servicios de A.A. deberían proporcionarles libros baratos a todos, aun a la gran mayoría que puede pagarlos a los precios corrientes con facilidad. Parece mucho más evidente que nuestros servicios necesitan más los dólares de la venta de los libros que los necesitan los compradores.

Algunos de nosotros se preocupan por otro asunto, el de las supuestas "ganancias" de los libros. Se cree que es espiritualmente malo el hecho de que la Oficina de Servicios y la mayoría de los grupos vendan el libro con algún margen de utilidad. Pero, ¿es esta clase de ingreso no comercial realmente una ganancia? En mi opinión, no lo es. El ingreso que tienen los grupos y la Oficina de Servicios por la venta de los libros es la suma de un gran número de contribuciones que los compradores del libro hacen para el beneficio general de Alcohólicos Anónimos. La solvencia continua y cierta de nuestros servicios mundiales depende básicamente de estas contribuciones. Si lo consideramos de este punto de vista, nuestro Fondo de Reserva parece ser realmente el agregado de muchos pequeños sacrificios financieros hechos por los compradores de libros. Este Fondo no es propiedad de inversionistas privados, sino que pertenece por entero a A.A. misma.

Ya que estamos tratando el tema de los libros, deberíamos añadir unas palabras acerca de mis regalías sobre ellos. Las regalías provenientes de la venta de los libros me han permitido efectuar todo el trabajo para A.A. como un voluntario de jornada completa. Estas regalías me han dado la seguridad adicional de que, al igual que muchos otros A.A., me he ganado por completo mi sustento. Este ingreso independiente me ha permitido también pensar y actuar independientemente de cualquier clase de influencias económicas, lo que ha sido altamente beneficioso para A.A. lo mismo que para mi propia persona. Por consiguiente, yo creo y espero que el estado actual de las regalías de que disfruto se considere justo y adecuado.

Tercera Garantía: "Ninguno de los miembros de la Conferencia podrá ser colocado en posición de desmedida autoridad sobre los demás."

Hemos aprendido que este principio es de un valor inestimable para el manejo armonioso de los asuntos de la Conferencia. Su aplicación en nuestra estructura, ya ha sido ampliamente discutida en el Concepto que trata sobre el "Derecho de Participación" el cual hace énfasis en que nuestros servidores, tanto los grupos como los individuos, deben tener garantizado el derecho a votar en proporción razonable a las varias responsabilidades que tienen.

Debido a que este derecho de participación es tan importante, lo hemos convertido en el sujeto de esta Garantía, para asegurarnos de que por acción de la Conferencia sola, este derecho nunca podrá coartarse o enmendarse. Para tal propósito, será necesario el consentimiento expreso mayoritario de los grupos, lo cual es supremamente difícil, aunque no del todo imposible de lograr, para la Conferencia. Creemos que toda nuestra experiencia en servicios mundiales justifica totalmente el que hayamos tomado una acción fuerte contra la creación de una autoridad incondicional en cualquier nivel de nuestra estructura de la Conferencia.

Hay que notar también que esta Garantía contra la autoridad absoluta es mucho más general y abarca más en su naturaleza que el mero reconocimiento de la participación votante. Realmente significa que nosotros en A.A. no toleramos la autoridad absoluta humana en forma alguna. Los derechos de votación que hemos encarecido en nuestro Concepto sobre "Participación", son simplemente un medio práctico de controlar cualquier tendencia futura para que surja una indebida autoridad en forma alguna. Esta saludable situación es, por supuesto, aún más reforzada por nuestros conceptos de "Apelación y de Petición".

Hoy en día, muchos A.A. llaman al Artículo 12 del Estatuto de la Conferencia "La Carta de Derechos de Servicio de A.A." Esto se debe a que ellos ven en estas Garantías, y especialmente en esta que tratamos, una expresión de profundo y amoroso respeto hacia la libertad espiritual de sus compañeros. Dios quiera que nosotros nunca nos conformemos con menos.

Cuarta Garantía: "Que se llegue a todas las decisiones importantes por discusión, por votación y de ser posible, por unanimidad substancial".

Por un lado, hemos exigido una salvaguarda contra cualquier precipitación o decisión autoritaria de una simple mayoría y por el otro lado tomamos nota de los derechos y de la frecuente sabiduría de las minorías, sin importarnos su tamaño. Este principio garantiza adicionalmente que todas las materias importantes, hasta donde el tiempo lo permita, serán extensamente debatidas y que los debates continuarán hasta cuando se obtenga el apoyo de una mayoría abrumadora para tomar cada una de las decisiones críticas que hayan sido sometidas a la consideración de la Conferencia.

Cuando las decisiones son tomadas en esta forma, la voz de la Conferencia habla con una autoridad y una confianza que la simple mayoría nunca podría proporcionar. Si aún resta alguna oposición, ésta queda más satisfecha de que se haya escuchado completamente y que se hayan atendido todas sus razones.

Y cuando una decisión que ha sido tomada por unanimidad substancial resulta equivocada, no habrá recriminaciones molestas. Cada uno puede decirse a sí mismo: "Bien, tuvimos un debate cuidadoso, tomamos la decisión y luego nos resultó equivocada. Ojalá la próxima vez tengamos mejor suerte."

Al igual que muchos otros altos ideales, el principio de unanimidad substancial tiene, no obstante, sus limitaciones prácticas. Ocasionalmente una decisión de la Conferencia es de una urgencia tan extrema que será necesario tomar una determinación inmediata. En tal caso, no podremos permitir que una minoría, aunque bien intencionada, estorbe una acción vitalmente necesaria y que evidentemente redundará en beneficio de los mejores intereses de A.A. Aquí tendremos que confiar en que la mayoría, aunque sea por escaso margen, decida si debe terminarse la discusión y tomarse la acción final. Hay ciertos otros casos en que la mayoría tendrá también que hacer uso de este derecho innegable. Supongamos, por ejemplo, que una pequeña minoría trata obstinadamente de obligar a utilizar el principio de unanimidad substancial para bloquear una acción evidentemente necesaria. En tal caso, la mayoría debería considerarse en la obligación de sobreponerse a este uso equivocado del principio de la unanimidad substancial.

Sin embargo, nuestra experiencia muestra que las mayorías muy raramente tendrán necesidad de adoptar posturas tan radicales como las mencionadas. Estando generalmente animadas por el espíritu de "unanimidad substancial", nos hemos encontrado que nuestra Conferencia casi siempre puede guiarse por este invaluable principio.

A propósito, debemos anotar que la Conferencia tendrá que decidir en ocasiones, con respecto a problemas particulares, cuáles serán los requisitos de unanimidad substancial para aprobación de estos — si los dos tercios, o los tres cuartos, o una mayoría aún más grande. Un acuerdo de tal naturaleza, puede lograrse lógicamente haciendo una votación basada en simple mayoría.

Para concluir la exposición de esta Garantía, puede decirse sin duda alguna que tanto los resultados prácticos como los espirituales de la aplicación del principio de la unanimidad substancial han sido verdaderamente inmensos.

Quinta Garantía: "Que ninguna acción de la Conferencia sea punitiva personalmente o incitante a la controversia pública."

Prácticamente todas las sociedades y todos los gobiernos creen necesario infligir castigos personales a aquellos miembros que violen sus creencias, principios o leyes. Debido a sus características particulares, A.A. cree innecesaria esta práctica. Cuando nosotros los miembros de A.A. dejemos de seguir sólidos principios espirituales, el alcohol se encargaría de castigarnos. Por eso no necesitamos castigos administrados por humanos. Esta situación única es una enorme ventaja para todos nosotros, en la cual podemos confiar y de la cual nunca podemos alejarnos para entregarnos a los métodos de castigo y ataques personales. Entre todas las sociedades, la nuestra es la que menos puede permitirse los riesgos del resentimiento y los conflictos que pudieran resultar si cediéramos a la tentación de penalizar enojados a alguien.

Exactamente por la misma razón, nosotros no podemos y no debemos entrar en controversias públicas, aun en defensa propia. Nuestra experiencia nos ha mostrado que aunque parezca providencial, A.A. se ha vuelto exenta de la necesidad de sostener polémicas con otros, no importa cuál sea la provocación que se nos haya hecho. Nada puede ser más perjudicial para nuestra reputación mundial y para nuestra unidad, que las disputas públicas, por muy halagüeños que parezcan los resultados inmediatos.

Por todo lo anterior es evidente que la armonía, la seguridad y la efectividad futura de A.A. dependerá grandemente del mantenimiento de una actitud pacífica y totalmente inofensiva en todas nuestras relaciones públicas. Esta es una tarea dura, porque en nuestros días de bebedores éramos personas dispuestas a la ira, a la hostilidad, la rebelión y la agresión. Y aunque ahora estamos sobrios, los viejos moldes de conducta todavía están en nosotros en cierto grado, siempre amenazando explotar con cualquier buen pretexto. Pero nosotros lo sabemos, y por consiguiente yo tengo la seguridad de que siempre encontraremos la gracia de podernos refrenar efectivamente al llevar nuestros asuntos públicos.

Gozamos de ciertas ventajas inherentes que podrían hacernos relativamente más fácil la tarea de auto-control. No hay realmente una buena razón para que alguien se oponga a que un gran número de borrachos se vuelvan sobrios. Casi todo el mundo está de acuerdo en que esto es un gran logro. Si en el proceso, nosotros nos vemos forzados a desarrollar una buena dosis de humildad, honestidad y tolerancia, quién podrá molestarse por ello? Si reconocemos que la religión es un campo destinado al clero, y que la medicina debe ser ejercida únicamente por los médicos, podemos colaborar con ambas actividades y serles de mucha ayuda. Ciertamente hay muy poca base para controversia en estos campos. Es un hecho que A.A. no es reformadora, ni política. Tratamos de pagar por todos los gastos en que incurrimos y estrictamente nos aferramos a nuestro objetivo, único, y primordial.

Estas son algunas de las razones por las que creemos que A.A. puede fácilmente permanecer en paz con todo el mundo. Estas son las ventajas naturales de las que no debemos apartarnos para entrar tontamente en la arena de la controversia pública o la acción punitiva contra cualquiera.

Puesto que nuestra Conferencia de Servicios Generales nos representa a todos, esta entidad tiene el deber de obtener el nivel más alto posible con respecto a las actitudes de evitar los castigos y las controversias públicas. La Conferencia tendrá que hacer algo más que representar estos principios; frecuentemente tendrá que aplicarlos también a situaciones específicas. Y a veces la Conferencia tendrá que tomar ciertas acciones protectoras, especialmente en lo referente a las violaciones de las Tradiciones. Tales acciones, sin embargo, nunca deberán ser de tipo punitivo o de agresiva controversia a nivel público.

Consideremos ahora algunas situaciones típicas que pueden, con frecuencia, requerir la consideración de la Conferencia y ocasionalmente su acción definitiva.

Supongamos que A.A. se encuentra expuesta a ataques públicos o es fuertemente ridiculizada; y supongamos que en este caso particular, las críticas tienen poca o ninguna justificación.

Casi sin excepción podría decirse que la mejor defensa sería no hacer defensa de ninguna clase; es decir, mantener un completo silencio a nivel público. La gente irrazonable se siente más estimulada con la oposición. Si de buenas maneras no hacemos caso de ellos, es probable que sus ataques rápidamente cesen. Si persisten y se ve claramente que se trata de mala información, tal vez sea aconsejable tratar de comunicarse con ellos en forma cordial e informativa; y en una forma también en que ellos no puedan usar nuestra comunicación como una nueva arma para asaltarnos. Tales comunicaciones rara vez deben ser hechas oficialmente por la Conferencia. Muchas veces pueden utilizarse los buenos oficios de los amigos. Los mensajes que salgan de nosotros nunca deben rebatir los ataques que se nos hayan hecho; sólo deben limitarse a dar informaciones Estas comunicaciones deben también ser privadas. Si se hacen públicas, pueden convertirse en un nuevo pretexto para la controversia.

Pero si en cierta ocasión la crítica que se hace a nuestra Comunidad es parcial o totalmente justificada, puede que lo correcto será reconocerlo privadamente a los críticos, dándoles nuestras gracias — pero siempre manteniéndonos apartados del nivel público.

Pero de ningún modo debemos exhibir una posición airada o intenciones agresivas o punitivas. Esta debe ser, por supuesto, nuestra política inflexible. Dentro de este esquema, la Conferencia y la Oficina de Servicios deberán siempre hacer una seria ponderación acerca de lo que se debe hacer y no hacer en estos casos.

Puede que nos veamos confrontados con violaciones públicas de las Tradiciones de A.A. Puede que algunas organizaciones extrañas o aun nuestros propios miembros traten de utilizar el nombre de A.A. para sus propósitos particulares. A medida que A.A. crezca en tamaño y se vuelva más conocido por el público, la tentación para utilizar mal nuestro nombre también se incrementa. Por ello, hemos asignado a nuestra Conferencia la tarea protectora en tales casos. La Conferencia, como sabemos, es la "guardiana" de nuestras Tradiciones de A.A. Siempre ha habido alguna confusión con respecto al uso del término "guardia" y me parece que sería conveniente tratar de aclararlo.

Según el entender de algunos miembros de A.A., la "guardia" de las Tradiciones de A.A. implica un derecho y un deber de parte de la Conferencia para castigar o demandar públicamente a los violadores culpables. Pero nosotros no podríamos adoptar una política peor que ésta, ya que unos actos públicos de naturaleza agresiva colocarían a la Conferencia en posición de estar violando una tradición para salvar otra. Por consiguiente, debe omitirse totalmente acción agresiva o punitiva en estos campos.

Sin embargo, privadamente podemos informarle a los violadores de las Tradiciones que están actuando en forma contraria a lo esperado. Si ellos insisten, podemos continuar buscando otras formas de persuasión, las cuales son muy abundantes. Si la manifestamos en esta forma, una firmeza sostenida puede, generalmente, darnos los resultados que buscamos.

A la larga, tendremos que confiar principalmente en la fuerza de la opinión de A.A. y la opinión pública. Para este fin necesitamos mantener continuamente informados a todos los canales de comunicación públicos de todas clases, de la naturaleza y de los propósitos de nuestras Tradiciones.

Dondequiera y comoquiera que se nos presente la ocasión, debemos informar también al público en general; especialmente respecto a usos erróneos del nombre de Alcohólicos Anónimos. Esta combinación de fuerzas contrarias puede desanimar a los violadores actuales y potenciales. Bajo estas condiciones ellos se dan cuenta prontamente que las desviaciones no son ni ventajosas ni prudentes. Nuestra experiencia nos ha mostrado que la educación continua y general respecto a nuestras Tradiciones será una medida segura de prevención y protección en los años futuros.

Al sentir el peso de todas estas fuerzas, algunos miembros que están actuando contra las Tradiciones de A.A. dicen que están censurados o castigados y que por consiguiente están gobernados. Pero parece justo que el derecho de A.A. de protestar calmada y privadamente determinadas violaciones específicas, sea por lo menos igual al derecho que tienen los transgresores de violar las Tradiciones. Esto no puede ser propiamente llamado un acto gubernamental. Algunos transgresores han sido sometidos a severas críticas personales por parte de otros miembros de A.A., y es lamentable. Pero no nos da motivo para que dejemos de recordar, a todas las partes interesadas, lo indeseable que es el rompimiento de las Tradiciones de A.A. ante el público. Puede afirmarse con toda justicia que aquellos que violan las Tradiciones han buscado, ellos mismos, las dificultades.

Otra clase de problema que vale la pena considerar, es el de un ocasional desacuerdo entre nosotros mismos que llega a trascender al nivel público. Por ejemplo, en alguna ocasión llegamos a ocupar titulares de la prensa por una demanda, en la cual dos facciones de A.A. estaban luchando por la posesión legal del nombre de A.A. para uso de intergrupos, ya que una de las facciones en conflicto había incorporado nuestra razón social. En otra ocasión, se levantó una mala publicidad en un país extranjero, cuando una gran parte de los grupos de aquel país llegaron al convencimiento de que debían aceptar dinero en subsidios de su gobierno, con el objeto de promover el trabajo de A.A., sin tener en cuenta la Tradición que sugiere lo contrario. Esta dificultad interna no debió haber llegado al nivel público, ya que no había nada en ella que no pudiera arreglarse con un poco de buena voluntad y entendimiento mutuo.

Afortunadamente los episodios de esta clase no son frecuentes y no han causado mayores daños. Pero estas dificultades nos plantean algunos interrogantes para el futuro. ¿Qué deberá hacer nuestra Conferencia de Servicios Generales en casos similares?

Teniendo siempre presente que los grupos son totalmente autónomos y que la Oficina de Servicios de A.A. no cumple funciones policíacas, lo máximo que se puede lograr en muchos casos es hacer una oferta de mediación. Por vía de información se puede ofrecer lo que la respectiva Tradición significa, y lo que nos ha enseñado la experiencia a ese respecto. Siempre podemos urgir la necesidad de evitar que nuestros desacuerdos trasciendan al nivel público. Todas las partes deben recordar que una crítica desfavorable o ridiculizante que sea resultado de conflictos internos puede reflejarse en que mucha gente que necesita nuestro programa se abstenga de llegar hasta nosotros.

Una gran parte de las dificultades que se tienen con las Tradiciones son de carácter estrictamente local, y por consiguiente no se presenta una implicación nacional ni internacional. Muchas de ellas se deben a diferencias honestas en la interpretación de las Tradiciones, o en cuanto al alcance que se les debe dar en su cumplimiento o hasta dónde se debe ser estricto con ellas. Especialmente cuando se opera a nivel por debajo del público, hay muchas zonas grises en nuestras Tradiciones en que no se puede decir con certeza si debe prevalecer la opinión del que dice que es blanco o del que dice que es negro. De aquí que las violaciones se presten tanto a debates, y a este nivel no tienen generalmente consecuencias por las cuales debamos preocuparnos. En estos casos nosotros generalmente nos abstenemos de ofrecer sugerencias; a menos que se nos insista. Creemos que estos problemas deben ser resueltos principalmente por las mismas personas interesadas a nivel local.

Hay también un problema grave que hasta ahora no hemos tenido que afrontar. Podría presentarse en forma de una grieta transversal en A.A. como un todo — una diferencia de opinión de naturaleza tan grave que pueda entrañar el retiro masivo de una parte importante de nuestra sociedad, para formar otra sociedad aparte, o para aliarse con una agencia ajena. Así se volvería a repetir el tema de cisma y división bien conocido a través de la historia del mundo. Puede que tome impulso de fuerzas religiosas o políticas, nacionalistas o raciales. Puede representar una intención sincera de mejorar A.A. en contravención con la Tradición de A.A. pero seguramente colocaría a la Conferencia en el dilema de decidir lo que se debería o no se debería hacer.

Tal acontecimiento es difícil de imaginar. Nosotros los A.A. usualmente creemos que el hecho de tener intereses en común nos inmuniza contra este problema tan corriente en el mundo que nos rodea. Pero esta confortable seguridad no es razón para que rehusemos dar a esta contingencia una calmada reflexión. Si llegara a suceder, sería una terrible sorpresa y un golpe tremendo. Podrían surgir pasiones intempestivas haciendo sumamente difícil y tal vez imposible el llegar a una solución constructiva.

Ya que la sociedad humana se encuentra por todas partes en un estado de división, muchos de nosotros le hemos dado a este tema una gran importancia. La solución que hemos encontrado es ésta: que probablemente la mejor actitud que la Conferencia podría asumir en tal circunstancia sería la de casi completa pasividad, no hacer ninguna resistencia — ciertamente ninguna reacción de ira o agresión. Nosotros no tenemos ninguna doctrina que tenga que ser mantenida. No tenemos que hacer aumentar la cantidad de nuestros miembros. No hemos establecido ninguna autoridad que tengamos que apoyar. No tenemos prestigio, poder ni orgullo que tengamos que satisfacer. Tampoco tenemos una propiedad o cantidad de dinero tales que valga la pena pelear por ellas. Estas son las ventajas de las cuales debemos hacer el mejor uso posible en el evento de presentarse una división interna profunda; deben hacer posible y práctica una actitud calmada y considerada de no hacer resistencia.

Ya nosotros hemos practicado este principio a escala menor. Cuando un borracho se aparece entre nosotros y empieza a decir que no le gustan los principios de A.A., su gente o la organización de servicio; cuando declara que a él le iría mejor en otra parte, nosotros no nos preocupamos. Simplemente le decimos: "Probablemente su caso es diferente. ¿Por qué no intenta algo distinto?"

Si un miembro de A.A. dice que no le gusta su propio grupo, no nos alarmamos. Simplemente le decimos: "¿Por qué no prueba a asistir a otro grupo, o funda uno nuevo?" Cuando nuestros actores, o sacerdotes o policías desean tener grupos privados para sus respectivos gremios, les decimos: "Magnífico, ¿por qué no lo intentan?" Cuando un grupo de A.A. como tal, insiste en dirigir un club, le decimos: "Bueno, esa idea a menudo no sale bien, pero puede que a ustedes les vaya bien." Cuando algunos miembros de A.A. quieren agruparse para retiros espirituales, desayunos de Comunión o cualquier cosa que se les ocurra, les decimos: "Bueno. Les pedimos solamente que no llamen a estas actividades grupos o funciones de A.A." Estos ejemplos ilustran hasta dónde hemos ido para fomentar la libertad de reunión, de acción y aun los cismas. A todos aquellos que deseen separarse de A.A. les extendemos nuestras más cordiales invitaciones para que lo hagan. Si les va mejor por otros medios, nos parece muy bien y nos alegramos. Si después de haber intentado ir por otro camino, no tienen éxito, sabemos que les queda todavía una alternativa: o se enloquecen o mueren o regresan a Alcohólicos Anónimos. La decisión queda enteramente a su criterio. (De hecho, como dato curioso, la mayor parte de ellos regresan a nosotros.)

A la luz de toda esta experiencia, se vuelve evidente que en el caso de una gran división no tendríamos que gastar nuestro tiempo tratando de convencer a los disidentes para que permanezcan con nosotros. Con toda confianza y cordialidad, podríamos mejor invitarlos a separarse y desearles muchos éxitos si lo llevan a efecto. En caso de que ellos obtengan un mejor progreso con sus nuevas orientaciones, nos preguntaríamos también si podríamos sacar una lección de esa nueva experiencia. Pero si en vez de mejorar, empeoraran bajo las nuevas circunstancias, y por tal motivo se viera cada vez más un mayor descontento y un incremento en su tasa de mortalidad, habría muchas probabilidades de que la mayor parte de ellos se volvieran a unirse a A.A.

Sin ira ni coacciones, solamente necesitaríamos mirar y esperar a que se cumpliera la voluntad de Dios.

A menos que nosotros formemos un problema de donde no lo hay, no debieran presentarse dificultades. Podemos continuar con nuestra tarea con el mejor ánimo posible. La cantidad de borrachos en nuestra época será inagotable, y podemos estar muy satisfechos de haber dado por lo menos con una fórmula de recuperación por medio de la cual son muchas las personas que pueden llegar a adquirir la sobriedad y una nueva vida.

Entre nosotros solemos decir que "A.A. está preparada para regalar todo el conocimiento y la experiencia que tiene — todo con la única excepción del nombre mismo de Alcohólicos Anónimos". Con ello queremos decir que nuestros principios pueden usarse para cualquier propósito, ya que nosotros no deseamos que ellos se conviertan en un monopolio de nuestra asociación. Lo único que pedimos es que aquellas agencias que deseen hacer uso de nuestras técnicas e ideas se abstengan de hacer referencia directa a A.A. en público. En caso de que se presente un abuso de nuestro nombre en conexión con estos elementos, sería naturalmente un deber de la Conferencia de Servicios Generales presionar para que se descontinúe tal práctica, tratando, sin embargo, de evitar las disputas públicas sobre el asunto.

La protección del nombre de A.A. es de tal importancia para nosotros que en alguna ocasión consideramos patentarlo en todo el mundo para así estar seguros de que podríamos contar en todas partes con los medios legales para reprimir al abuso de nuestra razón social. Incluso llegamos a pensar en pedir al Congreso que nos concediera el favor excepcional de crear una corporación por ley del Congreso. Creíamos que la existencia de aquellos medios legales podría ser un magnífico instrumento de prevención.

Pero después de varios años de deliberación, nuestra Conferencia de Servicios Generales se decidió en contra de esa acción. La dramática historia de aquel debate y sus conclusiones puede verse detallada en nuestro libro "Alcohólicos Anónimos Llega a su Mayoría de Edad". Aquellas primeras Conferencias se dieron cuenta de que era muy peligroso que nosotros tuviéramos el poder de demandar. Se reconoció que un juicio público era una controversia pública, o sea algo en lo que nuestra Tradición nos aconseja no mezclarnos. Para asegurar legalmente nuestra posición, habría sido necesario incorporar toda nuestra Comunidad, y nadie querría ver incorporada legalmente nuestra forma de vida espiritual. Nos pareció evidente que deberíamos confiar en la fuerza de la opinión de A.A., de la opinión pública y de Dios mismo, para que cuidaran de A.A. en este aspecto.[3]

Sexta Garantía: "Si bien es cierto que la Conferencia actúa para el servicio de Alcohólicos Anónimos, nunca podrá ejecutar actos de gobierno; y, al igual que la Sociedad de Alcohólicos Anónimos a la cual sirve, la Conferencia misma deberá permanecer siempre democrática en intención y acción."

En los Conceptos precedentes, se ha prestado especial atención a las libertades que están otorgadas en nuestras Tradiciones al miembro individual y a su grupo de A.A.: no hay castigos que se impongan por no adecuarnos a los principios de A.A.; no hay cuotas ni honorarios — sólo las contribuciones voluntarias; ningún miembro puede ser expulsado de A.A. — y queda al libre albedrío de cada uno su condición de miembro; cada grupo de A.A. puede manejar sus asuntos internos como desee — sólo debe abstenerse de actos que puedan perjudicar a A.A. como un todo; y finalmente, cada grupo de alcohólicos que se reúnan con propósitos de lograr o mantener la sobriedad, puede considerarse un grupo de A.A., siempre y cuando que, como grupo, no tenga otro objetivo ni otra afiliación.

Es probable que los A.A. tengamos mucha más libertad que cualquier otra comunidad del mundo actual. Como ya hemos visto, nosotros no pretendemos que esto sea una virtud. Sabemos que personalmente tenemos que optar por someternos a los Doce Pasos y a las Doce Tradiciones de A.A., o de otra manera vendría la disolución y la muerte para nosotros, tanto para los grupos como para los miembros individualmente.

Debido a que hemos dado tan alto valor a nuestras grandes libertades, y no alcanzamos a concebir una época en la que tengan que ser limitadas, imponemos en esta Garantía, a nuestra Conferencia, la obligación de abstenerse completamente de cualquier acto de gobierno autoritario, que pueda restringir en alguna forma la libertad, bajo Dios, de los A.A. El mantenimiento de todas aquellas libertades en nuestra Conferencia es una fuerte y práctica garantía de que la Conferencia misma siempre permanecerá democrática en acción y en intención.

Por consiguiente, esperamos que nuestras Conferencias siempre traten de actuar con un espíritu de mutuo respeto y amor entre todos sus miembros. A su vez, esto significará que la mutua confianza siempre habrá de prevalecer; que no se tomará ninguna acción apresurada, airada o imprudente, que siempre se tendrá el mayor cuidado de proteger y respetar a las minorías; que nunca se adelantará una acción punitiva personal; que, siempre que sea posible, las decisiones importantes se tomarán por unanimidad substancial; y que nuestra Conferencia siempre estará en guardia, atenta contra las tiranías, grandes o pequeñas, que puedan hallarse en las mayorías o en las minorías.

La suma de todas estas actitudes y prácticas es, a nuestro parecer, la genuina esencia de la democracia — en acción y en intención.

La libertad bajo Dios para crecer a su imagen y semejanza siempre será la meta de Alcohólicos Anónimos. Ojalá nuestra Conferencia de Servicios Generales sea considerada siempre como el símbolo principal de esta apreciada libertad.

Todos nosotros, los A.A., creemos que nuestra libertad de servir es realmente la libertad por la cual vivimos — la libertad en la cual tenemos nuestra existencia.

---

[1] En 2018, la proporción fue de uno a 17 mil en los EE.UU. y Canadá.
[2] El 31 de diciembre de 2017, el saldo neto del Fondo de Reserva (excluyendo la cantidad requerida por el costo de pensiones) era de $14,352,600, y representaba 9.5 meses de gastos recurrentes de operaciones de $18,059,000 de las entidades operantes. En 2016 el saldo neto representaba 11.2 meses de gastos de operaciones.
[3] Sin embargo, el nombre Alcohólicos Anónimos y las siglas A.A. fueron patentados en 1972.